BIG 시리즈 1

영어학개론

BIG 시리즈 1

영어학개론

1판 1쇄 발행_2013년 03월 25일
1판 2쇄 발행_2016년 04월 10일

엮은이_김형엽·남기석
펴낸이_홍정표
펴낸곳_글로벌콘텐츠
등록_제25100-2008-24호

공급처_(주)글로벌콘텐츠출판그룹
대표_홍정표 이사_양정섭
편집_송은주 디자인_김미미 기획·마케팅_노경민 경영지원_안선영
주소_서울특별시 강동구 천중로 196 정일빌딩 401호
전화_02-488-3280 팩스_02-488-3281
홈페이지_http://www.gcbook.co.kr
이메일_edit@gcbook.co.kr

값 16,000원
ISBN 978-89-93908-67-1 13740

BASIC INTEGRATION GRAMMAR

BIG series 1

영어학개론

BASIC INTEGRATION GRAMMAR

BIG

글로벌콘텐츠

들어가는 말

오랜 기간 영어영문학 전공에 관련된 학생들을 가르치면서 영어학개론을 제대로 가르칠 수 있는 적절한 교재에 대하여 고민이 많이 있었다. 그 원인을 찾는다면 크게 두 가지로 나누어 볼 수 있을 것이다. 첫째는 기존에 저술된 영어학개론 저서들의 내용이 학생들로 하여금 영어학 내용을 쉽게 이해하고 활용할 정도의 역량을 갖추고 있지 못하고 있기 때문이었다. 지금까지 영어학개론 저서들은 여러 종류가 있었지만, 대부분 외국의 원서들의 구조를 그대로 모방하는 정도에 그치고 있었고, 영어학의 저서라는 특징을 충분히 살리기 보다는 언어학을 소개하는 저서들의 구성을 그대로 따르고 있었다. 둘째는 영어학개론 교재의 저자들이 한국 대학에서 영어학개론 수업에 참여하는 학생들의 다양한 요구를 간과하고 있었다는 점이다. 국내 학생들 중에는 영어학개론에 대한 수업을 바탕으로 영어학 전반에 걸쳐서 자신들이 습득한 내용을 토대로 시험에 응시하여 영어교사로 종사하려는 계획을 갖고 있는 사람들의 수가 적지 않다. 이런 계획을 품고 있는 학생들은 시험에 대비하기 위하여 국내 교재들을 사용하기 보다는 내용이 체계적이면서 정보의 양이 방대한 원서들을 주로 활용하고 있다. 물론 원서들이 학생들의 계획에 도움이 되기는 하지만, 이들 원서들을 이용하기에 여러 문제점들이 있는 것도 사실이다. 무엇보다도 원서 내용은 학생들 개인이 혼자서 직접 읽고 이해하는데 힘에 벅찰 수 있다. 내용 전체를 완독하는데 많은 시간이 필요할 것이고, 내용을 세밀하게 이해하는 것에도 엄청난 노력이 요구될 것이다.

이와 같은 현상을 오래 동안 지켜보면서 학생들의 희망과 고충을 그대로 간과할 수가 없었을 뿐만 아니라 이런 요구에 효과적으로 부응하기 위하여 새로운 방향을 갖춘 영어학개론 교재를 저술하려는 결심을 굳히게 되었다. 이미 앞서 언급하였듯이 본 교재는 학생들이 영어학 내용을 빠른 시간 안에 효과적으로 습득하면서, 자신이 배운 내용을 효율적으로 시험에 활용할 수 있도록 몇 가지 측면에서 새로운 방향을 토대로 저술 내용 및 구성을 기획하였다. 지금까지 다른 저서들이 보여주었던 한계를 극복하고 교재의 지속적인 활용성을 크게 확충하는 차원에서 기획된 본 교재만의 특성들을 정리하여 다음과 같이 제시하려고 한다.

첫째는 이번 영어학개론 교재는 영어학에 관련된 내용을 신속하게 이해할 수 있도록 도움을 주려는 차원에서 단원별로 내용 간결하게 전개하면서 요약 부분을 첨부하는 방식을 따르고 있다. 또한 기존의 교재들에게 발견할 수 있었던 언어학개론 교재 형식의 내용을 탈피하여 본연의 목적인 영어학 이해 증진에 집중할 수 있도록 설명에 대한 모든 예들은 영어에 연관되어 초점이 맞추어져 있다. 즉 영어학에 관련된 전반적인 정보 전달이 효과적으로 수행될 수 있도록 영어 예들을 당양하면서도 폭넓게 포함시키도록 노력하였다. 따라서 영어교사로서 직능을 수행하려고 준비 과정을 밟고 있는 학습자들은 이처럼 다양한 영어의 예들을 바탕으로 영어에 관련된 특성들을 확실하게 이해할 수 있을 것으로 생각한다.

둘째는 본 교재는 영어학의 지식을 단편적으로 전달하는 것에 내용을 국한시키지 않고, 여러 종류의 임용시험 관련 실전 문제를 바탕으로 학생들로 하여금 효율적으로 해당 시험에 대처할 수 있도록 하였다. 따라서 해당 부분에 제시된 내용을 충분하게 이해한 학생들이 자신들이 알고 있는 배경지식을 바탕으로 관련된 문제들을 직접 풀어보도록 하여 알고 있는 내용을 재차 확인할 수 있게 될 것이다. 기존의 교재는 영어학에 관련된 내용을 배운 학생들이 학교에서 요구되는 중간 및 기말 시험을 치루고 난 이후 더 이상 교재를 활용할 수 있는 방법이 없었지만, 이번에 기획된 교재는 비록 해당 학기 동한 영어학개론을 마친 학생일지라도 교재 내용에 포함된 여러 연습문제를 지속적으로 재검토하면서 본 교재를 계속 사용할 수 있도록 하였다.

셋째는 본 교재는 영어학개론을 교육하는 사람들에게 영어학의 내용을 효율적으로 강의하는데 중요한 이정표가 될 수 있다. 단원별로 내용을 체계화 하면서 설명을 간결하게 제시하고 있기 때문에 영어학에 대한 전공자라면 누구든지 본 교재를 이용하여 자신이 계획하였던 수준의 강의를 효과적으로 수행할 수 있을 것이다. 특히 단원별로 제시된 요약부분은 강의를 수행하는 사람들이 학생들로 하여금 강의한 단원의 배운 내용을 스스로 정리하고, 지속적으로 기억할 수 있도록 도움을 주기 위한 것이다. 때로 학생이 이해를 하기 어려운 내용에 맞닥뜨리거나 간혹 수업에 참여하지 못하는 경우가 있더라도, 제시된 요점정리들은 학생 자신이 배워야 하는 부분을 교사에게 재차 확인하거나, 지나간 단원의 내용을 가늠하는데 중요한 단서가 될 수 있다.

본 교재를 선택한 사람들에게 교재의 효율성을 충분히 활용할 수 있도록 사용 방법을 크게 두 가지 방향으로 나누어 제시하고자 한다.

- 우선 영어학에 대한 전반적인 이해에 초점을 맞추어 내용을 이해하려는 학생들의 경우에는 제시된 전체 내용을 순서에 따라 숙지하고, 정리된 부분을 바탕으로 전체 내용을 재차 확인하는 과정을 밟아 간다면 효율적으로 영어학개론에 관련된 지식들을 차곡차곡 축적해갈 수 있을 것이다.
- 단원별로 제시된 실전문제를 단계별로 풀어가야 할 것이다. 특히 교재 마지막 부분에 제시되는 문제들은 영어학개론 전체를 충분하게 이해하고 있는 학생들에게 전체 내용을 재삼 확인하고 정리하는 중요한 부분이기 때문에 자신의 목표를 위하여 충실하게 활용하는 기회를 많이 가져야만 할 것이다.

Contents

Chapter 1

Language and Linguistics

UNIT 01

Knowledge of Language and Subfields of Linguistics

(언어지식과 언어학의 하위분야)

언어를 안다는 것, 즉 언어지식(knowledge of language)이란 자기 언어에 대한 모든 지식(소리 체계, 어휘의 의미와 어휘형성규칙, 문장의 의미와 문장형성규칙 등)의 총체를 의미하며 이는 하위구성요소(component)들로 구성되어 있다. 이러한 구성요소(component)들은 언어학의 연구대상 혹은 분야이기도 하다. 다음은 언어학의 하위분야들(음성학과 음운론, 형태론, 통사론, 의미론과 화용론)이다.

1 음성학(phonetics)과 음운론(phonology)

음성학과 음운론은 말소리(speech sound)를 연구하는 언어학의 하위분야이다. 음성학은 언어음 자체를 연구함으로써 사람의 말소리가 발음기관의 어느 위치에서 어떤 방법으로 만들어지는가를 규명하는 학문이다. 이에 반해 음운론은 음성학을 통하여 규명된 언어음들을 바탕으로 소리의 최소단위인 음소체계를 설정하고, 음소들이 어떤 방식으로 조합되어 일반인들의 의사소통에 사용되는지를 설명하는 분야이다. 따라서 음운론에서는 최소단위를 바탕으로 소리가 조직되는 모습과 더불어 언어를 수행하는 상황에서 발견되는 소리의 배열관계(음운 체계), 소리의 변화(음운변동) 등이 주요 관심 대상이다.

- **음성학의 핵심개념**
  ① 자음과 모음 체계를 바탕으로 한 소리 분류 - Consonants and Vowels
  ② 소리가 생성되는 위치 - Place of Articulation
  ③ 소리가 생성되는 방법 - Manner of Articulation
  ④ 발음 습득 방법론 - Pronunciation in Classroom

- **음운론의 핵심개념**
  ① 음소의 정의 및 분류 - Phoneme
  ② 음소 설정 및 분류의 기준인 음성자질 - Phonetic Features
  ③ 음소배열규칙 - Phonotactics
  ④ 음운단위 음절 - Syllable
  ⑤ 음소변화와 음운규칙 - Phonological Rule
  ⑥ 초분절음소 장단, 리듬, 강세, 억양, 장단 - Suprasegmentals

2 형태론(morphology)

형태론(morphology)은 단어 구조에 대한 연구 분야이다. 단어의 형성 및 구성 방식을 연구함으로써 언어를 수행하는 과정에 소리와 의미가 어떤 과정으로 상호 연관성을 갖게 되는지를 설명한다. 형태론의 최초 관심은 단어에 대한 원칙적인 정의를 찾는 것이며, 단어의 종류를 구조와 의미에 따라서 체계적으로 분류하는 것이다. 뿐만 아니라 형태론적 측면에서는 단어의 확장과 관련하여 새로운 단어들이 구조적으로 생성되는 것과 의미적으로 생성되는 것을 분리하여 설명하기도 한다.

- **형태론의 핵심개념**
  ① 의미의 초소단위 형태소와 형태소의 유형 - Morpheme
  ② 단어형성과 단어 내부구조 - Word formation and Internal structure
  ③ 단어 생성 조어법 - Word Coinage

3 통사론(syntax)

문장구조의 내부적 구성 요소인 성분(constituent)을 정확하게 규정하는 것을 토대로 하여, 문장의 구조를 분석하고 설명하는 분야이다. 또한 통사론에서는 이들 성분들의 결합(combination) 및 내적 관계(interrelationship)를 파악하는 것도 매우 중요한 과제이다.

- **통사론의 핵심개념**
  ① 성분과 성분 간의 정의, 성분들의 상호 관계 - Constituent, Constituency, Interrelationship
  ② 논항구조, 선택제약, 동사의 유형 - Argument structure, Selections, Verbs
  ③ 문장 내부의 구, 문장 수형도, 중의성 - Phrasal Structure, X-bar, Ambiguity
  ④ 문장 분석의 원리, 지배와 결속이론, 의미역과 격 이론 - Government, Binding theory

4 의미론(semantics)과 화용론(pragmatics)

의미론과 화용론은 의미를 연구대상으로 삼는다. 의미론은 단어와 문장의 의미를 해석하고 이해하는 분야이다. 의미론에서는 단어와 문장들이 의미를 갖게 되는 근거와 과정을 확인하며, 단어들 사이에 존재하는 상호 의미관계 및 구 이상의 단위에서 의미가 결정되는 과정을 설명하는 것이 주된 과제이다.

화용론은 의미 해석에 영향을 끼치는 언어 외적 상황을 생각하면서 단어, 구, 문장의 의미를 분석하는 분야이다. 따라서 문장의 경우 내부를 형성하는 구성요소 자체나 내부의 구조를 생각하기 이전에 문장과 관련된 문맥이나 화맥(extra- lingustic context)을 파악하는 것이 중요하다. 그렇기 때문에 상황 속에서의 언어의 의미를 찾는 것이 매우 중요하다. 문맥을 언어형태외적이라고 가리키는 말은 문맥이 언어형태에 속하는 소리요소, 단어, 문장구조 이외에 다른 요인들이 의미 해석의 기준이 되는 것을 의미한다. 간단히 말해서 언어의 의사소통의 기본요소인 화자/청자가 속한 환경적 요인들까지 의미 해석에 고려하는 것을 의미한다. 화용론적 능력은 사람들이 대화를 수행하면서 서로 상대방 표현의 의미를 이해하는 과정 속에서 대화 내용으로 이루어진 문장들의 문맥을 해석하는 데 결정적인 역할을 담당한다. 따라서 이와 같은 상황적 정보를 토대로 언어의 특성을 설명하는 화용론도 언어학의 중요한 하위분야로 볼 수 있다. (그러나 언어학의 주류를 형성하고 있는 문법(grammar) 위주의 이론에서는 소리, 단어, 문장과 같은 언어형태의 내적인 요소들을 주요 연구대상으로 하기 때문에, 때로는 화용론을 문법 위주의 언어학 범위에 포함시키지 않기도 한다.) 의미론과 화용론의 차이를 구분할 때 연구대상이 언어형태내적인지 언어형태외적인지 방향성에 주요 기준이 될 수 있을 것이다.

(1) 의미론의 핵심개념

① 의미자질 - Semantic Feature

② 단어들 상호 의미관계: 유의어, 반의어 - Synonym, Antonym

③ 문장들의 의미관계: 전제와 함의 - Presupposition, Entailment

(2) 화용론의 핵심개념

① 대화의 원리 격률과 대화함축 - Maxim, Conversational Implicature

② 화맥 - Extra- lingustic Context

③ 화행 - Speech Act

2008 전국 13번
기출문제

Read the passage and follow the directions.

> Depth of word knowledge refers to a learner's knowledge of the different aspects of a given word. This knowledge has to do with extent of knowledge of the following categories: pronunciation and orthography; morphological properties; syntactic properties and collocations; (①) including connotations, polysemy, antonymy, and synonymy; register; and frequency. A key concept in this notion of vocabulary depth is that as the word is known in a deeper manner, then the more words that are associated with that word are also known. It is also congruent with the view that lexical depth is incremental and there are degrees of word knowing. Knowledge of vocabulary is multidimensional, encompassing various types of knowledge. The relationships between words are connected on different dimensions. Words may be related thematically (book-journal-manuscript), phonologically (②), morphologically (indemnification-notification-intensification), conceptually (③), and sociolinguistically (④) among others. The number of relations that are established between words is in part a function of the number of exposures to a word providing a variety of information about the item. Understanding the richness of these connections represents the depth of knowledge of a particular word.

Fill in blank ① with the most appropriate word, and blanks ②, ③, and ④ with the letter of the most appropriate example from the box below.

(a) dude-guy-man / (b) dock-sock-rock / (c) pan-pot-steamer

Answers ① ____________________

② (________)

③ (________)

④ (________)

확인 문제 01

Read the following passage and follow the directions.

> Grammar is generally divided into four areas of study: <u>(A) the rules for combining sounds into words, (B) rules of word formation, (C) rules for combining words into phrases, and (D) the rules for assigning meaning.</u> Unlike these components of grammar which are the study of the internal structure of language, there is an study of how language is used to communicate within its situational context.

Consider the above passage and choose the example that <u>doesn't</u> correspond to the above underlined part.

① The word 'boy' has a meaning in and of itself, but the word 'at' does not. Rather, the latter indicates a relationship between two meaningful expressions.

② The utterance 'I apologize for stepping on your toe' can constitute an act of apology. The utterance 'John apologized to Mary for stepping on her toe' cannot.

③ The words 'creck', 'crike', and 'cluke' are not words in English, although they are possible words.

④ In the sentence 'Monica believes that she is a genius', 'she' can refer either to 'Monica' or someone else. However, in the sentence 'Monica believes herself to be a genius', 'herself' can refer to only 'Monica'.

⑤ The word fly has more than one meaning in English. The word *moth* does not.

NOTE

<Subfields of Linguistics>

The grammar of a language can be divided into components

1. <u>Phonetics & Phonology</u> study the inventory of sounds in a language and rules of how sounds are combined in a language.
2. <u>Morphology</u> studies rules of word formation in a language.
3. <u>Syntax</u> studies rules of sentence formation in a language, i.e. it studies the structure of sentences and the rules by which grammatical sentences are formed.
4. <u>Semantics</u> studies rules that govern how meaning is expressed by words and sentences in a language, i.e. it is the study of the linguistic meaning of morphemes, words, phrases, sentences
5. <u>Pragmatics</u> is the study of how context affects meaning.

Each component interacts with the others, but each can also be studied on its own.

UNIT 02

Grammar & Competence

Grammar(문법적 지식) & Competence(언어능력)

문법적 지식을 의미하는 단어 'Grammar'는 언어형태의 전반에 관한 지식을 총체적으로 가리킨다. 일반적으로 화용론은 포함되지 않는다. 전통적으로 문법이란 말은 주로 학교문법의 주류를 이루는 규범적인 규칙과 이들 규칙을 준수하는 표준어(Prestige dialect)를 중시하는 **규범문법**(Prescriptive Grammar)을 가리켰지만, 언어학 이론 중심의 관점에서 문법이라는 용어는 주로 **기술문법**(Descriptive Grammar)을 의미한다. 기술문법의 개념은 근본적으로 규범문법과 대조되는 것으로서 언어학자들 가운데 기술문법을 인간의 지적 판단에 연관된 것으로 판단하여 기술문법을 인지적 문법(Mental Grammar)으로 보기도 한다.

영어문장에서 'Whom do you like?'가 규범적으로 올바른 표현이지만, 실질적으로 'Who do you like?'가 많이 사용되고 있다. 이와 같은 언어적 상황을 설명할 때 단순히 규범적인 규칙에만 의존하는 규범문법을 적용시키기보다 기술문법을 적용하여 어렵지 않게 설명할 수 있다. 왜냐하면 기술문법은 많은 사람들이 인정하여 사용하는 형태이고 문법적으로 판단하는 문법이기 때문이다. 기술문법에서는 인간들의 언어행위를 설명할 때 사람들 사이에 존재하는 공통된 속성을 중요한 요인으로 생각하기 때문에 'Who do you like?'의 문장형식을 사람들의 언어수행보편성에 준하여 문장형태의 타당성을 제시할 수 있다. 따라서 기술문법 이론에서는 사람들이 보편적으로 특정 형태의 언어형식을 소유할 수 있다고 보기 때문에 '화자가 기술문법을 지니고 있다'는 말이 사용되기도 한다. 이와 같은 상황을 언어학적인 측면에서 '언어능력(Linguistic competence)'이라고 부른다. 때로는 언어능력은 간단하게 'Grammar'로 대체하여 부르기도 한다. **언어능력**은 언어를 실제로 적용하여 사용하는 방식과 사용 양상을 총체적으로 가리키는 '**언어수행**(Linguistic performance)'에 대조되는 개념으로서 이해되어야 한다.

다음에 나오는 확인문제를 통해 Grammatical competence(문법적 능력)와 Pragmatic competence(화용적 능력)의 내용을 파악해 보자.

확인문제 02

Describe the difference between grammatical competence and pragmatic competence, and explain why we need to have the two competences, using your own examples.

One speaks and understands one's language appropriately without difficulty. That is because we possess 'Knowledge of language'. Knowledge of language includes Knowledge of rules for creating and understanding sentences. It is also called "language competence": pragmatic competence and grammatical competence. We speak and understand our language correctly using these two competences unconsciously.

Pragmatic competence refers to the ability to use a language in contextually appropriate ways. It makes us speak and understand sentences that are related to specific contexts or background knowledge. For example, a speaker says "It is cold here" expecting a hearer will close the door, but the hearer only answers "Yeah" without closing the door. As seen in this case, lack of the hearer's pragmatic competence causes problem in understanding the speaker's utterance.

Grammatical competence refers to the ability to recognize and produce what are considered well-formed utterances in the language. That is, it is knowledge of word formation, sentence formation, and sound system. For example, if a person regards the ungrammatical sentence "They makes cakes" as grammatical, we can conclude that he lacks grammatical competence.

In short, without these competences we can't speak and understand our language correctly.

⇒ 위 에세이는 Grammatical competence와 Pragmatic competence의 차이점과 이 두 competence가 왜 필요한지를 보여준다.

확인문제 03

다음 글의 (㉠), (㉡)에 알맞은 것은? (1995년 기출문제 응용)

By (㉠) competence, we refer to the ability to control pronunciation, morphology, and syntax; by (㉡) competence, we mean the ability to use language to achieve a particular purpose.

	㉠	㉡
①	linguistic	communicative
②	communicative	linguistic
③	grammatical	linguistic
④	communicative	grammatical
⑤	pragmatic	grammatical

NOTE

1. Linguistic competence and Grammar mean knowledge of language, that is, knowledge of rules for creating and understanding sentences.
2. Descriptive Grammar와 Prescriptive Grammar의 차이, Linguistic competence와 Linguistic performance의 차이, 그리고 Grammatical competence와 Pragmatic competence의 차이점에 대하여 알아두자(용어에 대한 이해만 하면 된다).

Chapter 2

Phonetics and Phonology

UNIT 01

Phoneme & Allophone

음성학(Phonetics)과 음운론(Phonology)은 말소리를 연구대상으로 하는 분야이다. 음성학에서는 주로 음 자체를 규명하는 연구를 진행한다. 여기서 '실제 음'이란 발성기관을 바탕으로 생성되는 소리를 가리키며, 또한 우리의 감각기관인 귀를 이용하여 인식하는 음향적 현상을 모두 포함한다. 이처럼 음성이 주로 물리적 현상에 초점을 맞추고 있는 반면 음운론에서는 주로 인간이 인식한 소리를 어떻게 이해하면서 사람들 사이에 소통을 수행하는지를 연구한다고 할 수 있다. 즉 사람이 인식하는 소리를 연구한다고 할 수 있을 것이다. 음성학과 음운론의 주된 연구대상은 단위를 중심으로 분류할 수 있으며, 다음의 요소들이 해당된다.

음소 (Phoneme)
변별자질 (Distinctive Features)
초분절음소 (Supra-segmentals)
운율 (Prosody)
음절 (Syllable)
억양 (Intonation)

소리를 잘 살펴보면 사람이 발성하는 말소리인 '실제 음'과 우리가 인식하는 음에는 서로 차이가 있다. 실제 발화하거나 듣는 소리는 연속적으로 발생하지만, 사람이 소리를 통하여 인식한 결과는 연속적이지 않는 것이 사실이다. 소리를 듣고 이해하는 과정에서 발생하는 음성현상은 하나씩 따로 분리된 것으로 구성되어 있다. 일단 소리가 뇌에 도달하고 난 이후에 인지과정에 참여하게 되면, 소리의 구성체는 연속적이지 않은 분절된 단위인 분절음(discrete segment)으로 재구성된다. 음운론에서 이와 같은 단위를 가리켜 음소(phoneme)라고 한다. 우리가 알고 있는 철자법(orthography)은 음소들의 체계와 단어 내부를 구성하는 음소들의 구조를 아울러 가리키는 것이라고 할 수 있다. 다만 영어의 경우 단어를 구성하는 철자들이 때로는 소리와 매우 다른 모습으로 나타나기도 하는데, 이런 문제를 해결하려고 음성학 및 음운론에 관련된 학자들이 서로 합의를 거쳐 'Phonemic Alphabet'를 토대로 음성표기를 설정하였으며, 이후 표기체계를 확정하면서, 'International Phonemic Alphabet'(IPA)가 결정되었다.

확인 문제 01

Read the following and answer the question.

The following shows sound/spelling correspondences for American English consonants and vowels.

	[Sound(Symbol)]	[Examples]
(a)	/n/	snow, gnostic, know, pneumatic
(b)	/i/	beat, receive, key, amoeba, people
(c)	/ʤ/	joke, gem, rouge, educate, soldier
(d)	/ʌ/	cut, tough, among, oven, flood
(e)	/tʃ/	choke, match, nature, question, righteous

Which of (a)~(e) shows the incorrect match between sound and its examples. (You answer is from the underlined part in the above examples.)

① (a) ② (b) ③ (c) ④ (d) ⑤ (e)

1 Phoneme & Minimal pair

[1] 영어 단어들의 의미차이에 있어서 최소 한 개의 소리만 달라도 완전하게 다른 의미를 가리키는 것을 알 수 있다. 이처럼 의미의 차이를 유발하는 데 결정적인 역할을 수행하는 단위를 가리켜 음소(phoneme)라고 한다. 다만 유념해야 할 부분은 음소로 인하여 단어 사이에 의미 차이가 발생하기는 하지만, 음소 자체가 의미를 소유하고 있지 않다는 사실이다. 예를 들어, 'mat / bat / pat'의 경우를 보면 단어들이 첫 번째 소리를 형성하고 있는 'm, b, p'는 세 단어들 사이에 의미차를 보여주는 결정적인 요소들이다. 음성학과 음운론에서 앞에서 보인 것처럼 의미의 차이의 기준이 되는 음소들의 표기는 '/ /'를 사용하여 표시하며, 앞서 예시한 음소들은 각자 / m /, / b /, / p /으로 표기된다. 여기서 제안한 예에 속하는 음소는 주로 자음(consonant)에 해당하는 것이며, 모음(vowel)들도 자음과 마찬가지로 의미차를 유발시키는 음소로서 역할을 수행할 수 있다. 영어의 음소체계는 크게 자음과 모음을 중심으로 이루어진 체계로 생각해 볼 수 있다.

[2] 영어 단어들 중 'mat / bat'을 자세히 보면, 두 단어 사이의 의미가 달라지는 것이 첫 음소들 / m /과 / b /에 있음을 알 수 있다. 두 단어들은 첫 번째 음소를 제외하고 나머지 부분에 / __at /과 같은 동일한 환경을 소유하고 있다. 이처럼 나머지는 동일한 환경이지만, 해당 음소에서 의미차이가 발생하게 될 때 / m /과 / b /을 가리켜 최소대립자(minimal pair)라고 한다. '최소대립자'는 소리를 규정할 때, 어떠한 소리를 가리켜 음소라고 할 수 있는지를 결정하는 데 중요한 기준이 되기도 한다. 그 이유는 음소의 정의 중 의미의 차이를

수반하는 단위라는 개념 때문이다. 'mat/bat'에서 'm, b'가 두 단어의 의미적 차이를 판단하는데 결정적인 역할을 수행하는 소리이기 때문에 최소대립자의 개념에 따라 음소에 속하는 것으로 정의할 수 있다. 따라서 다른 단어들의 예를 바탕으로 조사를 하면서 최소대립자 경우를 찾게 된다면, 해당 예에서 발견되는 최소대립자 요소들은 음소라고 판단할 수 있게 된다.

확인문제 02 Choose the example that doesn't show 'minimal pair'.

① cheap - keep ② ache - aim ③ aisle - ice
④ indict - indign ⑤ brow - blow

NOTE

1. The sounds which **contrast** in terms of word meaning are determined to be **phonemes**. We refer to the sounds as minimal pair.

2. A phoneme is a distinctive or contrastive sound in a language. What "distinctive" means is that the sound makes a difference in meaning. In other words, the forms of two words 'mat' and 'bat' are identical except for the only one position, i.e. word-initial position, /m/ and /b/. These sounds /m/ and /b/ are phonemes and minimal pair.

2 Allophone & Complementary distribution

[1] 음소는 음의 단위로서 소리와 가장 가까운 단위이다. 그러나 음소를 실제 소리로서 발음하는 경우에 상황에 따라 다양한 음성적인 결과가 나오는 것을 알 수 있다. 따라서 음성학과 음운론 학자들은 음소를 화자의 정신 안에 내재된 심리적 단위로 설정하고 있다. 우리는 음소를 발생하는 소리와 동일하게 보지 않고, 단지 발음되는 소리를 대표하는 단위로 보기 때문에 물리적으로 실현되는 실제적인 발음과는 차별을 두고 있다. 음소가 단어를 구성하면서 다른 음소들과 조합을 이루면서 실제 소리로 발현되는 실제적 발음을 'phonetic, surface, actual representation'이라고 부른다. 이때 해당되는 음성들은 음소표기와 달리 '[ ]'를 사용하여 음성현상을 표시한다. 'p'가 음소로 사용되면 '/p/'로 표시하지만, 실제 발음으로 구현되면 '[p]'로 표기한다.

비록 동일한 음소라고 하더라도 자세히 조사해 보면, 단어의 조합구성체 내부에서 음소가 위치하게 되는 자리에 따라 약간씩 다른 발음으로 나타나는 것을 알 수 있다. 이처럼 음소의 위치를 가리키는 환경적인 상황에 기초한 소리의 차이를 한 음소의 실제적인 발음에서 발견할 수 있다. 이처럼 상황에 따라 한 음소가 다른 음성으로 나타난 결과들을 이음(allophone)이라고 한다. 이음은 음소가 환경에 따라 서로 다른 음가를 지닌 소리로 발현된 결과이다. 또한 '한 음소의 환경에 따른 변이음(variants)'이라고도 할 수 있다. 음소와 이음이란 개념은 분명하게 구별되어야 한다. 다음은 음소 /t/가 단어에 위치한 환경에 따라 다른 음가를 갖게 되는 이음들과 환경적 요인의 설명을 예시한 것이다.

a. 어두 위치 - top [th] ('h'는 기식음(aspirated)을 가리킨다.)
b. 어두 위치 그리고 /s/ 바로 다음 - stop [t=] " ('='는 성문을 폐쇄하는 현상을 가리킨다.)
c. 어말 위치 - pot [t¬] ('¬' 는 폐쇄적 현상을 가리킨다.)
d. 유성음 사이 위치 - better [ɾ] ('ɾ'는 혀끝 부분이 입천장에 닿는 현상인 'flap'을 가리킨다.)
e. 유성음 사이, 뒤쪽 소리가 음절 n인 경우 - button [ʔ] ('ʔ'는 성문폐쇄음을 가리킨다.)

앞서 제시한 예에서 음소 / t / 이음들의 경우와 상황을 알 수 있다. 여기에 제시된 이음들은 모두 환경이 서로 다르다. 각 이음들의 음성적 환경은 겹치지 않으며, 음성이 발생하는 환경 자체가 배타적인 것을 알 수 있다. 이처럼 음성적 결과가 생겨나는 환경과 완전히 다른 상황을 가리켜 '상보적 분포'(complementary distribution)라고 한다. /t/ 음소의 이음들이 독자적으로 고유한 환경에서만 나타나기 때문에 'a ~ e'에 제시된 음성적 결과들을 상호 배타적인 분포를 보이고 있다. 예를 들어 [ɾ]는 / t /가 '강세를 받는 모음과 강세를 받지 못하는 모음 사이'라는 환경 이외에 다른 곳에서 전혀 발생하지 못하기 때문에 다른 이음들과 상보적 분포를 보이고 있다. 이처럼 이음들은 분포가 서로 확실하게 달라서 모든 이음들의 발생 여부는 주어진 환경을 알게 되면 어렵지 않게 예측이 가능하다. 음소의 이음들이 보여주는 상호 배타적인 관계는 음소를 설정하는데 매우 중요한 기준이 될 수 있다. 이미 언급하였듯이 음소는 실제 발음된 소리가 아니며, 일정한 소리의 집합을 대표하는 기호라고 할 수 있다. 따라서 특정 음소에 포함될 수 있는 실제 소리들의 정체가 무엇인지 알기 위해서는 하나의 음소가 나타날 수 있는 이음들을 관찰하면 알 수 있게 된다. 하나의 음소는 결과적으로 해당 음소가 음성으로 발현되는 이음들의 경우들을 모은 집합이라고 할 수 있을 것이다. 또한 최소대립자 개념과 음소는 매우 밀접한 관련성을 보여주지만, 이음들은 음소에 포함된 개별적인 음성현상이기 때문에 의미를 반드시 다르게 만들지 않을 수 있다. 따라서 이음들은 음소와 달리 최소대립자의 요소가 될 수 없다.

확인문제 03

Read the following passage and fill in the blanks.

> Each of these allophones of / t / is predictable in that it typically occurs in a particular position within a word or phrase. For example, 'Aspirated' / t / sound in *t̲op* occurs when ___(A)___. 'Unaspirated' sound in *st̲op* occurs when ___(B)___. 'unreleased' / t / sound in *cat̲* occurs when ___(C)___. 'Flap' sound, [ɾ], in *bet̲t̲er* occurs when ___(D)___. 'Glottal stop', [ʔ], in *but̲t̲on* occurs when ___(E)___.

Answer :

(A)________________

(B)________________

(C)________________

(D)________________

(E)________________

[2] 이음들은 각자가 출현할 수 있는 환경에서만 발생하는 특성이 있다. 그러나 특정한 음소의 또 다른 음성적 현상이면서 이음들에서 볼 수 있는 소리발생 환경의 상호배타적 분포성을 보이지 않는 이음들의 상호관계를 음운론에서는 '자유교체'(free variation)라고 부른다. 비록 이음이지만, 동일한 환경에서 음성적 차이가 있는 소리들이 발생하는 경우를 가리키는 것이다. 자유교체 관계에 있는 이음들은 동일한 환경에서 언어 외적인 이유 때문에 발생하는 경우가 많다. 예를 들어, /p/라는 음소가 'pat'이라는 단어에 포함되어 있을 때 해당 영어단어를 발음하는 사람들의 개별적인 여건에 의하여 소리가 다르게 들릴 수 있다. 어떤 사람은 'pat'을 큰 소리로 발음할 수도 있고, 다른 사람을 'pat'을 작은 소리로 속삭이면서 발음할 수 있다. 비록 같은 단어를 발음한다고 하여도, 사람이 처한 환경에 따라서 소리의 크기가 조절되면서, 'pat'의 음소 /p/는 얼마든지 다르게 들릴 수 있다. 하지만 두 사람에게서 'pat'을 들은 사람들은 동일한 단어를 듣고 있다고 생각할 것이다. 이처럼 외적 요인에 의하여 음성적인 차이가 발생하는 경우를 보면 이음이지만 환경은 분명하게 동일하며, 의미적 차이를 발생시키지 않는다. 이런 경우 우리는 /p/의 두 음성적 결과를 가리켜 '자유교체' 관계에 있다고 할 수 있다. 즉 소리에 차이는 있지만, 결국은 단어에 의미적 차이를 유발시키지 않기 때문에 이와 같은 이음들은 자유교체 관계에 있으면서 서로 교체되어 발음되어도 단어의 의미를 변화시키지 않는다. 이런 원리를 바탕으로 소리의 차이가 있을지라도 청자가 의미차이가 없는 동일한 단어로 이해한다면, 이 소리들은 자유교체 관계에 있다고 할 수도 있다. 때로는 이미 이음으로서 상보적 분포를 보여주었던 소리들이라고 하더라도 동일한 위치에 발생하면서 의미차이를 일으키지 않는다면 자유교체 관계를 토대로 재해석이 가능할 것이다. 예들 들어, 영어단어 중 'better'의 /t/를

발음할 때 [ɾ]로 발음하기도 하지만, 지역에 따라서는 /t/를 [th]로 발음하기도 한다. 이때 영어모국어 화자들은 흔히 두 경우를 똑같이 better로 인지하는 모습을 보여준다. 다른 이음으로서 분명히 소리차이는 있지만, 결과적으로 의미변화를 초래하지는 않는다. 이런 경우에 / t /의 이음인 [ɾ]와 [th]는 '자유교체' 관계에 있다고 볼 수 있다. 때로는 유사한 상황이 다른 음소들 사이에서 발생하기도 한다. 또한 음소를 바꾸어도 의미차이가 나타나지 않는 경우가 있을 수 있다. 예를 들어, 'economic'의 첫소리를 [iː](장모음 i)로 발음하기도 하고, 단모음 [e]로 발음하기도 한다. 장모음 /iː/와 단모음 /e/는 다른 음소들인 것은 확실하지만, 서로 바뀌어도 의미의 차이를 유발시키지 않는다. 이런 경우는 우리는 두 음소들이 '자유교체' 관계에 있다고 할 수 있다.

2012년 31번 기출문제를 통해 기본적인 음의 환경(distribution)을 알아두자

2012년 31번
기출문제

Read <A> and <B> and follow the directions.

<A>

When a sound [X] and a sound [Y] occur in the same environment, we say these sounds are in 'overlapping distribution' On the other hand, if a sound [X] never appears in any of the phonetic environments in which a sound [Y] occurs, the two sounds are in 'complementary distribution' When the two sounds in overlapping distribution are not involved in the meaning difference of the word pair, it is termed a 'free variation'. If the two sounds in overlapping distribution contribute to the meaning difference of the word pair, the two sounds are in 'contrastive distribution'. When phonetic realizations of two sounds are in contrast with each other, the two sounds are 'allophones of different phonemes'.

<B>

(a) style [staɪɫ] - latter [læɾɚ]
(b) seat [sit˺] - sit [sɪt˺]
(c) economy [ɪkʰɑnəmi] - economy [ɛkʰɑnəmi]
(d) feel [fiəɫ] - lake [leɪk]
(e) hit [hɪt˺] - hint [hɪ̃nt˺]
(f) ram [ræ̃m] - rang [ræ̃ŋ]
(g) neither [niðɚ] - neither [naɪðɚ]

Which of the following is a correct statement about <A> and <B>?

① The underlined pairs of sounds in each word pair (b) and (e) are in overlapping distribution.

② The underlined pairs of sounds in each word pair (c), (f), and (g) are in complementary distribution.

③ The underlined pairs of sounds in each word pair (a), (d), and (g) are in free variation.

④ The underlined pairs of sounds in each word pair (c), (e), and (f) are in contrastive distribution.

⑤ The underlined pairs of sounds in each word pair (b) and (f) are allophones of different phonemes.

NOTE

1. Phoneme & Allophone

a. Phonemes are what we have been calling the basic(underlying) form of a sound and are sensed in your mind rather than spoken or heard actually. Each phoneme has been associated with it one or more sounds, called allophones, which represent the actual sound corresponding to the phoneme in various environments. Allophones are nondistinctive variants of a phoneme and represent the actual sound corresponding to the phoneme in different environments. The following is about the allophones of / t /. Each of these allophones of / t / is predictable in that it typically occurs in a particular position within a word or phrase. For example, [tʰ] in top ('h' means 'aspirated' sound) occurs when / t / begins a syllable and is followed by a stressed vowel. [t⁼] in stop ['=' means 'unaspirated' sound) occurs when / t / is followed by a vowel, but does not begin a syllable. [t˺] in pot ['˺' means 'unreleased' sound) occurs when / t / occurs at the end of an utterance. [ɾ] in better ('ɾ' means 'flap' sound) occurs when / t / follows a stressed vowel and precedes an unstressed vowel. [ʔ] in button ['ʔ' means 'glottal stop' sound] occurs when / t / follows a vowel and precedes a syllabic nasal.

b. In English, aspirated voiceless stops occur at the beginning of a stressed syllable, as in pie and appear, but unaspirated voiceless stops are produced when preceded by [s] as in spy and spat. If [p] is pronounced instead of [pʰ] in pie, it does not make a difference in meaning since these two phonetically different sounds are counted as the same thing in English. That is, though they are phonetically distinct, they belong to the same mental representation and correspond to a single mental category, which is phonologically referred to as a phoneme. The two stops, [pʰ] and [p], are allophones of / p /.

2. Allophones & their complementary distribution

Allophones are conditioned by the phonetic environment, which determines the appearance of one or another allophone. That is, allophones are positional variants, which are in complementary distribution, meaning that where one occurs the other does not.

3. Free variation

In contrast to the rule that allophones never occur in the same environment, they may sometimes be in 'free variation' that refers to the relation between the two phones such that either one can occur in a certain position, and the substitution of one for the other never makes any difference in the meaning of a word. Two sounds that are in 'free variation' are not only allophones of the same phoneme but also same phonemes.

4. Complementary distribution Vs. Free variation

Complementary distribution : 어떤 음의 출현 환경이 상호배타적이다.

Free variation : 의미의 변화가 없이 음의 출현 환경이 자유로우면서 의미차이가 없다.

5. 음소와 이음을 구별해주는 Tests

Minimal pair test : 특성 소리들이 최소대립자로서 역할을 수행하면 음소이다.

Complementary distribution test : 음성 발생환경을 바탕으로 이음들을 확인할 수 있다.

UNIT 02

Phonemes & Features

영어 음소들은 특성에 따라 여라 종류로 분류될 수 있다. 음성학 및 음운론에서 음소를 나누던 전통적인 방식을 따르자면, 대부분의 연구에서는 **자음(consonant)과 모음(vowel)**으로 나누는 것이 일반적인 분류 방법이다. 자음과 모음의 특성은 음성적인 규명을 토대로 제시된 일정한 기준을 바탕으로 하여 설명할 수 있다. 자음과 모음을 분류하는 경우는 물론이거니와 자음과 모음 내부에서 소리들을 구분할 때 제시되는 기준들이 있다. 음성학 및 음운론에서는 이 기준들을 가리켜 '변별자질'(distinctive features)이라고 한다. 자음이든 모음이든 모든 음소들이 서로 차이가 있음을 가시적으로 보이기 위해서 설정된 기준들이다.

[1] 발성과 성도

소리의 분류는 우선 말소리의 발생을 중심으로 이루어졌다. 인간의 음성발성 기관 중 후두(larynx)를 기점으로 하여 구강과 비강의 통로는 소리 생성의 중요한 부분이다. 이 통로를 가리켜 '성도'(vocal tract)라고 하는데, 폐의 위쪽 혹은 후두 위쪽에서 말소리가 발생한다. 이때 성도가 중요한 이유는 음소를 규정짓거나 소리변화를 설명하는 음운규칙에는 성도와 관련된 용어들이 사용되기 때문이다. 예를 들어, /p/는 성도에 관련된 기관 중 입술을 사용하기 때문에 해당 특성을 반영하여 /p/를 '순음'(labial consonant)이라고 한다. 다음 그림은 성도에 속한 부분으로서 발음을 수행하는 데 매우 중요한 부위들을 그림으로 보인 것이다.

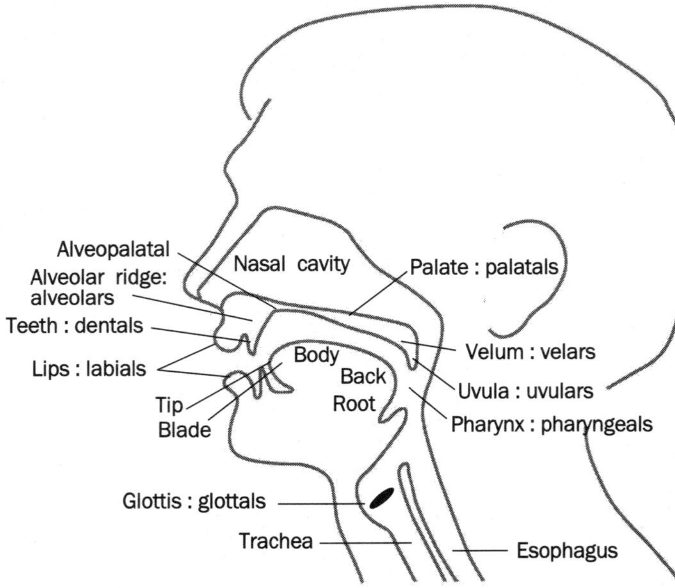

[Figure 1]

[2] 조음 구조

그림을 보자면 폐에서 시작된 공기의 흐름은 성도를 형성하는 기관 중 성문(Glottis)에 이르게 된다. 이곳에서 공기의 흐름을 가장 처음으로 방해하면서 소리를 만들어 낼 수 있다. 성문은 그 모습을 보는 방향에 따라서 성대(vocal cords, vocal folds)로 부르기도 한다. 성대는 자세히 보면 마치 창문의 커튼날개가 서로 마주보고 있는 형상과 유사하다. 따라서 양쪽 부위가 떨어져 있어서 공기의 흐름이 저항을 받지 않으면, 공기의 흐름이 거의 방해를 받지 않게 되고, 성대를 구성하고 있는 양쪽 날개가 떨어진 채로 진동하지 않으면 떨림이 반영되지 못한 상황을 가리키는 무성음(voiceless sound)이 발생한다고 할 수 있다. 그러나 성대가 붙으면서 날개들이 공기의 흐름에 의하여 진동을 시작하면 유성음(voiced sound)이 발생한다고 할 수 있다. 공기의 흐름이 일단 성문을 지나게 되면 성도의 다음 단계인 인두(pharynx)에 이르게 된다. 이때 인두의 끝부분인 연구개(velum)는 위아래의 동작을 통하여 공기를 입으로 보내기도 하고, 코로 보내기도 한다. 연구개가 인두를 형성하고 있는 뒤쪽 벽에 닿아 있으면 비강 부위가 차단되어 공기는 입으로 움직이면서 구강음(oral sound)을 만들게 된다. 연구개가 벽에서 떨어져서 아래쪽으로 내려오게 되면 공기의 흐름이 코 쪽으로도 흐르게 되며, 이때 소리는 비강의 영향을 받으면서 비음(nasal sound: eg. /m, n, ŋ/)으로 변모하게 된다.

구강 방향으로 흘러간 공기는 조음의 위치(place of articulation)와 조음의 방식(manner of articulation)을 기준으로 하여 여러 종류의 소리들이 생성된다. 앞서 소리의 형성에 대한 설명을 정리하면서 소리의 분류 과정을 살펴보면, 소리들은 우선 자음과 모음으로 분류되며, 성대를 토대로 무성음과 유성음으로 분류될 수 있다. 또한 구강과 비강을 바탕으로 소리가 다르게 분리될 수 있다. 구강을 형성하는 여러 발음기관들 중 조음의 위치는 입술, 이, 치경, 경구개, 연구개, 성문과 같은 6가지 부위를 중심으로 소리들을 분류할 수 있다. 조음의 방법으로는 파열음, 마찰음, 파찰음, 비음, 유음, 활음을 기준으로 소리의 분류를 시행할 수 있다.

[3] 영어의 자음

자음은 공기의 흐름이 구강 내부를 통과하면서 그대로 입 밖으로 나아가지 못하고 입안의 어디선가 방해를 받아서 생기는 소리이다. 모음은 자음에 비하여 방해를 적게 받아서 발현되는 소리인 반면에 자음은 입 내부에서 방행을 받아 만들어지는데 이처럼 방해적인 요인을 기준으로 자음을 구분할 때 4가지의 분류기준이 있다.

(1) 조음위치(place of articulation) : 조음기관 중 혀, 입술, 치아, 치경부분, 경구개, 연구개
(2) 조음방법(manner of articulation) : 공기의 흐름에 방해를 주는 방식 - 폐쇄, 마찰
(3) 유성화 정도(voicing - state of glottis) : 성문에 있는 성대의 진동여부 - 유성음, 무성음
(4) 비음화(nasality - state of the velum) : velum의 위치 - 구강음, 비강음

조음위치와 조음방법은 자음을 구분하는 데 중요한 기준이 된다. 다음의 설명은 두 기준으로 자음을 분류하는 방식을 예시한 것이다.

(1) 조음위치: 기류가 방해를 받는 위치가 어디에 속하는지를 보는 것이다.

① Bilabial(양순음) : / p, b, m, (w) /
윗입술과 아랫입술이 닿으면서 나는 소리

② Labiodental(순치음) : / f, v /
윗니가 아랫입술에 살짝 닿으면서 나는 소리

③ Interdental(치음(치간음)) : / θ, ð /
윗니와 아랫니 사이에 혀끝이 내밀어지거나 접근되어서 나는 소리

④ Alveolar(치경음) : / t, d, n, s, z, l, (r) /
혀끝이 치경(Alveolar ridge)에 접근되면서 나는 소리

⑤ Palatal(경구개음) : / ʃ, ʒ, ʧ, ʤ, y, (r) /
혀 앞부분이 경구개에 접근되면서 나는 소리

※ Palatal-Alveolar : 경구개 치경음 : / ʃ, ʒ, ʧ, ʤ /

⇨ 혀 끝은 치경에, 혀 앞부분은 경구개에 접근되면서 나는 소리로서 이 Palatal-Alveolar를 Palatal로 간주하기도 한다.

⑥ Velar(연구개음) : / k, g, ŋ /

혀 뒷부분이 연구개에 접근되면서 나는 소리

⑦ Glottal(성문음) : / h , ʔ /

성문 근처 부위에서 만들어지는 소리로서 / h /는 공기흐름이 성문을 통과하면서 마찰(friction)이 생길 때 나는 소리이며 / ʔ /는 성문이 닫혀 있다가 열리는 순간에 공기가 방출될 때 나는 소리이다. / ʔ / 소리는 button, butler의 / t /가 / ʔ /로 발음되는 경우에 들을 수 있다.

(2) 조음방법: 기류가 특정 조음위치에서 방해를 받는 상황에 따라 소리를 분류한다.

① Stops or Plosives(폐쇄음 혹은 파열음) : / p, b, t, d, k, g /, / m, n, ŋ /, / ʔ /

공기흐름 차단 방식이 소리를 생성하는데 가장 중요한 역할을 담당하는 소리이다. 보통 자음은 소리를 잠시 멈추게 한 후 터뜨리듯 공기를 내뱉는 파열(plosive) 과정을 거치면서 소리를 생성한다. 비음의 경우 입에서는 공기의 흐름을 막고는 있지만, 코를 통하여 공기가 지속적으로 흐르는 것에 차이점이 있다. 성문폐쇄음의 경우는 성문이 공기의 차단 및 파열을 담당하기 때문에 별도로 구분하기도 한다.

② Fricatives(마찰음) : / f, v, θ, ð, s, z, ʃ, ʒ, h /

여러 조음기관들 중 혀, 입술, 치아, 치경부위, 경구개 등이 서로 근접하면서 공기의 흐름을 방해하여 마찰을 통하여 소리를 생성하는 방식이다.

③ Affricates(파찰음) : 파열음 + 마찰음 : / ʧ, ʤ /

구강 내에서 차단되었던 공기의 흐름이 차단되었다가, 파열 순간에 완전하게 모든 공기를 놓아 주는 것이 아니라, 공기를 조금씩 통과시키는 방식으로 만들어지는 소리이다. 결국 폐쇄음과 마찰음 두 가지 특성이 서로 조합된 방식이라고 할 수 있다. 다만 이 소리의 보통은 공기를 차단하는 부분에 초점이 맞추어져 있기에 음성자질을 볼 때 [- continuant]에 속하기 때문에 폐쇄음에 가깝다고 할 수 있다.

※ 마찰이 일어나는 음들 중에서 상대적으로 소리가 크고 높게 들리는 소리들을 따로 분류하여 치찰음(sibilant)라고 한다. 여기에 속하는 소리들은 소음성이 강한 특징을 보여주며, 마찰음 / s, z, ʃ, ʒ /, 파찰음 / ʧ, ʤ /가 속한다. 영어 발음현상 중 복수형 's'를 발음할 때 세 가지 형상인 / s, z, iz /로 나타난다. 이 중 적절한 소리를 선택하는 데 치찰음이 기준이 되어 중요한 역할을 수행할 수 있다. 이는 복수형이 제시되는 형태론 부분에서 다시 언급할 것이다.

④ Nasals : 비음(콧소리) : / m, n, ŋ /

연구개 끝 부위가 아래쪽으로 내려가 있어서 공기의 흐름이 비강으로 흘러들어가면서 생성되는 소리이다.

⑤ Liquids(유음) : / l, r /

공기흐름에 방해가 있기는 하지만, 마찰을 일으킬 정도는 아니다. 'led' 단어의 첫소리 / l /은 치경설측음이다. 혀끝이 치경 쪽에 닿아 있고 공기의 흐름은 혀의 양 측면으로 흘어가면서 소리가 난다. 'red'의 첫소리 / r /은 혀끝 부문이 경구개 근처로 말려 올라가 있는 상태에서 시작하여 혀가 본래의 모습으로 돌아가면서 생성된다.

/ l /은 음성학 분석에 따르면 다시 세 가지 소리 유형으로 분류될 수 있다. 이미 언급하였던 치경설측음 이외에 'dark [l] 또는 velarized l'이라는 이음이 존재한다. 우선 dark [l]은 연구개를 바탕으로 생성되는 소리로서 혀의 앞쪽 끝부분과 혀의 뒤쪽 부분이 혀 중간 부위보다 상대적으로 높게 되면서 만들어진다. 즉 혀 가운데가 오목하게 되도록 하여 내는 소리이다. 단어가 분포돼 있는 상황을 보면 대체로 어말위치 또는 자음 앞에 위치한 / l /이 여기에 속한다. / l /은 자음이지만 모음들처럼 음절을 관장하는 '[+syllabic]' **자질을 가지기도 한다.** / l /이 [+syllabic] 자질을 소유하는 대표적인 예는 'little'의 두 번째 / l /이라고 할 수 있다.

〈2009년 34번 문제 - Sound /l/에 관하여〉

The lateral / l / can be syllabic (i.e. standing as the nucleus of a syllable) following a sequence of a stressed vowel and an alveolar stop (an oral or a nasal stop).

Ex a. Can you pass me the one in the middle?

b. I will cross the channel by boat.

⑥ Glides(활음) : / w, y(j) /

혀의 조음위치가 미끄러지듯 이동하는 변화로 인해 만들어지는 소리로서 [y]는 경구개 활음(palatal glide)으로서 혀의 앞부분이 경구개로 올라가면서 발음된다. [w]는 순음-연구개활음(labio-velar glide)이다. 혀의 뒷부분이 연구개 쪽으로 올라감과 동시에 입술이 둥글게 말리면서 만들어진다. 활음의 음성학적 활약은 주로 이중모음(diphthongs)을 발음할 때 많이 발견된다. 음성학자마다 활음을 다른 용어인 반모음(semi-vowel), 접근음(approximant)으로 부르기도 한다. 활음의 음성학적 특성을 자질로 구분할 때 '[-syllabic], [-consonantal]'로 분류한다. 이 중 [-syllabic] 자질은 활음과 모음을 분리하는 중요한 기준이다.

[Table 1] English Consonants

|← [+anterior] →| (bilabial – alveolar) |← [-anterior] →| (palato-alveolar – glottal)

Manner \ Place		bilabial	labio-dental	inter-dental	alveolar	palato-alveolar	palatal	velar	glottal
plosive	vl	p			t			k	
	vd	b			d			g	
fricative	vl		f	θ	s	(ʃ)	ʃ		h
	vd		v	ð	z	(ʒ)	ʒ		
affricate	vl					(ʧ)	ʧ		
	vd					(ʤ)	ʤ		
nasal	vl								
	vd	m			n			ŋ	
liquid(l,r) lateral(l)	vd				l				
Glide(j, w) approximant	vl								
	vd	(w)			r		j (r)	w	

|← [+coronal] →| (inter-dental – palatal)

※ 1. 알아두어야 할 표기

ʃ = š , ʒ = ž , ʧ = č , ʤ = ǰ , j = y

※ 2. 기타 주의할 음들

a. Approximant = /r, j, w, (l)/

b. Glottal stop = /ʔ/

⇨ 영어음성학에서는 /ʔ/은 /t/의 Allophone으로 간주한다.

c. Nasal은 [+stop]이다. Affricate에는 [+stop] 특성이 포함되어 있다.

※ 3. 도표 이해를 위해 알아두어야 할 자질

a. [+continuant] : 자음 중 /f, v, ɵ, ð, s, z, ʃ, ʒ, l, r, y, w, h/와 모음 모두 포함
⇨ stop에 해당된 자음들을 제외한 것으로 볼 수 있음.

b. [+strident] : /f, v, s, z, ʃ, ʒ, ʧ, ʤ/

c. [+sibilant] : /s, z, ʃ, ʒ, ʧ, ʤ/

d. [+sonorant] : /m, n, ŋ, l, r, y, w, (h)/
⇨ [+sonorant, +consonantal] 를 기본 자질구조로 갖고 있음.
[+obstruent, +consonantal]에는 stop, fricative, affricate가 포함됨.

e. [+syllabic]: vowel 모두를 포함하며, 일부 nasal, liquid가 해당될 수 있음.

f. [+consonantal] : obstruents, nasal, liquid를 포함하며, /y, w, (h)/를 제외한 자음들임.

g. [+delayed release] : /ʧ, ʤ/ affricate를 포함. stop 특성이 있어서 [−continuant]로 간주함.
⇨ [+delayed release]는 stop에 해당되는 소리와 구별되어야 함.

확인문제 04

다음 자음에 대한 기술 중에서 잘못된 것은? (1993년 기출문제 응용)

① [g] : voiced velar plosive

② [ɵ] : voiceless dental fricative

③ [ʤ] : voiced alveolar fricative

④ [p] : voiceless bilabial plosive

⑤ [t] : voiceless alveolar plosive

확인문제 05

Consider the following figures and answer the question.

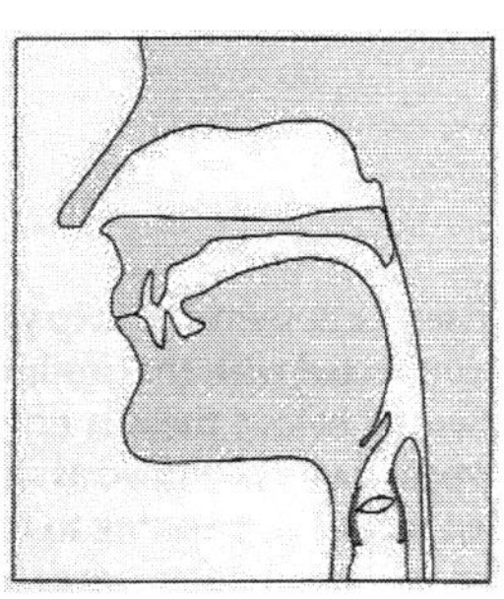
[Figure 1]

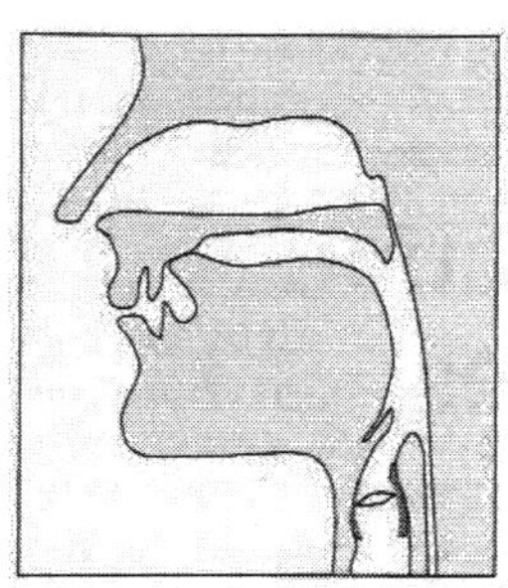
[Figure 2]

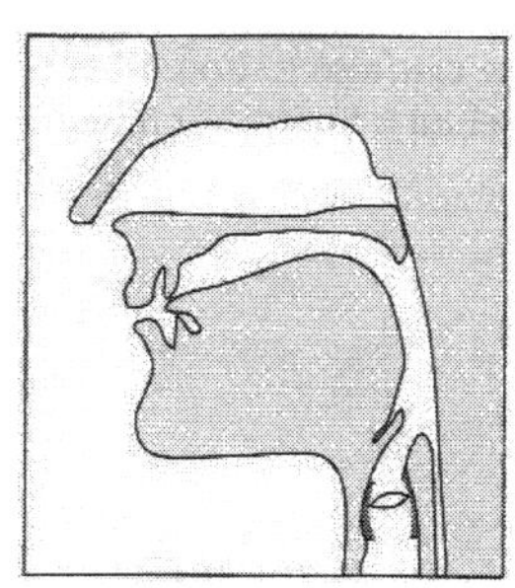
[Figure 3]

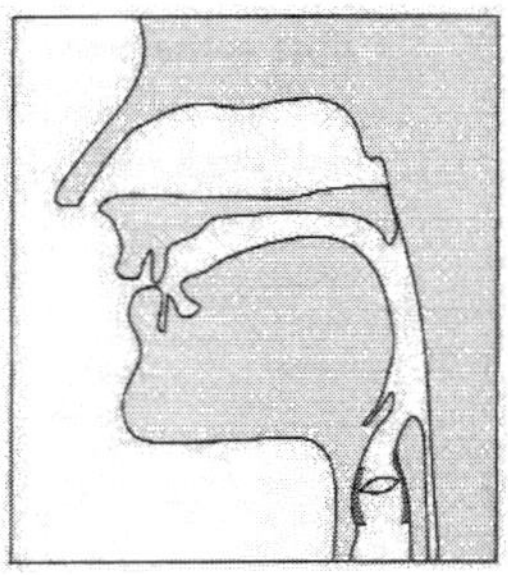

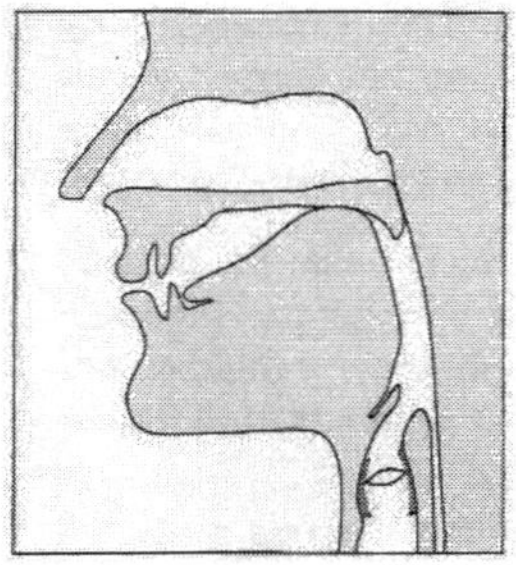

[Figure 4] [Figure 5]

※ All the figures show that the vocal cords are apart and air flow freely through the glottis.

Which of the following is the statement that <u>incorrectly</u> explains the above figures?

① Figure 1 corresponds to 'voiceless bilabial sound'.

② Figure 2 explains / t / sound.

③ Figure 3 shows labiodental articulation.

④ Figure 4 is needed when we teach how to pronounce 'gh' in 'rough' and 'ph' in 'phone'.

⑤ Figure 5 are required to teach how to pronounce 'ch' in 'monarch'.

[3] 영어의 모음

소리를 발음할 때 모음의 경우는 자음과 매우 다르다. 모음을 발음할 때에는 세 가지의 분명한 기준에 따라서 소리가 생성된다.

① 모음은 성대가 울리는 진동이 기본적 요인이 되어야 한다.

② 구강내의 공기의 흐름이 조음기관들의 상호 작용에 의한 방해를 받지 않고, 비교적 자유롭게 밖으로 나간다.

③ 독자적으로 자립하여 발음될 수 있기 때문에 음절의 핵심이 될 수 있어서 [+syllabic]의 특성에 해당된다. 또한 초분절음소 강세(stress), 성조(tone or pitch), 억양(intonation), 음의 장단(duration)과 관련될 수 있다.

영어모음은 주로 단순모음(monophthong)을 중심으로 전체적인 구성 모습이 제시된다. 그러나 영어의 모음 운영 상황을 보면 모음에는 이중모음(diphthong)도 포함되어 사용되고 있다. 영어모음 요소들 중 이중모음의 대표적인 예들을 보면 /ay/, /aw/, /ɔy/ (bite[bayt], brown[brawn], boy[bɔy]) 등이 있으며, 내부 구조를 보면 모음으로 시작하여 활음으로 끝나는 것을 알 수 있다. 비록 이중모음이 두 가지 소리를 포함하고는 있지만, 음절구조의 분석에서는 한 개의 음절로 간주되면서 긴장음으로 분류한다.

모음의 분류기준은 다음과 같다.

(1) 혀의 높낮이에 따른 분류
(How high or low in the mouth is the tongue?)
(2) 혀의 전후(앞뒤)에 따른 분류
(How forward or backward in the mouth is the tongue?)
(3) 입술이 둥글어지는지에 관련된 원순성에 따른 분류
(Are the lips rounded(pursed) or spread?)
(4) 구강이나 혀의 근육이 긴장되는지에 관련된 긴장성에 따른 분류
(Is the vocal musculature, especially the tongue, tense or lax?)

다음은 위에 제시된 4가지 기준에 따라 영어모음을 상세하게 분류한 것이다.
(1) 혀의 높낮이에 따른 분류
① high vowels : [i, ɪ, u, ʊ]
② mid vowels : [e, ɛ, ə, ʌ, o, (ɔ)]
③ low vowels : [æ, a, (ɔ)]
(2) 혀의 전후에 따른 분류
① front vowels : [i, ɪ, e, ɛ, æ]
② central vowels : [ə, ʌ]
③ back vowels : [u, ʊ, o, ɔ, a]
(3) 원순성에 따른 분류
① rounded vowels : [u, ʊ, o, ɔ]
② unrounded vowels : rounded vowels 이외의 모음들
(4) 긴장성에 따른 분류
① tense vowels : [i, e, o, u, (ɔ)]
② lax vowels : tense vowels이외의 모음들: [ɪ, ɛ, æ, ʌ, ʊ, ə, a, (ɔ)]

[Table 2] 모음사각도(the vowel quadrilateral)에서의 모음 분류

		[−BACK]		[+BACK]
		front	central	back
[+HIGH]	[+TENSE]	i		u
	[−TENSE]	ɪ		ʊ
[−HIGH] [−LOW]	[+TENSE]	e		o
	[−TENSE]	ɛ	ə ʌ	ɔ
[+LOW]	[+TENSE]			(ɔ)
	[−TENSE]	æ		a (ɑ)

위 도표 이해를 위한 참고 사항

※ 1. /ɔ, o, u, ʊ/는 [+round(ed)], 나머지는 [−round(ed)]

⇨ [+rounded]인 모음들은 모두 [+back]이다.

※ 2. i = ij =[iː] // ɪ = [i] // e = ej = [ei] // ɛ = [e]

u = uw = [uː] // ʊ = [u] // o = ow = [ou]

확인문제 06

영어의 [uː]와 [u]는 한국인이 구분해서 발음하기 어려운 모음들로서 학생들에게 영어를 가르칠 때 정확하게 지도하는 것이 필요하다. 다음 각 단어의 모음은 [uː]와 [u]중에서 어느 것인가? **(2001년 기출문제 응용)**

[u:]: high back rounded tense vowel, [u]: high back rounded lax vowel

① fool ② would ③ took ④ suit

⑤ good ⑥ wolf ⑦ pool

확인문제 07

Consider the following figure and the sounds fit for the (A)~(C) in it and answer the question.

[Figure - The vowel quadrilateral]

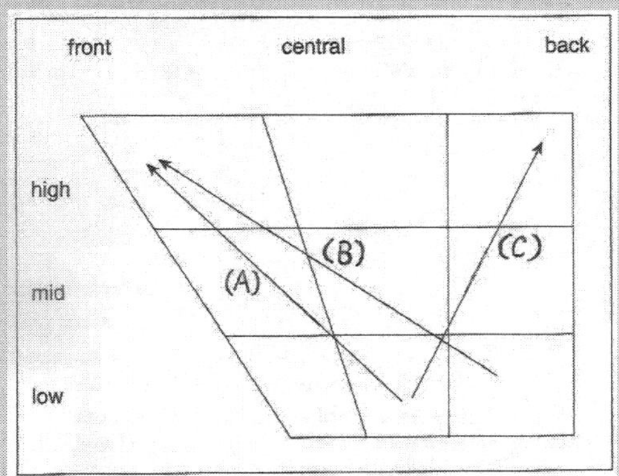

※ '←' (arrow) means 'glide movement' for the American English diphthongs. In the arrow (A) and (C), /a/ is located on the starting point while in the arrow (B) /ɔ/ is located on the starting point

Which of the following statements is <u>incorrect</u>?

① The sound fit for (A) is found in the words 'bite' and 'height'.

② The sound fit for (A) involves a glide from the low central region close to / a / to the high front region close to / I /.

③ The sound fit for (B) is found in the words 'soy' and 'embroider'.

④ The sound fit for (C) is found in the words 'brow' and 'bowl'.

⑤ When teachers teach the sound fit for (C), they have to instruct students to pay attention to the rise of jaw and tongue and the change to a rounded lip position.

확인 문제 08

Read the following and answer the question.

> You are trying to teach your students how to pronounce the underlined part of the following words.
>
> m<u>a</u>n [m<u>æ</u>n] s<u>a</u>ne [s<u>e</u>n]

Considering features of the two sounds, select the one that is <u>not</u> described appropriately.

① In pronouncing 'a' in man, the lips are not round.

② In pronouncing 'a' in sane, the lips are not round.

③ In pronouncing 'a' in man, the vocal masculature is lax.

④ In pronouncing 'a' in sane, the vocal masculature is not tense.

⑤ In pronouncing 'a' in man, the tongue is low in the mouth.

확인 문제 09

Read the following and answer the question.

> The following are sound sequences of a word(or words).
>
> (A) voiceless velar stop + low front vowel + alveolar nasal + voiced alveolar stop
>
> (B) voiced bilabial nasal + mid central vowel + alveolar nasal + high front lax vowel
>
> (C) mid central vowel + voiceless alveolar stop + mid front tense vowel + alveolar nasal
>
> (D) voiceless velar stop + mid back vowel + alveolar nasal + voiced velar stop + mid back tense vowel
>
> (E) voiceless bilabial stop + alveolar lateral + mid front tense vowel + voiceless alveolar fricative + mid central vowel + voiced alveolar fricative
>
> ※ 'mid' means the position in terms of tongue height and 'central' means the position in terms of tongue frontness.

Choose the <u>incorrect</u> statement.

① The correct example of (A) is the pronunciation(phonetic description) of the word "canned"

② The correct example of (B) is the pronunciation(phonetic description) of the word "money"

③ The correct example of (C) is the pronunciation(phonetic description) of the word "attain"

④ The correct example of (D) is the pronunciation(phonetic description) of the word "Congo"

⑤ The correct example of (E) is the pronunciation(phonetic description) of the word "places"

NOTE

1. 말소리의 생성과정(**Production of speech sounds)**

Lung(Airflow) → State of Glottis(voicing) → State of the Velum(nasal/oral) →
↳ vocal cords in the larynx ↳ lowered velum
→ Articulation(Place & Manner of articulation) in the mouth

2. 자음의 분류기준과 자음의 종류

Consonants are produced with constriction(restriction) of the airstream in the oral cavity. They are classified according to where in the vocal tract the airflow restriction occurs, called the place of articulation, and according to how the airflow restriction in the vocal tract occurs, called the manner of articulation.

The followings are the classes of consonants according to the place of articulation.

a. Bilabials, / p, b, m, (w) /, are pronounced by bringing both lips together.
b. Labiodentals, / f, v /, are pronounced by touching the bottom lip to the upper teeth.
c. Interdentals, both spelled 'th', are pronounced by inserting the tip of the tongue between the teeth. They are also called 'dentals' because for some speakers the tongue touches behind the teeth.
d. Alveolars, / t, d, n, s, z, l, (r) /, are pronounced with the tongue tip raised in various ways to the alveolar ridge.
e. Palatals, / š, ž, č, ǰ, y, (r) /, are pronounced with the front part of the tongue raised to the palate.
f. Velars, / k, g, ŋ /, are pronounced by raising the back of the tongue to the velum or the soft palatal.
g. Glottals are / h / and / ʔ /. / h / is produced by passing the air through the glottis(and pharynx) and causing friction, while / ʔ / occurs when the space between the vocal cords(the glottis) is completely closed (very briefly), then released. In particular, / t / can be glottalized before syllabic nasals as in 'button'.

The followings are the classes of consonants according to the manner of articulation.

a. Stops, including nasals, are pronounced by 'stopping' of the airflow (very briefly) in the oral cavity then letting it go abruptly.

※ If the air is stopped completely at the glottis by tightly closed vocal cords, the sound produced then is a glottal stop / ʔ / as in / t / of 'button'.

b. Fricatives are produced by (almost) blocking the airflow and having the air push through the narrow opening. Although the airflow(airstream) is obstructed as it passes through the oral cavity, it is not completely stopped.

c. Affricates are produced by 'closure' followed immediately by gradual(or obstructed) 'release' of the closure which causes some friction.
d. Nasals are pronounced when the velum is not in its raised position(it is lowered) and the air escapes through both the nose and the mouth. Sounds produced with the velum up, blocking the air from escaping through the nose, are oral sounds, since the air can escape only through the oral cavity.
e. Liquids are / l / and / r /. The /l/ sound(or lateral sound) at the beginning of 'led' is produced by letting the airstream flow around the sides of the tongue as the tongue tip makes contact with the middle of the alveolar ridge, while the / r / sound at the beginning of 'red' is produced with the tongue tip raised and curled back near the alveolar ridge (or the hard palatal).
f. Glides are produced with the tongue in motion(or gliding) to or from the position of a vowel and produced with little obstruction of the airstream. They are always followed directly by a vowel except when they are part of a diphthong. After articulating the glides, the tongue glides quickly into place for pronouncing the next vowel, hence the term 'glide'. Glides are transitional sounds—halfway between consonants and vowels—and are sometimes called 'semi-vowels'. However, we consider them to be consonants because like all consonants, they never form the nucleus of a syllable (e.g. a year, a wolf) as do vowels.

3. 모음의 분류기준과 모음의 종류

Vowels are produced with no constriction of the agirstream in the oral cavity, are related to 'supra-segmental phoneme'(stress, pitch, intonation, length), that is, carry pitch and loudness, and can stand alone, that is, are the nucleus of the syllable—they can be produced without consonants before or after them. Vowels are classified in terms of the following 4 physical dimensions: tongue height(high/mid/low vowel), tongue frontness (front/central/back vowel), lip-rounding(rounded/unrounded vowel), tension of the muscle in the vocal tract-especially tension of the tongue(tense/lax vowel).

a. 'High' vowels, / i, ɪ, u, ʊ /, are produced with the tongue raised from neutral position. Low vowels are /æ, a/ and mid vowels are / e, ɛ, ə, ʌ, o, ɔ /
b. 'Front' vowels, / i, ɪ, e, ɛ, æ /, are produced with the body of the tongue pushed forward from neutral position.
c. 'Round' vowels, / u, ʊ, o, ɔ /, are produced with a pursing or narrowing of the lip orifice.
d. 'Tense' vowels, / i, e, o, u /, are produced with greater tongue muscles than its counterpart, lax vowels.

2 Distinctive Features

언어학적인 관점에서 볼 때 음운론 분야에서 중요한 연구대상은 바로 소리의 최소단위인 '음소' 보다는 이 단위의 내적 특징을 알 수 있게 하는 '자질'(feature)라고 할 수 있다. 즉 언어의 최소대립의 단위는 외적으로는 '음소'로 나타나지만, 실질적인 비교대상의 기준은 바로 '자질'(distinctive feature)이다. 자질을 알면 음소 /t/와 /d/의 공통점과 차이점을 분명하게 보여줄 수 있다. 우선 공통점과 관련된 자질로는 alveolar, obstruent, non-syllabic, non-continuant 등이 있지만, 차이점은 voicing으로 설명할 수 있다. /t/는 무성을 가리키는 voiceless이지만, /d/는 유성을 가리키는 voiced이기 때문이다. 자질들 중 음소 특성의 차이점을 보여줄 수 있는 경우에 해당 자질들을 '변별자질'(distinctive feature)이라고 부르기도 한다. 이런 변별자질들은 이분법(binary opposition : binary approach)을 통해서 관련성이 있을 때는 '+' 관련성이 없을 때는 '−'로 표시하여 대립관계를 명확하게 나타낸다. 이런 변별자질들은 음성적인 차이를 나타낼 때 사용되지만, 소리들을 몇 가지 하부집합으로 재분류하는 자연집단(natural class)을 결정할 때도 중요한 역할을 한다. 변별자질의 이런 특성들 때문에 소리의 변화를 설명하는 음운변화를 설명할 수 있다. 변별자질을 적용하면 음성들이 상황에 따라서 변화하는 이유를 설명할 때 먼저 음운적 동기를 찾아 분석하고 설명할 수 있으며, 이를 통하여 여러 음운변화들 사이에서 상호 연관성을 찾는 것이 가능하다. 그 이유는 비록 다른 음운현상으로 나타나더라도 그 속에 동일한 변별자질들이 역할을 담당하는 것을 바탕으로 음운현상들 중 일부가 내부적으로 공통점을 갖고 있음을 인식할 수 있기 때문이다. 이런 과정 안에서 음성변화에 관련된 여러 음운적 변화들 중 몇 가지를 하나의 공통적인 현상으로 분류할 수 있는 일반화가 가능하게 된다.

[1] 음성 분류를 위한 자질

음성들 중 큰 부류로 간주할 수 있는 주요 음(ex: consonant, vowel)을 구별하기 위한 자질들로 다음과 같다.

(1) **[±syllabic](성절성)** : [+syllabic]을 가진 음은 vowel, nasal, liquid이다. 이 자질에 해당하는 소리는 음절의 핵에 해당될 수 있으며, 본 자질과 연관되었음을 가리키는 경우 'Syllabic'이라고 한다.

(2) **[±consonantal](자음성)** : [+consonantal]을 가진 음은 obstruents, nasals, liquids이다. 구강 내에서 공기흐름의 막힘이 있는 소리의 자질이다.

(3) **[±sonorant](공명성)** : [+sonorant]를 가진 음들은 vowel, nasal, liquid, glide이다. 구강 내에서 별 다른 공기흐름의 막힘없이 발화가 발생하면서, 소리의 울림정도를 나타내는 공명의 정

도가 상대적으로 높은 소리들을 가리킨다.

※ 저해음(**obstruent**)

구강 내에서 공기흐름의 막힘이 비교적 높은 소리로서 공명성의 소리(sonorant sound)와는 대조를 이룬다. 소리들 중 stop, fricative, affricate가 대표적인 저해음들이다.

[+sonorant] = [−obstruent] 그리고 [−sonorant] = [+obstruent]

	obstruents	nasals	liquids	glides	vowels
syllabic	-	-/+	-/+	-	+
consonantal	+	+	+	-	-
sonorant	-	+	+	+	+

[2] 조음방식(Manner of articulation)에 관련된 자질

(1) [±voiced](유성성) :

이 자질에 관련된 [+voiced] 음들은 vowel, nasal, liquid, glide, & [+consonantal, +voiced]가 있다. 성대(vocal cords)가 진동하면서 나는 경우이다.

(2) [±continuant](지속성)

[+continuant]의 소리들은 vowel, fricative, liquid, glide가 있으며, stops, nasals, affricate은 제외된다. 조음기관에서 공기의 막힘없이 공기가 밖으로 계속 흘러나가면서 나는 소리의 자질이다.

(3) [±strident](소음성)

[+strident]를 가진 음들은 dental fricatives인 [θ, ð]를 제외한 모든 fricatives, affricate가 해당된다. 공기의 흐름이 upper teeth 혹은 alveolar ridge 부근에서 마찰이나 막힘이 있는 시끄러운 소리의 자질이다.

※ **sibilant**

자음들 중 이 자질에 속하는 소리 중 [+coronal]자질을 가진 음들([s, z, ʃ, ʒ, tʃ, dʒ])의 6개 소리가 여기에 해당된다. 마찰음 중 더 크고 높게 들리고, 강한 소음성이 특징이다.

⇨ 명사의 복수형어미의 발음인 / s, z, iz /를 결정하게 해주는 환경에서 중요한 역할을 한다.

e.g butt(s), bug(s), bus(es) 중에서 'buses'의 'es'발음에 주목해야 한다.

(4) [±nasal](비음성) :

[+nasal]자질을 가진 음 /n, m, ŋ/이 있다. 연구개가 아래쪽으로 내려가 있는 상태에서 공기가 비강으로 흘러들어가면서 소리가 난다.

(5) [±lateral](설측성) : /l/

[+lateral]자질을 가진 음은 혀 가운데 부분을 낮추고 혀끝은 경구개 바로 이어서 위치한 살짝 굽은 부분인 'alveolar ridge' 부근으로 올리면서 혀의 양 측면으로 공기가 흘러나가면서 나는 소리. 본 자질을 통해 /l/과 /r/을 구별할 수 있다.

(6) [±delayed release](방출지연성)

[+delayed release] 자질을 가진 음은 /ʧ(č), ʤ(ǰ)/이며 [−delayed release] 자질을 가진 음은 stop인 /p, b, t, d, k, g/이다. stop과 affricate을 구별해주는 자질이다. 이 자질은 affricate의 특성을 설명해 주는 자질로서 stop의 급격한 공기방출과 달리 공기의 흐름이 순간에 방출되는 급격한 움직임이 없이 일단 막힌 공기를 점진적으로 내보내는 특성을 설명하는 자질이다.

[3] 조음위치(Place of articulation)의 분류를 위한 자질들

<u>자음 관련 자질</u>

(1) [±anterior](전방성)

치경(alveolar ridge)의 위치 이전의 소리의 자질 : [+anterior]을 가진 음들은 labials, labiodentals, dentals, alveolars이다. [−anterior]을 가진 음들은 palatals(/ š, ž, č, ǰ, y, (r) /), velars이다.

(2) [±coronal](설정성)

혀끝이 구강 위쪽인 upper teeth, alveolar ridge, palatal로 좀 올라가면서 나는 소리의 자질 : [+coronal]을 가진 음들은 dentals, alveolars, palatals이다. [−coronal]을 가진 음들은 bilabials, labiodentals, velars이다.

⇨ 자음도표 [Table 1]을 보면 주로 도표그림에서 중간부분에 위치하는 음들이라고 보아도 무방하다.

<u>모음 관련 자질</u>

(3) [±high](고설성)

[+high] 자질을 가진 음은 [i, ɪ, u, ʊ]와 같은 모음과 함께 자음들 중 glides, palatal, velar 자음들이 속한다.

(4) [±low](저설성)

[+low] 자질을 가진 음은 [æ, a]이고 그 밖의 음들은 [−low] 자질을 가진 음들이다.

(5) [±back](후설성)

[+back] 자질을 가진 음은 [u, ʊ, o, ɔ, ɑ, (a)] 모음과 함께 velar 자음들이고 그 밖의 음들이 [−back] 자질을 가진 음들이다.

(6) [±round](원순성)

[+round] 자질을 가진 음은 [u, ʊ, o, ɔ]이고 나머지는 [−round] 자질을 가진 음이다.

(7) [±tense](긴장성)

[+tense] 자질을 가진 음은 [i, e, o, u]이고 [−tense] 자질을 가진 음은 [+tense] 자질을 가진 음 이외의 음들이다. [tense]라는 자질은 'place'에 관련된 자질이라기보다 혀에 연관된 'tongue body(root)' 자질이라고 볼 수 있다.

⇒ 모음의 길이를 표시하는 duration[:]([uː])와 차별해서 이해하여야 한다.

[Table 3-1] Distinctive Features of American English Consonants

Features	p	b	m	t	d	n	k	g	ŋ	f	v	θ	ð	s	z	ʃ	ʒ	ʧ	ʤ	l	r	j	w	h
Consonantal	+	+	+	+	+	+	+	+	+	+	+	+	+	+	+	+	+	+	+	+	+	-	-	-
Sonorant	-	-	+	-	-	+	-	-	+	-	-	-	-	-	-	-	-	-	-	+	+	+	+	+
Syllabic	-	-	-/+	-	-	-/+	-	-	-/+	-	-	-	-	-	-	-	-	-	-	-/+	-/+	-	-	-
Nasal	-	-	+	-	-	+	-	-	+	-	-	-	-	-	-	-	-	-	-	-	-	-	-	-
Voiced	-	+	+	-	+	+	-	+	+	-	+	-	+	-	+	-	+	-	+	+	+	+	+	-
Continuant	-	-	-	-	-	-	-	-	-	+	+	+	+	+	+	+	+	-	-	+	+	+	+	+
Labial	+	+	+	-	-	-	-	-	-	+	+	-	-	-	-	-	-	-	-	-	-	-	+	-
Alveolar	-	-	-	+	+	+	-	-	-	-	-	-	-	+	+	-	-	-	-	+	+	-	-	-
Palatal	-	-	-	-	-	-	-	-	-	-	-	-	-	-	-	+	+	+	+	-	-	+	-	-
Anterior	+	+	+	+	+	+	-	-	-	+	+	+	+	+	+	-	-	-	-	+	+	-	-	-
Velar	-	-	-	-	-	-	+	+	+	-	-	-	-	-	-	-	-	-	-	-	-	-	+	-
Coronal	-	-	-	+	+	+	-	-	-	-	-	+	+	+	+	+	+	+	+	+	+	+	-	-
Sibilant	-	-	-	-	-	-	-	-	-	-	-	-	-	+	+	+	+	+	+	-	-	-	-	-

[Table 3-2] Distinctive Features of American English Vowels

Features	i	ɪ	e	ɛ	æ	u	ʊ	o	ɔ	a	ʌ
High	+	+	-	-	-	+	+	-	-	-	-
Mid	-	-	+	+	-	-	-	+	+	-	+
Low	-	-	-	-	+	-	-	-	-/+	+	-
Back	-	-	-	-	-	+	+	+	+	+	-
Central	-	-	-	-	-	-	-	-	-	-	+
Round	-	-	-	-	-	+	+	+	+	-	-
Tense	+	-	+	-	-	+	-	+	-/+	-	-

확인 문제 10

Fill in the following blanks. (※ 문제 a는 sample이다)

a. Vowels, nasals, and ( ) have the feature [+syllabic] ⇒ answer: liquids
b. Obstruents, nasals, and ( ) have the feature [+consonantal]
c. Vowels, nasals, liquids, ( ), and glottal fricative have the feature [+sonorant], and [-sonorant] can be regarded as [+obstruent]
d. Vowels, nasals, liquids, glides, and voiced consonants have the feature [+( )]
e. Vowels, ( ), liquids, and glides have the feature [+continuant]
f. Affricate, and fricatives except ( ) have the feature [+Strident]
g. The sounds that have [+coronal] among ( ) have the feature [+sibilant]
h. [n], [m], and ( ) have the feature [+nasal]
i. Labials, labiodentals, detals and ( ) have the feature [+Anterior]
j. Palato-alveolars, palatals, velars, ( ) have the feature [-Anterior]
k. ( ), alveolars, palato-alveolars, and palatals have the feature [+Coronal]
l. Bilabials, labio-dentals, ( ), and glottals have the feature [-Coronal]
m. [i], [ɪ], [u], and [ʊ] have the feature [+( )]
n. [æ] and [a] have the feature [+( )]
o. [u], [ʊ], [o], [ɔ], and [ɑ] have the feature [+( )]
p. [u], [ʊ], [o], and [ɔ] have the feature [+( )]
q. [i], [u], [e], and [o] have the feature [+( )]

확인문제 | 11

The followings are the representations of features that consonants have.

a.	b.	c.	d.	e.
[b]	[t]	[g]	[θ]	[ʤ]
+voice	-voice	+voice	-voice	+voice
-nasal	-nasal	-nasal	-nasal	-nasal
-strident	-strident	-strident	-strident	-strident
+anterior	+anterior	-anterior	+anterior	-anterior
-coronal	+coronal	-coronal	+coronal	+coronal

Which of the followings is the **incorrect** one of the above representations?

① a ② b ③ c ④ d ⑤ e

확인문제 | 12

The followings are the representations of features that consonants have.

<A>

Features are the smallest units of phonology and as such are the basic building blocks of human speech sounds. A feature which has just two values (±) is known as a binary feature. When a feature is the source of phonemic contrasts in a language, we say that it is a distinctive feature in the language. In other word a feature distinguishes one phoneme from another, it is a distinctive feature. The following is the distinctive features.

(A) syllabic (B) voicing (C) sibilant
(D) anterior (E) high

<B> Sets of sounds

(a) [ʃ], [ʒ], [ʧ], and [ʤ]
(b) [p], [t], [k], [f], [θ]
(c) [i], [u], [n], [l]
(d) [e], [æ], [a]
(e) [u], [i], [o]
(f) [ð], [d], [m], [z]

Consider the above passage and choose the incorrect statement of the followings.

① Feature (A) distinguishes (b) from (c).

② Feature (B) distinguishes (b) from (f).

③ Feature (C) distinguishes (a) from (b).

④ Feature (D) distinguishes (a) from (f).

⑤ Feature (E) distinguishes (d) from (e).

NOTE

1. Distinctive feature and its examples.

'Features' are the smallest units of phonology and as such are the basic building blocks of human speech sounds. A feature which has just two values (±) is known as a binary feature. When a feature is the source of phonemic contrasts in a language, we say that it is a distinctive feature in the language. In other word a feature distinguishes one phoneme from another, it is a distinctive feature. For example, The only difference between [t] and [d] is from the distinctive feature 'voicing'. The followings are features to learn.

a. 'Syllabic' means standing as the core(nucleus) of a syllable, and sounds that can function as the core of a syllable possess the feature 'syllabic'. Syllabic sounds are vowel, nasal, liquid.
b. 'Consonantal' means 'not having free airstream in the oral cavity', and consonantal sounds are all the consonants but glides and /h/.
c. 'Sonorant' sounds resonate and have relatively free airflow through either the oral cavity or nasal cavity, and they are vowels, nasals, liquids, glides.
d. 'Obstruent' sounds are produced with an obstruction of the airflow in the oral cavity while the nasal cavity is closed off. The oral stops, the fricatives, and the affricates form a major class of sounds called obstruents. They are all the sounds but sonorants.
e. 'Voiced' sounds are produced with the vocal cords vibrated, and they are all the vowels and voiced consonants.
f. 'Continuant' sounds have free airstream in the oral cavity, and they are all the vowels and fricatives, liquids, glides.

g. 'Strident' sounds, /f, v, s, z, ʃ, ʒ, tʃ, dʒ/ have more random noise than their nonstrident conterparts, and 'Sibilant' sounds are ones with [+strident, +coronal], /s, z, ʃ, ʒ, tʃ, dʒ/.
h. 'Nasal' sounds, /m, n, ŋ/, are produced by lowering the velum and having the air pass outward through the nose.
i. 'Anterior' sounds are ones produced when the main obstruction of the airstream is at a point no farther back in the mouth than the alveolar ridge, and labial, dentals, and alveolars are anterior while all other sounds are not.
j. 'Coronal' sounds are produced when the blade of the tongue is raised towards the front teeth, the alveolar ridge or hard palate, and they are interdentals, alveolars, and palatals.
k. 'High' sounds are produced with the tongue raised from neutral position, and they include high vowels /i, ɪ, u, ʊ/, glides, palatal and velar consonants. All other sounds are non-high.
l. 'Back' sounds, /u, ʊ, o, ɔ, ɑ/ and velar consonants, are produced with the body of the tongue retracted from neutral position.
m. 'Round'(Labial) sounds are produced with a pursing or narrowing of the lip orifice, and they are the round vowels [u, ʊ, o, ɔ], /w/, and /p, b, m/.

2. 변별자질의 역할
변별자질은 한 개별소리가 다른 소리와 차이를 나타낼 때 이용될 뿐만 아니라 자연집단(Natural class)을 나타내는데도 이용되며 음운변동의 음성학적 동기를 부여해 주는 역할 혹은 음운변동의 일반화를 보여 주는 역할을 한다. 임용시험 대비를 위해서 변별자질들의 종류와 특성을 확실하게 암기해야 한다.

2 Natural Class & Redundant Feature

[1] 소리의 단위는 음소이며, 독립된 소리라는 점을 반영하여 분절음(segment)이라고 한다. 이들 분절음은 일반적으로 여러 자질들의 집합체라고 볼 수 있다. 음운론에서 많이 언급되고 있는 자연집단(natural class)이란 공통적인 특성(자질)을 가지고 있는 소리들을 모음 집합으로서 하나의 집단으로 볼 수 있다. 공통적인 특성을 가진 소리들은 동일한 변별자질을 공유한다. 영어의 모음은 하나의 자연집단이 될 수 있는데, 모음에 관련된 소리들은 모두 공통적인 변별자질인 [+syllabic, −consonantal]을 공유한다. /m, n, ŋ/을 묶은 자연집단은 [+nasal]의 변별자질로 하나의 집합이 된다. 이렇게 공유자질(shared features)을 바탕으로 구성된 집단(집합체)인 자연집단이 필요한 이유는 음운규칙 설정의 필요성과 운영의 경제적 측면을 분명하게 설명할 수 있기 때문이다.
다음에 제시한 Rule 1과 2는 비음화(vowel nasalization)를 규칙형태로 기술된 것이다.

Rule 1.

a. /i/ → [ĩ] / __ [m] (beam)
b. /o/ → [õ] / __ [n] (bone)
c. /æ/ → [æ̃] / __ [ŋ] (bang)

Rule 2.

[+syllabic, −consonantal] → [+nasal] / ___ [+nasal]

⇨ Rule 2처럼 공유자질 [+syllabic, −consonantal]이용하면, 규칙에 제시된 모음들은 하나의 자연집단으로 묶일 수 있다. 자연집단을 이용한 Rule 2에서는 해당 음운규칙이 적용되는 음운변동의 이유(motivation)와 Rule 1과 달리 한 줄의 형식으로 규칙 내용을 표현할 수 있는 경제성(economy)이 확실하게 드러날 수 있다. 규칙에서처럼 모음들의 비음화 규칙(nasalization)은 Rule 2처럼 음의 자연집단을 적용함으로써 Rule 1과 달리 개별적 음소에 따른 별도의 규칙을 일일이 열거하지 않고도 효율적인 설명이 가능해진다. 즉 Rule 1의 규칙들인 a, b, c 등을 하나로 묶어주는 경제적인 Rule 2의 형태가 언어학적으로 볼 때 효율적인 기술방법이라고 할 수 있다. 결국 자연집단이 규칙의 기술에 있어서 반드시 고려되어야만 할 개념이라고 할 수 있다.

※ 자연집단의 형성과정의 예시

[s, z, ʃ, ʒ]의 자연집단을 만들기 위한 과정을 간단하게 단계별로 설명하자면 다음과 같다.

ⓐ [+strident](f, v, s, z, ʃ, ʒ, tʃ, dʒ)로 시작한다.

ⓑ f, v, tʃ, dʒ를 제거하기 위한 과정으로 [s, z, ʃ, ʒ]가 [+coronal]이고 f, v 는 [−coronal]이므로 f, v는 [+coronal]에 의해 제외된다.

ⓒ [−continuant]인 tʃ, dʒ를 제거하기 위해서 [+continuant]를 이용한다.

ⓓ 결과적으로 [+strident, +coronal, +continuant] 자질로 /s, z, ʃ, ʒ/를 자연집단이 될 수 있다.

[2] 한 자질이 다른 자질들을 자동적으로 예측할 수 있게 해 주는 경우 수반되는 다른 자질들이 바로 잉여자질(redundant feature)이 된다. 즉 잉여자질은 중복된 정보로 간주되므로 굳이 명기할 필요가 없다. 예를 들어, [+nasal]자질을 가지는 소리들은 반드시 [+voiced]이고, [+high]에 관련된 소리는 반드시 [−low]이다. 이런 경우 [+nasal]만 명기하면 [+voiced]인 것은 저절로 따라오며, [+high]만 명기하면 [−low]인 것은 저절로 따라온다. [+voiced]와 [−low]는 각각 잉여적인 자질로서 중복된 정보이다.

※ Unpredictable distinctive feature: 한 언어에서 어떤 자질이 변별자질로서 표기되지 않으면 그것은 예측불가능한 자질이라고 할 수 있다. 예를 들면 영어의 기음성(aspiration)은 변별자질이 아닌데 이것은 환경에 의해 그 자질의 유무가 예측 가능하기 때문이다. 영어의 기음성은 어두에 위치하는 환경에 의

해 결정되기 때문에 기음성이란 것은 예측이 가능한 것이다.

NOTE

1. Natural class

Natural class is a class of sounds that share one or more distinctive features. Phonological rules often apply to natural classes of sounds. For example, the description of vowel nasalization in English needs only this rule 'Nasalize a vowel when it precedes a nasal consonant in the same syllable'. It need not include a list of the individual vowels (i.e. /i/, /o/, and /æ/) to which the rule applies or a list of the nasal consonants(i.e. /m/, /n/, and /ŋ/) that result from its application. /m/, /n/, and /ŋ/ are the members of the natural class 'nasals'.

2. Redundant Feature

[+high] implies [-low]. Therefore, if a segment is [+high], we do not need to include [-low]. In this case, [-low] is a redundant feature.

UNIT 03

Phonological Rules

1 Levels of representation

앞에서 언급된 음소와 이음에 대해서 다시 상기해 보자. /t/라는 하나의 음소는 특정한 환경 하에 여러 이음들로 출현하고 있다는 것을 배웠다. 결국 음소와 이음은 같으면서 다른데 여기서는 다른 점을 포착하기 위해 형식(form) 혹은 표현형(representation)이라는 개념을 도입하여 설명하겠다. 다음은 음운론에서 사용되고 있는 두 개의 서로 다른 표현형 층위(levels of representation)를 제시한 것이다.

A. Phonemic(Underlying) Representation → /t/

B. Phonetic(Surface) Representation → a. [tʰ] ('h' means 'aspirated' sound)
→ b. [t⁼] ('=' means 'unaspirated' sound)
→ c. [t˺] ('ㄱ' means 'unreleased' sound)
→ d. [ɾ] ('ɾ' means 'flap' sound)
→ e. [ʔ] ('ʔ' means 'glottal stop' sound)

⇒ Phonetic Representation에서의 다섯 음 a~e 다섯 음들은 /t/의 이음들이다. 이들은 음소적으로는 같은데 음성적으로는 다르다. 쉽게 말해서, 우리가 머리 속에서 추상적으로 인식하는 /t/라는 음(기저형이면서 음소)과 실제 발음되는 /t/음(표면형)은 다를 수 있다. water를 [wat⁼ə]로 발음하든지 [waɾə]로 발음하든지 우리는 이 't'발음을 음소인 /t/로 인식하여 동일하게 간주하며 [wat⁼ə]와 [waɾə]는 우리가 실제로 하는 발음이지만 [t⁼] 혹은 [ɾ]와 같이 발음되는지는 인식하지 못할 수 있다. 음소와 이음의 다름을 포착하기 위해서 위에 제시한 'Levels of Representation'이 설정되어야 하고 기저형(underlying representation)에서 표면형(surface representation)을 표출(산출)시키는 음운규칙(phonological rules)이 설정되어야 한다. 위에서 보듯이 기저형(underlying representation)은 음소인 /t/ 하나이지만 표면형(surface representation)은 이음들인 다섯 음들로 나타났는데 이렇게 다섯 음들로 나타난 것은 특정한 해당 환경에 따라 기저형(음소) /t/가 다섯 가지의 표면형들(이음)로 바뀌어 나타난 것이다. 이렇게 표현형의 층위들은 기저형과 표면형은 다를 수 있는데, 이 차이점의 원인과 결과인 음운변동의 원인과 결과를 알기 쉽게 나타낸 것이 음운규칙이다. 음운변동의 원인과 결과를 포착하기 위해서는 음운규칙이 필요하며, 규칙을 통하여 기저형이 설정되는 것과 기저형으로부터 표면형이 어떠한 환경에 의해 지배를 받아서 산출되는지를 기술해야만 한다.

※ 복수형발음현상에서 알아둘 이형태(allomorph)와 기저형(underlying form) 설정

Allomorph	Environment or conditioning factor
z	After [b],[d],[g],[v],[ð],[m],[n],[ŋ],[l],[r],[a],[ɔj] (non-sibilant voiced)
s	After [p],[t],[k],[f],[θ] (non-sibilant voiceless)
iz(əz)	After [s],[z],[ʃ],[ʒ],[tʃ],[dʒ] (sibilant)

위에서 보듯이 {z}와 {s} 혹은 {iz}({əz})는 복수를 나타내는 형태소(plural morpheme)의 이형태(allomorph)들이다. 하나의 복수형태소(plural morpheme)에 대해 여러 음운적 변이형들인 이형태들이 존재할 수 있다. 위의 표를 보면 알 수 있듯이 이들이 출현할 수 있는 환경에 해당되는 음들의 자연집단을 변별자질을 이용하여 말하면 [z]인 경우에는 non-sibilant voiced, [s]인 경우는 non-sibilant voiceless, [iz]인 경우는 sibilant이다(위의 도표를 참고하라). 그렇다면 세 이형태 중에서 어떤 것을 기저형(혹은 기본형)으로 삼아야 복수형 발음규칙을 가장 효과적으로 기술할 수 있을까? 경제성과 분포성을 고려하여 {z}를 기저형으로 설정하는 게 합당하다. 이런 경우의 {z}는 음소라기보다는 형태음소(morphological phoneme)라고 한다) 참고로 복수형 발음규칙은 다음과 같이 두 규칙으로 표현된다.

Rule 1: 'Schwa insertion' rule : sibilant로 끝나는 규칙명사에는 기저형/z/ 앞에 schwa인 [ə]를 삽입한다: Insert a [ə] before the plural morpheme when a regular noun ends in a sibilant giving [əz]

Rule 2: 'Devoicing' rule: 규칙명사가 무성음으로 끝나는 경우 기저형/z/가 [s]로 변한다 : Change the plural morpheme to voiceless [s] when a voiceless sound precedes it.

2 Phonological Rule

[1] 음운규칙 기술의 필수사항

음운 규칙을 기술할 때 놓쳐서는 안 될 것들

⇨ (1) **음운의 변동**과 기저형(형태음소 포함) 설정

(2) 공유하는 변별자질들로 구성된 자연 집단) 파악

(3) 규칙들의 순서

(1) 음운의 변동과 기저형의 설정

음소와 이음의 관련을 나타내는 음운 변동에는 두 가지가 있다. 하나는 음소에서 음소로의 변동(음소변동)이고 다른 하나는 음소에서 이음으로의 변동(이음변동)이다. 이런 음운의 변동이 어떤지 파악하는 것이 중요하다. 즉 어떤 음이 어떻게 변하는지를 파악하는 것과 동시에 기저형(기본형)을 설정하는 것이 음운규칙을 기술할 때 가장 핵심이 되는 부분이다. 예를 들면 다음과 같다.

① 음소에서 음소로의 변동

완전동화(total assimilation)의 예로서 'ten mikes'의 / n /발음을 [tem maiks]처럼 mike의 / m /과 동화시켜 발음하는 예가 음소에서 음소로의 변동의 예다. / m /은 / n /의 이음이 아니라 / n /과 / m /은 각기 다른 음소들이다. 이것은 음소 / n /이 / m /앞에서 음소 / m /으로 변했다는 규칙으로 기술된다. 또한 접두어 'in'과 관련된 비음동화(Nasal assimilation)도 예가 된다. 부정의 의미를 나타내는 접두어 / in /은 impossible, imbalance, immaterial과 같은 단어들에서처럼 순음(bilaials : / p, b, m /)앞에서는 / im /이 되고 incorrect, inglorious와 같은 단어들에서처럼 연구개음(velars : / k, g /)앞에서는 / iŋ /로 되며 intolerable, indefinable, inattentive와 같은 단어들에서처럼 치경음(alveolars) 혹은 모음(vowels)앞에서는 / in /이 된다. 여기서 / in /, / im /, / iŋ / 중에서 분포가 가장 많은 / in /이 기저형(기본형)으로 설정되는 것이 타당하다고 할 수 있다.

② 음소에서 이음으로의 변동

기음화(aspiration)의 예로서 voiceless stop sound /p, t, k/가 어두에 올 때, 예를 들어 top의 /t/를 발음할 때, /t/가 파열 후 공기의 방출(release)되면서 [h] 발음을 포함하고 있는 기음(aspirated sound)이 발생하여 결국 /t/는 [t^h]로 발음되는 결과를 낳는다. 이런 음운변동은 음소 /t/가 자기의 이음(변이음)인 [t^h]로 변동된 것이다.

⇒ /t/ → [t^h] / # ___ ('#' means 'word-initially'.)
  → /t/ becomes [t^h] when /t/ is pronounced 'word-initially'.

(2) 공유하는 변별자질들로 구성된 자연집단(natural class) 파악

음운규칙은 대개 natural class를 단위로 삼아 기술되어야 경제성과 일반성을 획득할 수 있다. 결국 어떤 음들이 어떤 자질들을 가지는지 혹은 공유하고 있는지 파악해야 한다.

(3) 규칙들의 순서 혹은 규칙간의 상호관계인 음운규칙 순서 설정

규칙이 두 개 이상 필요로 하는 경우 그 규칙들 간의 순서가 결과에 영향을 미칠 수도 있으니 주의하자. 예를 들어, 두 규칙들을 고려해 보자.

'Flapping rule' : 강세모음과 비강세모음 사이에 /t/와 /d/가 올 때 이 음들은 설탄음(flap sound) /ɾ/로 발음된다.
'Vowel Lengthening rule' : 모음이 유성자음(voiced consonant)의 앞에서 장음화된다.

이 두 규칙들을 'ladder'와 'latter'에 적용할 때 두 규칙들의 적용순서가 달라지면 Table 1과 2에서 보듯이 결과물이 달라진다. 그리고 Table 2에서처럼 잘못된 결과물이 나온다. 그러므로 Vowel Lengthening rule이 Flapping rule보다 먼저 적용되어야 올바른 결과물이 나온다.

[Table 1] **Correct** derivation

	ladder	latter
Basic(Phonemic) Representation	↓ /lædər/	↓ /lætər/
Vowel Lengthening rule	Rule applied [læ:dər]	No rule applied [lætər]
Flapping rule	Rule applied [læ:ɾər]	Rule applied [læɾər]
Surface(Phonetic) Representation	[læ:ɾər]	[læɾər]

[Table 2] **Incorrect** derivation

	ladder	latter
Basic(Phonemic) Representation	↓ /lædər/	↓ /lætər/
Flapping rule	Rule applied [læɾər]	Rule applied [læɾər]
Vowel Lengthening rule	Rule applied [læ:ɾər]	Rule applied [læ:ɾər]
Surface(Phonetic) Representation	[læ:ɾər]	[læ:ɾər]

※ 규칙들 순서관계인 급여(Feeding)와 출혈(Bleeding)

규칙 A와 규칙 B가 있을 때 규칙 A의 적용으로 규칙 B가 적용될 수 있는 환경이 생기면(증가하면) 규칙 A는 규칙 B를 급여한다(Feeding)고 하고 그렇지 않으면(규칙 A의 적용으로 규칙 B가 적용되지 못하면) 출혈한다(Bleeding)고 한다. 쉽게 말해 규칙 A가 적용된 후 규칙 B가 적용된 결과가 우리가 원하는 좋은 결과를 낳는 경우 규칙 A는 규칙 B를 급여한다(Feeding)고 하며, 이렇게 규칙들 사이에 이러한 '급여'관계가 형성되어야 원하는 도출(결과)이 이루어지는 것이다.

NOTE

<Order of Two rules : Vowel Lengthening and Flapping>

In most varieties of American English, the forms *ladder* and *latter* occur phonemically as /lædər/ and /lætər/ but phonetically as [læːɾər] and [læɾər], respectively. Assume that the flap [ɾ] is a voiced segment and two rules, Flapping and Vowel Lengthening, are applied to the forms If so, the rules have to be applied in any particular order. Vowel lengthening must occur before Flapping. Otherwise, both phonetic forms would have a lengthened vowel.

[2] 음운규칙의 표기규약

음운규칙 표기할 때 정해진 체계를 따라야 한다. 이와 같은 체계를 표기규약(notational convention)이라고 한다.

(1) 음운표기규약 Ⅰ

A → B / X ___ Y

(input) (output) (X, Y: conditioning factor)

⇒ 어떤 분절음 A가 어떤 환경(condition)에서 어떤 음 B로 된다(변한다)

➡ 'A' becomes(→) 'B' in the environment(/) being preceded by 'X' and followed by 'Y'. The dash(___) represents the position of the item('A') affected by the rule.

※ A → B / ___ X : "A becomes B before X"

A → B / X ___ : "A becomes B after X"

A → B / X ___ Y : "A becomes B between X and Y"

A → B / $\underset{[X]}{\_\_\_}$: "A becomes B in the condition where A contains X(feature)"

(2) 음운표기규약 II

① ( ) : 소괄호(parentheses notation): 괄호 안의 요소를 선택적(optional)으로 선택

e.g. A → B / ___ C (D) (E)의 의미는?

A → B / ___ C 혹은 A → B / ___ C D 혹은 A → B / ___ C D E

② { } : 중괄호(brace notation; curly bracket) : 괄호 안에 있는 각각의 언어 환경에서 어떤 관련 있는 음운현상이 일어날 때 사용. 즉, 서로 관련 있는 내용을 하나로 묶어 사용

$\begin{Bmatrix} A \\ B \end{Bmatrix} \Rightarrow$ A or B

③ [ ] : 대괄호(bracket notation) : 수평적 연결기호 혹은 음소의 변별자질 표시

$\begin{bmatrix} A \\ B \end{bmatrix} \rightarrow \begin{bmatrix} C \\ D \end{bmatrix}$ ⇒ A becomes C, and B becomes D

④ / / : 음소표시(broad transcription)

[ ] : 음성표시(narrow transcription)

e.g. /t/, [tʰ], [ɾ]

⑤ #__ or __#: 단어경계(word boundary)

→ #__ : (word initial) or __# : (word final)

⑥ $__ or __$: 음절경계(syllable boundary)

⑦ +__ or __+ : 형태소경계(morphome boundary)

⑧ V : vowel, C : consonant

⑨ α, β, γ : alpha(variable) notation: + 혹은 − 값을 동시에 표기:

➡ If α is [+], all the α's are [+]

e.g. Nasal Assimilation: [+nasal C] → [α ant β cor] / __ [α ant β cor −son]

※ Diacritics(변별기호)

devoicing(무성음화)	[̥]	labialization(원순음화)	[ʷ]
nasalization(비음화)	[̃]	palatalization(구개음화)	[ʲ]
dentalization(치음화)	[̪]	syllabic(성절주음화)	[̩]
length(음장)	[:]		

[3] Basic Rules

음운 규칙의 유형에는 크게 자질변화, 자질첨가, 분절음탈락, 분절음삽입(첨가), 분절음이동(전환) 규칙 등이 있다. (1) 동화, (2) 이화, (3) 중화는 자질변화 규칙이다.

(1) 동화(assimilation) : 자질변화 규칙(feature changing rule)

한 소리가 인접한 소리(의 특정 자질)를 닮아가는 것(유사 혹은 상동)을 동화라고 한다. 동화는 두 개의 서로 다른 음의 발음을 수월하게 하려는 조음의 편이성 때문에 발생되는 현상이다. 동화는 다음과 같이 특정기준에 따라 구분된다.

① **두 음의 동화의 정도에 따라 완전동화(total assimilation)와 부분동화(partial assimilation)로** 나뉜다. 두 개의 서로 다른 음이 완전히 동일하게 동화되는 것을 완전동화라고 하고(e.g. ten mike [tɛm majk] → n이 뒤의 m의 영향을 받아 동일한 m으로 동화) 특정자질만 동화되는 것을 부분동화라고 한다.(e.g. ten bike[tɛm bajk] → n이 bilabial인 b의 영향을 받아 동일한 bilabial인 m으로 동화)

② **두 음이 서로의 영향을 주고받는 방향(directionality)에 따라 순행동화, 역행동화, 상호동화** 등이 있다; 아래의 (A)~(C)은 앞의 음이 뒤의 음에 영향을 주는 순행동화(progressive, perseverative; hanging-on; left-to-right), (D)~(F)은 뒤의 음이 앞의 음에 영향을 주는 역행동화(regressive, anticipatory)의 예시들이다.

〈아래의 2011년 35번 기출문제를 통해 순행/역행 동화를 확인해보자〉

Consider the following speech error.

Intended Utterance	Actual Utterance
1. cup of coffee	cuff of coffee
2. gave the boy	gave the goy

a. The first error is known as an anticipation error, where a segment that occurs later in a series is repeated in an earlier position. The bilabial stop of the first word *cup* was replaced by a labio-dental fricative of the third word *coffee*. → 올바른 표현이다.

b. The second error is known as a preservation error, where a segment that occurs earlier in a later position. The bilabial stop of the third word *boy* was switched with a velar fricative of the first word *gave*. → a velar fricative가 잘못된 표현이다.

(A) 순음화 ⇒ 순행동화

'open' [oupn]의 경우 순음인 [p]로 인해 비음인 [n]이 순음 [m]으로 변화되는 경우이다.

e.g. happen('n'이 'm'으로), ribbon('n'이 'm'으로)

Rule A: /n/ → [m] / [p]_____

Rule B: [+nas, +ant, +cor] → [+nas, +ant, -cor] / [+ant, -cor]

(B) 음절성자음(syllabic consonant)의 무성화(devoicing) 규칙 ⇒ 순행동화

음절성자음(유성자음)인 /m/, /n/, /l/, /r/이 무성자음 뒤에 나타날 때 앞에 있는 무성자음의 [−voiced](혹은 voiceless)의 자질을 취해서(자질에 영향을 받아서) 무성화된 소리로 발음된다.

e.g. please [pl̥iz], prime, smart, snow

Rule A: /l/ → [l̥] / [-voiced] ____

Rlue B: [syllabic, +cons, +voiced] → [+cons, -voiced] / [+cons, -voiced]

※ 위처럼 순행동화인 무성음화도 있지만 다음 예처럼 역행동화인 무성음화도 있다.

e.g. has to[hæz tu] → [hæs tu] (devoicing)

Rule : /z/ → [s] / _____ [-voiced]

(C) 유성음화(voicing assimilation) ⇒ 순행동화

복수형어미(plural affix)인 's' 혹은 'z'의 발음에 있어서 root(어근)의 끝음(종성)이 유성음이면 동일한 유성음인 'z'가 복수형어미가 되고 무성음이면 동일한 무성음인 's'가 복수형어미가 된다.

e.g. caps[kæps]−cabs[kæbz], locked[lɔkt]−logged[lɔgd]

Rule A : /s/ → [z] / [+voiced] ____ 혹은 /z/ → [s] / [-voiced] ____

Rule B : /t/ → [d] / [+voiced] ____ 혹은 /d/ → [t] / [-voiced] ____

(D) 비음화(nasalization) ⇒ 역행동화(모음의 역행동화)

역행동화의 대표적인 예가 비음화규칙(모음은 비음 앞에서 비음화된다.)

Rule : V → [+nas] / _____ C
[-nas] [+nas]

⇨ 뒤에 언급될 비음동화와 혼동하지 말아야 한다.

※ 그 밖의 역행동화(자음의 역행동화)로는 'ten bikes'가 [tem baiks]로 발음되는 경우와(이런 경우는 부분동화이기도 하다) 'has to'가 [hæs tu]로 발음되는 무성음화(devoicing)가 있으며 비음동화(nasal assimilation), 구개음화(palatalization) 등도 역행동화에 속한다.

(E) 비음동화(nasal assimilation : homorganic nasal rule) ⇒ 역행동화

단어(혹은 형태소) 끝에 오는 nasal consonant인 /n/이 뒤에 오는 자음의 조음위치와 동화되어 발음되는 규칙.

※ Homorganic means "having the same articulation place"

e.g. in crisis [iŋ-krajsɪs], pancake [pæŋkek], ink [iŋk]('ink'의 경우는 'n'이 단어(혹은 형태소) 끝에 오는 비음은 아니다)

※ 'IN' Homorganic Nasal Assimilation

부정 접두사 'in-'은 뒤에 오는 소리(t, p, k)와 조음위치가 같은 소리로 바뀐다.

e.g. /in/ + 't'olerable → /in -/
/in/ + 'p'ossible → /im -/
/in/ + 'c'orrect → /iŋ-/
〉 Homorganic Nasal Assimilation

⇒ 위의 부정접두사의 비음동화규칙을 설정할 때 중요한 것은 그 접두사의 기저형으로 /in -/, /im -/, /iŋ-/ 중에서 하나를 설정해야 한다는 것이다. 그리고 뒤에 오는 소리가 위처럼 / b, p, d, t, g, k /의 소리가 아닌 경우, 특히 예를 들어 inattentive와 같이 모음인 경우, 위에서 말하는 비음동화라고 보기 어렵다. /in/은 형태소 혹은 형태음소이므로 이런 음소교체현상은 형태음소론(morphophonemics)의 영역에 속한다. 즉 형태론적 요소를 고려해야 한다.

(F) 구개음화(palatalization) ⇒ 역행동화 혹은 융합(coalescence) 및 상호동화

구개음화란 /t, d, s, z/와 같은 치경음(alveolar sound)이 뒤에 오는 경구개음(palatal sound)인 [y]의 영향을 받아 구개음화 ([ʃ],[ʒ],[ʤ], and [tʃ])로 변환되는 것이며, 역행동화라고도 볼 수 있고 융합(coalescence)으로도 볼 수 있다. 'confess'에 접사 '-ion'이 붙을 때 [s]와 [y]음이 만나는데 이 때 [s]가 경구개음(palatal)인 [y]의 영향으로 경구개음인 [ʃ]으로 바뀌는 것은 역행동화의 예로 볼 수 있고 한편, [s]가 경구개음인 [y]와 융합되어 제3의 음인 [ʃ]으로 바뀌었다고 볼 수 있다. 이런 경우를 융합(coalescence)이라고 한다.

e.g. a. divide [d]+ion, 'Would you...' in the connected and rapid speech. ⇒ [ʤ]
b. quest [t]+ion, 'What you want...' in the connected speech. ⇒ [ʧ]
c. donate [t]+ion ⇒ [ʃ]
d. confuse [z]+ion, 'Has you...' in the connected and rapid speech. ⇒ [ʒ]
e. confess [s]+ion, 'In case you...' in the connected speech. ⇒ [ʃ]

※ rebel 혹은 domain과 같이 /t, d, s, z/로 끝나지 않는 형태들은 접사 -ion이 붙을 때 구개음화현상(융합)이 일어나지 않는다.

※ 상호동화란 두 인접음의 자질들이 서로 영향을 주고받아 서로 닮아가거나 두 인접음의 자질을 혼합적으로 닮아가는 규칙이다. 예를 들면 'incorrect'가 '[n+k]→[ŋ+k]→[ŋg]'와 같은 과정(역행동화와 순행동화의 연속된 과정)으로 발음된다면, 두 인접음인 [n]과 [k]는 상호동화현상이 일어난 것이다. 연구개음 [k]의 영향으로 [n]이 연구개음인 [ŋ]로 바뀐 후 그 유성음인 [ŋ]의 영향으로 무성음[k]가 유성음[g]로 바뀌었다고 볼 수 있다.

〈2012년 기출문제 33번에 나온 구개음화와 그 여러 예시들〉

When neighboring sounds mutually affect each other to merge into a third sound, the process is called coalescent assimilation, which can be found in palatalization in English. This coalescent assimilation or palatalization occurs when 'a morpheme-final or word-final alveolar obstruent' is followed by the palatal glide' in English, merging the two sounds into 'a palatalized fricative or affricate'. For example, within a word as in 'architecture', the underlying /t/ in the morpheme-final position of 'architect-' and the initial /j/ in the suffix '-ure' affect each other to merge into the palatalized affricate [ʧ]. This process can also be found across words as in the phrase 'kiss you' in fast, casual speech of North American English.

a. You don't <u>accept your</u> failure easily, do you?
   (accept의 [t]와 your의 [y]가 만나서 [ʧ]가 됨)
b. You seem to be under the <u>delusion</u> that he <u>follows you</u>.
   (delude + ion = delusion & follow<u>s</u> + <u>y</u>ou)
c. The old class <u>divisions</u> had begun to melt down. (divide + ion)
d. We should cut down on our spending <u>next year</u>.
e. He checked <u>his yacht</u> before his <u>departure</u> for Australia.
f. After <u>six years</u>, her <u>gracious</u> demeanor became known to everybody.

(2) 이화(dissimilation) ⇒ 자질변화 규칙

동화와는 반대로 이화는 유사한 또는 같은 종류의 음이 인접해 있을 때, 한쪽 음이 다른 한쪽 음을 닮아가는 것이 아니라 유사성이 멀어지도록 변동되는 현상이다. 즉 뚜렷한 발음을 위한 현상이다. 예를 들어 형용사형 접미사 '-al'(라틴어명사에 붙는 형용사파생접사 -alis)이 [l]이 있는 명사(angle)에 결합할 때, 명사의 [l]의 영향으로 '-al'로 동화되는 것('angulal')이 아니라 '-ar'의 형태로 이화되어('angular') 결합한다.

e.g. -al -ar

anecdot-al   angul-ar
spiritu-al   column-ar
ment-al   simil-ar   ⇒ 오른쪽 칼럼(-ar)이 이화현상을 보인다.

〈2012년 기출문제 33번〉

b. They (Phonological rules) may change feature values to make two phonemes in a string more dissimilar. 'Are there any *similar* aspects among the spiritual groups?'

그 밖에 마찰음의 이화현상도 있다.

e.g. 마찰음의 이화현상 : 'sixth' [-ksθ] → [-kst], 'diphthong' [-fθ] → [-pθ]

※ 이화는 일종의 유사음의 중복을 회피하는 전략과 관계된 것으로 중음탈락(haplology)도 유사음의 중복회피를 위해 탈락 :

e.g. 'government' → [n]-deletion, good day → [d]-deletion,
'sit down' → [t]-deletion

(3) 중화(neutralization) ⇒ 자질변화 규칙

① Flapping

별개의 음소인 두 음소들이 어떤 특정한 환경에서는 하나의 소리로만 발음되는 현상을 중화(neutralization: 하나로 중화된다)라고 한다. 특히 미국영어에서 두 별개의 음소인 /t/와 /d/가 유강세(stressed) 모음과 무강세 모음(syllabic consonant included)사이에 출현할 때 탄설음(flap sound : [ɾ] or [D])으로 발음된다. 이렇게 발생하는 중화현상 중 하나가 탄설음화(Flapping)이다. [ɾ]은 중화된 음이다.

e.g. writer[rayɾər], rider[rayɾər], letter[leɾər], ladder[læɾər]

Rule A : /t, d/ → [ɾ] / V̌ ___ V ("V̌" means Vowel that is stressed)

Rule B : [+alveolar, +stop] → [+flap] / V ___ V
[+stress] [-stress]

※ [+alveolar, +stop] = [-cont, +cor, -nasal]

2013 30번
기출문제

Read <A> and <B> and follow the directions.

<A>

A phonological process commonly found in English is neutralization, whereby a phonemic contrast generally observed is not found in a given environment. For example, both /t/ and /d/ are realized as the flap [ɾ] between a stressed and an unstressed vowel in American English, as can be seen in writer [ɹaɪɾəɹ] and rider [ɹaɪɾəɹ]. By the flapping rule, the phonemic contrast between /t/ and /d/ is lost between a stressed and an unstressed vowel, resulting in the neutralization of the contrast in that position. As another example of neutralization, the vowel /i/ within syllables closed by /ɹ/ (e.g., beer) is produced somewhere between a tense /i/ and a lax vowel /ɪ/ in American English. That is, there is no contrast between a tense and a lax vowel before syllable final /ɹ/, even though this distinction exists elsewhere.

<B>

a. At the beginning of a stressed syllable, an aspirated stop occurs, and an unaspirated stop does not (e.g., pea, tea, key).
b. In some accents of English, /p, t, k/ in syllable final position are realized as a glottal stop (e.g., tip, pit, kick).
c. In African American English, /ɪ/ and /ɛ/ are pronounced the same before nasal consonants (e.g., pin, pen).

Which of the following lists all and only the case(s) in <B> that show(s) the phonological process described in <A>?

① a　② a, b　③ a, b, c　④ b, c　⑤ c

② 모음약화 규칙(vowel reduction : schwa rule)

영어의 모음은 강세를 잃게 되면 즉 강세가 없거나 약하게 되면 모음이 약화되어 schwa [ə]로 변한다. 모음약화도 중화현상으로서 [ə]는 중화된 음이다.

e.g.	A(Full form)	B(Reduced form)
/i/	compéte [i]	competítion [ə]
/e/	maintáin [e]	máintenance [ə]
/æ/	análysis [æ]	ànalýtic [ə]

Schwa Rule:

$$\begin{bmatrix} \text{+syllabic} \\ \text{-consonant} \\ \text{+stress} \end{bmatrix} \rightarrow [ə] \; / \; \frac{\quad\quad}{[\text{-stress}]}$$

(4) 자질첨가(feature adding) 규칙

자질첨가 규칙은 환경에 의해 예측이 가능한 현상으로 변별자질의 첨가가 아니라 비변별자질(non-distinctive feature)의 첨가 현상이다. 앞에서 보았던 비음화와 기음화(aspiration rule) 같은 현상이 자질첨가 규칙이다.

① 기음화(aspiration rule)

영어의 기음화는 동화도 이화도 아닌 자질첨가규칙이다. 무성파열음이 강세가 있는 음절의 첫 음에 위치할 때 기음화된다. /pie/에서 /p/가 실제로는 공기가 방출되면서 [p^h]로 발음된다.

Rule: [+cons, -cont, -voice] → [+aspirated] / $ ___[-cons, +syl, +stress]

※ [+cons, -cont, -voice] means 'voiceless stop' sound

〈2012년 기출문제 33번 - 기음화〉

a. They (Phonological rules) may add nondistinctive features, which are predictable from the context. '*Key* players on the *ski* team were *sick*.'

※ Unaspiration Rule & Unreleased(Unexploded) Rule

위에서 언급한 voiceless stop sound의 기음화가 발생하지 않을 경우, 그 stop sound는 무기음화(unaspirated rule)되거나 비방출화(unreleased rule)된다.

ⓐ 비기식음화 규칙

무성폐쇄음인 /p, t, k/은 앞에 /s/가 올 때 즉 /sp, st, sk/와 같은 자음군을 형성할 때 무기음화(unaspiration rule)가 되면서, 기음화가 발생하지 않는다.

e.g. spy, style, sky

Rule: [+stop, -voiced] → [-Aspirated] / #s ___

ⓑ 불파음화(비방출화)

폐쇄음은 어말에서 혹은 다른 폐쇄음 앞에서 불파음화(unexploded), 비방출화(unreleased) 규칙을 따른다.

e.g. pot, act

Rule: [+stop] → [unreleased(unexploded)] / ___ # or / ___ [+stop]

② 비음화

e.g. ‘can't’ [kæ̃nt], ‘king’ [kĩŋ], ‘send’ [sẽnd], ‘man’ [mæ̃n], ‘bin’ [bĩn]

Rule: V → [+nas] / ___ C
[-nas] [+nas]

③ 장모음화

모음들은 유성자음 앞에서 [+long] 자질을 가지는 장음화(vowel lengthening)된다.

e.g. hit [hɪt] (‘ɪ’ means lax vowel)

heat [hit]

heed [hi:d] ⇒ : 표시는 장모음화된 것을 나타낸다.

Rule : V → [+long] / ___ C (‘C’ means Consonant)
[+voice]

※ 기타 음운규칙들

A. 원순음화(rounded labialization)

뒤에 나오는 원순음[w]의 영향으로 앞의 자음이 원순성(roundedness)을 갖는 현상.

e.g. peel [pil] – pool [p^wul]

tea [ti] – two [t^wu]

Rule : C → C / ___ [-cons, +round]
[+round]

B. 치음화(dentalization)

뒤에 오는 dentals의 영향을 받아 앞의 음(치경음)이 dentalized되는 현상.

e.g. tenth, sixth

Rule : [+alveloar] → [+dental] / ___[+dental]

C. 자음의 성절화(syllabic consonant)

어말에 위치하는 비음과 유음이 그 앞에 저해음(obstruent)이 올 때 성절화된다. (음절의 핵, 즉 모음처럼 음절을 이루게 하는 요소가 된다.)

e.g. open, golden, faker, little

Rule : Liquids and nasals → [+syllabic] / [+obstruent] ___#

D. 성문음화(glottalization)

주로 /t/가 음절말의 비음 앞에서(주로 before syllabic [n]) 성문음화된다.

e.g. [ʔ] in ‘button’ and ‘beaten’ (‘ʔ’ means ‘glottal stop’ sound)

Rule : [+alveolar, +stop, -voiced] → [+glottal] / ___[+nasal]$

[+alveolar, +stop, -voiced] means /t/

E. 연구개음화(velarization)

/l/이 어말에 혹은 모음과 자음사이에 위치할 때 연구개음화([ɫ])된다.

e.g. golf, milk, film, mill, tale

Rule: [+lateral] → [+velarized] / $\left\{ \begin{array}{c} V\_\_C \\ \_\_\# \end{array} \right\}$

⇨ /l/은 환경에 따라 두 가지 다른 이음을 가진다. 하나는 clear /l/이고 다른 하나는 dark /l/이다. clear /l/ (혹은 light /l/)은 alveolar lateral(치경설측음)으로서 혀끝이 치경(alveolar ridge)에 닿고 혀의 앞부분과 뒷부분의 형상이 L처럼 되면서 발음된다. dark /l/은 연구개음화 된 소리로서 혀의 앞 끝과 혀 뒷부분이 혀 가운데보다 상대적으로 높게 되어, 즉 혀 가운데가 오목하게 되도록 하여 내는 소리이며 대개 어말위치 혹은 자음 앞에 오는 /l/이 이에 속한다.

F. 연구개음의 변동규칙(velar softening rule)

/k/ or /g/가 [i] 앞에서 or [e] 앞에서 [s] or [ʤ]로 발음되는 경우

e.g. electricity(←electrical) : /k/ → [s] / __ [i] or [e]

2009 34번
기출문제

Read <A> and <B> and follow the directions.

<A>

The following rules describe some characteristic features of Standard American English.

(1)

The lateral /l/ can be syllabic (i.e. standing as the nucleus of a syllable) following a sequence of a stressed vowel and an alveolar stop (an oral or a nasal stop).

(2)

A word-final /t/, /d/ or /n/ may assimilate in place of articulation to a following word-initial bilabial or velar stop, resulting in two identical consonants in some cases. But some features such as voicing and nasality of the consonant remain constant. When place assimilation results in two identical consonants, it is called total assimilation.

<B>

Each sentence below may or may not contain a word/phrase to which rule (1) or (2) in 〈A〉 is applied.

a. Can you pass me the one in the middle?
b. He lost his pet cat yesterday.
c. You excel as a painter.
d. I like the blue soap dish.
e. I will cross the channel by boat.
f. Teachers extol the virtue of honesty.
g. You're a very good boy.
h. I heard that ten cooks went home.

Choose the correct match between each rule in <A> and the corresponding examples in <B>. For (2) in <A>, find ONLY the examples in which total assimilation occurs.

	(1)	(2)		(1)	(2)
①	a, c	d, h	②	a, e	b, d
③	a, e	b, g	④	c, f	d, h
⑤	e, f	b, g			

2010 30번
기출문제

Read <A> and <B> and follow the directions.

<A>

Assimilation, one of the most common phonological processes, comes in two types. One is place assimilation, in which the assimilated sound becomes similar to the conditioning sound in terms of place. The other is manner assimilation, where a sound takes on the manner of articulation from an adjacent sound. In English, these two types of assimilation can be found in the alternations of the negative prefix 'in- ,' as shown below.

(1) / in + kouhiərənt / → [iŋkouhíərənt]
(2) / in + regjələr / → / irregjələr / → [irégjələr]

Note : In (2), after assimilation, degemination occurs, i.e., the two identical consonants are fused into one.

<B>

a. / in + laʤikəl / 'illogical'
b. / in + mətjuər / 'immature'
c. / in + rezəlu:t / 'irresolute'
d. / in + grætətju:d / 'ingratitude'
e. / in + kərekt / 'incorrect'

Choose all the examples in <B> which undergo place assimilation in rapid speech.

① a, b, c ② a, c ③ b, c ④ b, d, e ⑤ d, e

2008 전국 17번
기출문제

글 **<A>**를 읽고 **<B>**의 밑줄 친 부분에 각각 일어날 수 있는 음운현상을 **<A>**에서 찾아 번호를 쓰시오(단, **<A>**에 제시된 조건만을 고려할 것).

<A>

All languages modify complicated sequences in connected speech in order to simplify the articulation process. The main function of most of the adjustments in English is to promote the regularity of English rhythm—that is, to squeeze syllables between stressed elements and facilitate their articulation so that regular timing can be maintained. Specifically, the following optional phonological processes frequently occur in connected speech in North American English:

(1) Alveolar stops are assimilated in place of articulation to following bilabial or velar stops across word boundaries.
(2) Oral alveolar stops are pronounced as a flap after a stressed vowel and before an unstressed vowel.
(3) Oral alveolar stops are deleted if they are central in a sequence of three consonants.

<B>

(a) He has a green car.
(b) Please send Susan a box of chocolates.
(c) Would you care for a bit of cheese?
(d) I met Bob yesterday.

	음운현상 번호
답 : (a) green car	( )
(b) send Susan	( )
(c) bit of	( )
(d) met Bob	( )

확인 문제 13

Read the passage and follow the direction.

<A>

(a) [l] is velarized word-finally or after a vowel and before a consonant.

(b) Nasals have a syllabic function following a consonant word-finally.

(c) /t/ is glottalized before syllabic nasals.

(d) All vowels in English become lengthened under the same condition, namely when they precede a voiced consonant.

(e) The vowel that is stressed in one form becomes reduced in another form and is pronounced as [ə]: Change a vowel to [ə] when the stress rules mark it as reduced.

<B>

(A) [+lateral, +alveolar] → [+velar] / { V ____ C ; ____ # }

(B) [+nasal] → [+syllabic] / C ____ #

(C) [+alveolar, +stop, -voiced] → [+glottal, +stop] / ____ [+nasal, +syllabic]

(D) [+syllabic, -consonantal] → [+long] / ____ [+voiced, +consonantal]

(E) [+syllabic, -consonantal, +stress] → [ə] / ________
[-stress]

※ A → B / ___ X : "A becomes B before X"
A → B / X ___ : "A becomes B after X"
A → B / X ___ Y : "A becomes B between X and Y"
A → B / ___ : "A becomes B in the condition where A contains a feature [X] X."

You're trying to make the rules so that the rules in <B> correspond to the statements in <A>. (A) in <B> is the rule of (a) in <A>; (B) is (b); (C) is (c); (D) is (d); (E) is (e).

Choose in <B> the rule <u>inappropriate</u> for the statements in <A>

① (A) ② (B) ③ (C) ④ (D) ⑤ (E)

확인 문제 14

Read the passage and follow the directions.

There is an allophone of /t/ and /d/ that is often used in casual speech in words like 'latter' / 'ladder' and 'Plato' / 'play dough'. Say these word pairs aloud to yourself, and you will not see a difference in their production. For example, the pronunciation of the word 'latter' is not truly a /t/, as in the pronunciation /lætɚ/, nor is it truly a /d/, as in /lædɚ/ — the pronunciation is somewhere between the two. In this context, the tap /ɾ/ is the allophone used to represent /t/ and /d/ as in /læɾɚ/. Tap articulation involves a very rapid movement of the tongue tip against the alveolar ridge creating a very brief stop consonant. The motion associated with a tapped stop consonant is more rapid than the traditional stop articulation of /t/ or /d/. <u>The tap</u> generally occurs in words with an intervocalic 't' or 'd' digraph, in which the first syllable receives stress. It also occurs after a stressed vowel and before a syllabic liquid

Consider the above passage and choose the word that <u>doesn't</u> contain the underlined part.

① matted ② static ③ button

④ battle ⑤ data

확인 문제 15

Read the passage and follow the direction.

Often, the full form(full weight) of a vowel (such as /æ/) becomes more like the mid-central vowel /ə/ when spoken in connected speech. The following three word-pairs are comprised of words sharing the same morpheme. Note the difference in pronunciation between the vowels (in the bold and underlined letters) in each pair. The first word in each pair has a vowel with full weight, that is, not reduced. The second word of each pair has the reduced form of the vowel. In each pair, the change in vowel form from full to reduced is due to a change in primary word stress away from the syllable in question.

a. transform
   transformation
b. origin
   original
c. sequence
   sequential

Choose the pair that <u>isn't</u> related to the above passage.

① concept
   conception
② maniac
   maniacal
③ repeat
   repetitious

④ ignorant
   ignorance
⑤ felony
   felonious

[4] 분절음 탈락 및 삽입 규칙 등 기타 음운규칙

(1) 분절음 탈락

분절음 탈락(segment deletion: elision)이란 어떠한 음성적 환경에서 분절음(자음 or 모음)이 생략되는 과정이다. 조음을 쉽고 효과적으로 하기 위해 혹은 개별언어의 선호음절구조(CV 또는 CVC)를 갖추기(맞추기) 위해서 탈락시키는 경향이 있다.

① 자음 탈락

(A) 중복음 탈락

두 단어에서 앞 단어의 끝 자음과 뒷단어의 첫 자음이 동일하거나 유사하면 둘 중 하나를(대개 앞 단어의 끝 자음) 탈락시켜 발음하거나 연속되는 동일한(혹은 유사한) 소리나 음절이 있는 경우(특히 조음위치가 같은 경우) 하나는 생략하여 발음하는 것을 중복음 탈락(haplology)이라고 한다.

e.g. good day [gʊday], sit down [sidawn], probably [prabli]

(B) 어말자음의 탈락

두 단어에서 앞 단어가 어말이 자음군(consonant cluster)을 형성하고(특히 /t, d/로 끝난다), 뒷단어의 어두가 자음이면, 앞단어의 끝 자음이 탈락된다.

e.g. wes(t) side, bes(t) friend

(C) 3자음군에서의 탈락

세 개 이상의 자음이 소리의 연속체(3 consonant cluster)를 이룰 경우, 대개 그 가운데에 있는 자음을 탈락시켜 발음할 수 있는 경우

e.g. empty [em-ti], landlord[læn-lɔːrd], exactly [igzæk-li],
handbag, blind man, last chance

(D) /g/ deletion

비음의 어말 앞에 /g/가 올 때 /g/가 묵음이 되는 탈락을 보인다.

e.g. sign, design, indign, paradigm

※ signature, designation, indignity, paradigmatic에서의 /g/는 묵음이 아니다

Rule : [-ant, -cor, +voice, -nasal] → ∅ / ___ [+nas]#

⇒ [-ant, -cor, +voice, -nasal] means /g/

〈2012년 기출문제 33번 - 자음탈락〉

b. They (Phonological rules) may delete phonemic segments in a certain context.
'What's the difference between *sign* and *signature*?'

(E) /b/ deletion

비음 뒤에 어말 /b/가 올 때 /b/가 묵음이 된다(탈락되어 발음된다)

e.g. bomb, crumb

※ bombard, crumble에서의 /b/는 묵음이 아니다.

Rule: /b/ ([+ant +cor +voi -nas]) → ∅ / [+nas, +bilabial] ____ #

※ 묵음(Silent letters)

knee [niː], gnaw [nɔː], fasten[fæsn]

② **모음 탈락**

단어 내에서 강세가 없는 모음(예를 들면 ə)은 종종 탈락되어 발음된다. 어두음탈락(aphesis or apheresis)은 'about'의 'a'[ə]의 탈락에서 보이고 어말음탈락(apocope)은 'root'의 중세영어인 'roote'에서 알 수 있고 어중음(syncope)탈락은 다음과 같다.

e.g. police, Babara, nursery, mystery, general, deliberate, awful, chocolate,

⇒ 밑줄 친 부분의 발음이 탈락되어 발음될 수 있다.

(2) 분절음 삽입

분절음 삽입(segment insertion: epenthesis)이란 어떠한 음성적 환경에서 분절음(자음 or 모음)이 삽입되는 과정(process)이다. 예를 들어 자음과 자음의 결합은 껄끄러운 조합(결합)이므로, 해당 자음과 자음 사이에 어떤 음을 삽입시킴으로써 껄끄럽지 않은 조합이 된다.

① **자음삽입**

(A) 무성파열음 삽입

영어의 '비음+비(非)비음'의 자음연속체(consonant cluster)가 homorganic(조음위치가 같은)한 경우가 있는데, 'assumption', 'assembly'처럼 /p/, /b/(bilabial)는 /m/(bilabial)뒤에 위치하고 'gentle', 'candle'처럼 /t/, /d/(alveolar)는 /n/(alveolar)뒤에 위치하며 'ankle', 'angle'처럼 /k/, /g/(velar)는 /ŋ/(velar)뒤에 위치한다. 이런 음소배열에 의해 'Fromkin'같은 단어의 /m/뒤에 무성파열음 /p/를 삽입시켜 발음할 수 있다. ([frʌmpkɪn])

e.g. something [sʌmpθiŋ] sense [sents], length [leŋkθ]

⇒ 밑줄 친 부분의 발음이 삽입되어 발음될 수 있다.

※ 연속제약(sequential constraints)

비음과 무성자음이 자음군을 형성하는 경우에 앞의 비음과 조음위치가 같은 음(homorganic sound)이 두 음 사이에 삽입된다. 즉 음소/m/은 음절 내에서 /t, d, k, g/ 앞에, 음소 /n/은 /p, b, k, g/ 앞에, 음소/ŋ/는 /p, b, t, d/ 앞에 나타나지 않는 연속제약이 있다.

i . ∅ → [p] / m ____ [-voice, +cons] Ex some( )thing

ii. ∅ → [t] / n ____ [-voice, +cons] Ex sen( )se

iii. ∅ → [k] / ŋ ____ [-voice, +cons] Ex leng( )th

(B) 삽입 r

앞 단어도 모음으로 끝나고 뒷 단어도 모음으로 시작되는 경우, 즉 모음 충돌(hiatus)을 겪는데 이것을 회피하기 위해 /r/(intrusive r)이 삽입된다.

e.g. idea of [aidiə rəv]

※ Linking /r/ : 'far'의 발음에서 /r/은 거의 발음이 되지 않는(특히 영국영어에서) 반면에 'far away'를 발음하면 /r/이 뒤의 away의 [ə]와 연결되어 합쳐지듯이 [rə]로 발음된다.

② **모음삽입**

(A) 규칙명사의 복수접사(plural affix) '-s' 앞에서의 삽입

sibilant로 끝나는 규칙명사에 복수형 어미 '-s'가 붙을 때 [i]([ə]) 소리가 삽입된다.

e.g. bus+es [bʌs+iz(əz)], house+s [haws+iz(əz)] (사전발음은 [hawziz])

〈2012년 기출문제 33번 - 모음삽입〉

b. They (Phonological rules) may insert segments that are not present in the phonemic string.

'The school has many <u>kids</u> from my neighborhood.' (⇒ incorrect example)

(B) 규칙동사의 'past tense' affix 'ed' 앞에서의 삽입

alveolar stop인 [t, d]로 끝나는 동사에 '-ed'를 붙일 때 [i]([ə])소리가 삽입된다.

e.g. wanted[wɑnt+id], added[æd+id]

(3) 분절음 이동(전환)

한 단어 내에서 인접한(바로 인접한 경우가 아닌 경우도 있다) 두 소리의 자리바꿈이 일어나는 경우를 **음위전환(metathesis)**이라고 한다. 이런 현상은 발화의 실수(slip of tongue)라고도 할 수 있는데 'ask', 'relevant', 'animal'을 각각 [æks], [revələnt], [æmənəl]로 발음하는 현상으로서 고대영어의 'brid'가 현대영어의 'bird'로 바뀐 현상 등이 그 예이다. 그리고 한 단어 내에서 뿐만 아니라 단어 이상의 구 혹은 문장 내에서의 떨어져 있는 낱말들의 일부 음을 실수로 서로 바꾸는 경우도 있는데 이런 경우를 **두음전환(spoonerism)**이라고 한다. 예를 들어 '<u>Ch</u>omsky and <u>H</u>alle'를 실수로 '<u>H</u>omsky and <u>Ch</u>alle'로 발음한다거나 "You've <u>m</u>issed all the <u>h</u>istory lectures"를 실수로 "You've hissed all the <u>m</u>ystery lectures"로 발음하는

경우가 그 예이다.

e.g. a. prescribe의 발음을 [pərskraib]로 하는 현상 ⇒ Metathesis

b. Billy has tasted the whole worm.에서 tasted의 /t/와 worm의 /w/를 바꾸어서 발음 (Billy has wasted the whole term.)하는 현상 ⇒ Spoonerism

〈2011년 기출문제 35번 - 음위전환 〉 Consider the following speech error.

Intended Utterance	Actual Utterance
3. the zipper is narrow	the nipper is zarrow
4. gone to seed	god to seen

c. The third error is known as a metathesis error, where two segments switch places. The alveolar fricative of the second word zipper and the alveolar nasal of the fourth word narrow switched places.

d. In the fourth example, also a metathesis error, the coda consonants of the first and third words were reversed. Hence, the first vowel in the actual utterance lost nasalization because it no longer occurs before a nasal consonant. Instead, the third vowel in the actual utterance is nasalized because it is followed by a nasal consonant.

확인 문제 | 16

Read the passage and follow the directions.

> Deletion is a process that removes a segment from certain phonetic contexts. For example, <u>when the phoneme /t/ is between two consonants except for glide(/j/ and /w/), the phoneme is deleted.</u>

Choose the example that <u>doesn't</u> reflect the underlined part of the above passage.

① Christmas　② mortgage　③ epistle

④ bustle　⑤ subtle

확인 문제 | 17

Read the passage and follow the directions.

<A>

The following is a phonological rule.

$$\begin{bmatrix} -\text{Anterior} \\ -\text{Coronal} \\ +\text{Voiced} \end{bmatrix} \rightarrow \varnothing \; / \; \_\_\_\_ \; [+\text{Nasal}]$$

<B>

The followings are descriptions of some features that are necessary to understand the above rule.

Labials, labiodentals, detals and alveolars have the feature [+Anterior] while Palato- alveolars, palatals, velars, glottals have the feature [-Anterior]. Dentals, alveolars, palato-alveolars, and palatals have the feature [+Coronal] while Bilabials, labio-dentals, velars, and glottals have the feature [-Coronal]. Vowels, nasals, liquids, glides, and voiced consonants have the feature [+voiced]. Sounds marked [+Nasal] have the velum lowered so that air can pass through the nasal passes, giving rise to nasal resonance.

Consider the above passage <B> and choose the example that the rule <A> applies to.

① bomb, iamb, crumb

② sign, phlegm, paradigm

③ improbable, incorrect, intolerable

④ beaten, written, mountain

⑤ mind map, blind man, band master

확인문제 18

Read the passage and follow the directions.

> Epenthesis is the insertion of a vowel or consonant segment within an existing string of segments. Although less frequent than deletion in English, epenthesis is by no means uncommon. The most important type of epenthesis in English occurs in certain morphophonological sequences such as the regular plural and past tense endings. Here an epenthetic schwa /ə/ is added to break up clusters of sibilants or alveolar stops.

Which of the following is not the English word related to the above passage? (You answer is from the underlined part in the following examples.)

① He visited the <u>place</u>.

② Do you wash the bottom of your <u>plate</u>?

③ I gave him a <u>buzz</u>.

④ They <u>want</u> to visit Seoul.

⑤ You <u>need</u> to make it.

확인문제 19

Read the following and answer the question.

> The followings are list of words of which the pronunciations relate to the phonological rule that show insertion of /r/ when /r/ is assumed to be intervocalic.
>
> 〈List of phrases〉
>
> vill<u>a o</u>ven, umbrell<u>a u</u>p.

Which of the followings is the rule that best reflects the phonological change related to the underlined parts of the above list of words?
([+syl] = [+syllabic], [−cons] = [−consonantal])

① ∅ → [r] / [+syll, −cons, −stress] ___ [+tense]

② [r] → ∅ / [+syll, −cons, +stress] ___ [−tense]

③ ∅ → [r] / [+syll, −cons, −stress] ___ [−tense]

④ [r] → ∅ / [+syll, −cons, −stress] ___ [−tense]

⑤ ∅ → [r] / [+syll, −cons, +stress] ___ [+tense]

NOTE

[Phonological rules]

Assimilation ⇒ (A) ~ (H)

(A) **Assimilation** rule assimilates one segment to another by "copying" or "spreading" a feature of a sequential phoneme on to its neighboring segment, thus making two phones more similar. Assimilation rules are, for the most part, caused by articulatory or physiological processes. There is a tendency when we speak to increase the ease of articulation, that is, to make it easier to move the articulators.

(B) **Assimilation is classified into 3 types in terms of directionality**: progressive, regressive, bidirectional assimilation. If a sound becomes more like the sound that precedes it, the process is called progressive assimilation. On the other hand, a sound is modified so that it becomes more like the sound that follows it, the process is called regressive(anticipatory) assimilation. However, there is another process besides the two assimilation mentioned above. For example, 'incorrect' is pronounced as [iŋgrekt]. If /n/ becomes /ŋ/ similar to the sound /k/ that follows it and then the following sound /k/ becomes voiced /g/ similar to the changed sound, the voiced /ŋ/, the process is called bidirectional assimilation.

(C) **Bilabialization (Labialisation):**

a. Nasal /n/ becomes bilabial(ized) like /m/ when it follows a bilabial consonant.
   e.g. open [opm] → [m] is syllabic nasal.

b. Anticipating the next segment, which is a rounded vowel, the speaker starts rounding the lips before the articulation of the consonant is completed. This assimilation process is called Labialisation. The word 'pool' and 'two' is pronounced as [p^{w}ul] and [t^{w}u].

(D) **Devoicing rule**: There is an optional ("free variation") assimilation rule that applies particularly in fast or causal speech. The rule devoices the nasals and liguids in words like 'smart', 'snow', 'slow', 'creep' and so on.

(E) **Voicing rule**: In assimilations of voice, a sound becomes more like its neighbors by 'agreeing' in voice. In the light of the standard view that the plural morpheme and the past tense morpheme in English are /z/ and /d/ respectively, the allomorphs of these morphemes are the results of progressive assimilation. That is, the suffixes /z/ and /d/ turn into [s] and [t] after voiceless consonants, respectively.

(F) **Vowel Nasalization**: Nasalization of vowel before a nasal consonant is caused by speakers anticipating the lowering of the velum in advance of a nasal segment.
e.g. 'can't' [kǣnt] 'king' [kĩŋ] 'send' [sẽnd] 'man' [mǣn] 'bin' [bĩn]

(G) **Nasal assimilation**: The place of articulation of the nasal consonant is the same as that of the following consonant. e.g. impossible [im], incorrect [iŋ], intolerable[in].

(H) **Palatalization**

a. The outcome of this assimilation is a third new segment that combines properties of the two assimilating segments. Alveolar sounds and palatal approximant are combined to form a third new sound [ʃ],[ʒ],[ʤ], and [tʃ]. In careful speech, for example, could you would be realized as [kʊd ju:]; but in normal conversation it is more likely to be realized as [kʊʤə]. In the example, the alveolar stop [d] and following palatal approximant [j] fuse to give the voiced post-alveolar affricate [ʤ]. The voice, place, and manner of articulation of the two input segments are combined to form a third segment.

b. A common process that results from an interaction between either a neighboring non-nasal alveolar consonant and high front vowels or a palatal glide results in a fricative or affricate palatal consonant.

c. Coalescence: Coalescence is a process of both assimilation and deletion. For example, when the suffix -ion is added to items(words) ending in /t, d, s, z/ the final segment of the items combines with the /y/ to form an palatal sibilant, [ʃ],[ʒ],[ʤ], and [tʃ]. Then /y/ is deleted.

(I) **Dissimilation**

a. Dissimilation, the opposite of assimilation, results in two sounds becoming less alike in articulatory or acoustic terms. The resulting sequence of sounds is easier to articulate and distinguish. Dissimilation results in a form that is easier for the listener to perceive whereas assimilation results in a form that is easier for the speaker to pronounce. e.g. single+al → singular

b. In English, the adjective forming suffix -al has two phonetic manifestations: -al as in electrical and regional, and -ar as in singular and angular. The shape -al is the base form. The shape -ar is the alternant which is normally added where the last consonant of the noun is [l]. The addition of -al after a root ending in [l], which would have resulted in two [l] sounds merely separated by a schwa, is thus avoided. This rule has exceptions, e.g. linear.

(J) **Flapping**, in English, is a process in which a alveolar stop ,[t] or [d], changes to a flap [ɾ]. Flapping applies to both [t] and [d] that occur between vowels, the first of which is generally stressed.

(K) **Vowel reduction**

a. The vowel that is stressed in one form becomes reduced in another form and is pronounced as [ə]: Change a vowel to [ə] when the stress rules mark it as reduced. e.g. origin-original

b. Often, the full form(full weight) of a vowel (such as /æ/) becomes more like the mid-central vowel /ə/ when spoken in connected speech.

c. In English, a great deal of neutralization is found in the vowel system, where a number of different vowels take on a schwa-like quality in an unstressed syllable. In telegraph and photograph, the first syllable receives primary stress, the second syllable is unstressed, and the third syllable receives secondary stress. These items are usually pronounced something like [tɛləgræf] and [fotəgræf], with a schwa-like vowel in the unstressed syllable. But if we add such suffix as -y, changing the stress pattern, we get something like [təlɛgræfi] and [fotagrəfi]. Although there are elaborate rules for assigning stress in English words, the important point to note here is the systematic process of vowel reduction in which vowels in unstressed syllables may become a schwa. The vowels will automatically be neutralized according to the stress patterns, despite the different vowels that are produced when they occur in a stressed syllable.

(L) **Aspiration rule:**

a. Voiceless stop, /p, t, k/ becomes aspirated when it begins a syllable(and is followed by a stressed vowel). e.g. /p/ of 'pot', /t/ of 'top'.

b. In English, aspirated voiceless stops occur at the beginning of a stressed syllable, as in pie and appear, but unaspirated voiceless stops are produced when preceded by [s] as in *spy* and *spat*.

(M) **Vowel lengthening**: Vowels become lengthened when they precede a voiced consonant. Ex /i/ of 'live' becomes lengthened when it precede the voiced consonant /v/.

(N) **Dentalization**

Alveolar sounds are dentalized before an interdental. e.g. /n/ of tenth is dentalized.

(O) **Syllabic consonant**

a. Liquids and nasals have a syllabic function following an obstruent word-finally. e.g. often, rhythm, little, faker

b. It is common that every syllable contains a vowel at its nucleus. However, certain consonants also act as the nucleus elements of syllables in English. Words such as chasm, in which the nasal sound comes after stops or fricatives, show that the nasals are syllabic. But we can't say that nasals become syllabic whenever they occur at the end of a word after a consonant. Words such as charm, in which the nasal sound comes after a sonorant consonant, show that the nasals are not syllabic. Therefore, the key issue here appears to be the manner of articulation of the consonant preceding the nasal sound at the end of a word.

(P) /t/ is <u>**glottalized**</u>(pronounced as [ʔ]) before a syllabic nasal, e.g. 'button', 'beaten'

(Q) /l/ is **velarized**(becomes the "**dark l**") word-finally, or after a vowel and before a consonant, e.g. milk, mill

(R) **Deletion(elision)**

a. Deletion is a process that removes a segment from certain phonetic contexts. Deletion often occurs in everyday rapid speech in many languages. e.g. the deletion of /t/ in 'west side', the deletion of /d/ in 'handbag'

b. Elision of segments happens with both consonants and vowels. Take the phrase 'the sixth month': the dental fricative tends not to be pronounced at all in the phrase. Where clusters of consonants arise through the combination of words into phrases, they are frequently reduced in this way. An example is the phrase such as crisp bowl, with the word-final stop in the first word elided. Elision of consonants is also common in words of a non-lexical category. They are often pronounced with elided consonants, as in Bill and Tom. Vowel elision may result in the loss of an entire syllable, as in 'university' when it is pronounced as [ju:nɪvə:sti]. This is clearly of some considerable help in reducing the number of unstressed syllables to be articulated. Alternatively, elision of a vowel may result in the syllabification of a consonant, as in 'support' when it is pronounced [spɔ:t].

(S) **Insertion(epenthesis)**

Phonological rules may insert consonants or vowels, which is called epenthesis. We can insert a syllabic or a non-syllabic segment within an existing string of segments.

e.g. Fromkin [frompkin], bus+es [bʌs+iz(əz)]

(T) **Metathesis**

Metathesis is a process that reorders a sequence of segments. That is, it is a process that moves phonemes from their original position to elsewhere. This often results in a sequence of phones that is easier to articulate. It is common to hear metathesis in the speech of children.

(U) **Consonant cluster reduction & Nasal assimilation:**

Child learning to write, or any inexperienced writer, often writes words the way that he or she says them. So a child might write samwich for sandwich or snift for sniffed. The first pronunciation, "samwich" is common for many speakers of English, not just kids. If you are honest with yourself, do you really say the "d" when you say sandwich fast in natural speech? You would be in good company if you do not. Even if you do pronounce the "d", where did that "d" go for many speakers of English? The answer is that speakers delete the "d" to simplify what would otherwise be a string of three consonants. That said, there remains another question: with the "d" deleted, why does the "n" turn into an "m"? What happens is that sound /n/ becomes more like the sound /w/ which follows it, and when /n/ becomes more like /w/, it turns into /m/. The study of the English sound system, or English phonology, explains how /m/ is more like /w/ than /n/ is.

UNIT 04

Supra-Segmental phoneme

소리들(언어음)은 분절될 수 있다. 이런 분절 음소들(segmental phonemes, e.g. 자음들이나 모음들)이 교체되면 보통은 의미가 달라진다. (⇒ 음소는 의미의 차이를 유발시킬 수 있는 단위이다). 그런데 소리는 교체되지 않는데 소리의 강세(stress), 높낮이(pitch), 연접 및 휴지(junction and pause) 등이 변하면 의미가 달라지는 경우도 있다. 비록 이런 것들이 분절 음소처럼 독립적이지는 않지만 어떤 분절음소 위에 얹혀서 의미를 다르게 만드는 것을 초분절 음소(suprasegmental phoneme) 혹은 운소(prosodic phoneme)라고 한다. 분절음 단위의 연구가 아닌 소리의 강세(stress), 높낮이(pitch), 길이(length) 등의 단위의 연구를 자립 음운론(autosegmental phonology) 혹은 초분절 음운론(suprasegmental phonology)이라고 한다.

1 Stress

강세란 어떤 음절이 다른 음절들보다 더 강하게 발음되는 현상인데 강세가 놓이는 음절은 보통 소리가 더 강하고(louder), 더 높고(higher), 더 길게(longer) 난다. 영어의 경우에는 강세에 따라 품사가 달라진다. 따라서 의미도 달라진다. 이처럼 영어에서의 강세는 의미의 차이를 유발시킬 수 있으므로 언어습득, 언어교육, 언어구사에 있어서 매우 중요한 요소가 된다. 강세에는 단어강세(word stress), 복합어강세(compound stress), 구강세(phrase stress), 문장 강세(sentence stress)가 있다.

[1] Stress-placing rule in words

대개 품사정보와 음절구조를 알면 단어의 강세를 알 수 있다고 한다. 품사별로 강세가 놓이는 양상이 다를 수 있는데, 명사의 경우는 대개 그 명사가 2음절인 경우에는 강세가 첫 번째 음절에 놓이며(예외: report, abuse, etc), 3음절인 경우에는 상황(음절구조)에 따라 다양하게 강세가 놓이고, 동사의 경우는 대개 2번째 음절(의 모음)에 강세가 온다고 하지만 좀 더 면밀히 살펴보면 2번째 음절(마지막 음절)이 긴장모음(혹은 long vowel 혹은 diphthong)으로 끝나거나(e.g. ret<u>ain</u>, res<u>u</u>me, appl<u>y</u>) 자음군(2개 이상의 자음)으로 끝나는 경우에는(e.g. repe<u>nt</u>, ado<u>pt</u>, consi<u>st</u>, attra<u>ct</u>, depe<u>nd</u>, conve<u>rse</u>, etc.) 마지막 음절에 강세가 놓인다. 이렇게 분석해보면 결국 품사정보와 음절구조에 따라 강세할당(stress placement)이 결정됨을 알 수 있다. 바로 위에서 언급한 음절구조를 좀 더 이론적으로 살펴보자. 음절이 운(rhyme)의 구성방식(구조)에 따라 강음절/중음절(stong/heavy syllable)과 약음절/경음절(weak/light syllable) 로 나뉜다. 운의 구조에 장모음, 이중모음 등이 포함된 경우 혹은 모음 다음에 오는 자음이 2개 이상의 자음군의 결합인 경우, 그 음절을 heavy syllable이라 하고 이 heavy syllable에 주로 강세가 오기 때문에 strong syllable이라고도 한다.(어떤 경우에는 lax vowel+one coda도 strong syllable이 될 수 있다. 2010년 33번 기출문제) 운 내에 강세가 오지 않는 약모음(short or lax vowel)으로만 구성되어 있거나 'schwa+단자음'으로 구성되어 있으면 약음절이라고 한다. 대개 strong syllable은 heavy syllable과 일치하며 weak syllable은 light syllable과 일치한다.

※ 한편, 한 단어지만 품사가 달라지면 강세가 달라질 수 있으므로 그렇게 되는 예들을 알아 두어야 한다. 예를 들어 'conduct'에서 명사(행위)이면 1음절에 강세가 놓이고 동사(행하다)이면 2음절에 강세가 놓인다.(e.g. insult, increase, content, overflow)

[2] Stress-placing rule in phrases/compounds

두 개의 단어가 결합하여 새로운 단어를 만드는 경우, 그 새로운 단어(새로운 의미의 단어)를 합성어(compound)라고 하는데 이런 합성어의 강세는 합성어를 구성하는 첫 번째 단어에 제 1 강세(primary stress)가 주어진다. e.g. black-board, White House, hotdog
한편, 두 개 이상의 단어가 결합하여 합성어가 아닌 구(phrase: 특히 명사구)를 이룰 때 제 1강세는 마지막 단어에 주어진다. e.g. black board, white house, hot dog
다음 예시는 강세와 관련하여 합성어와 명사구의 대조를 살펴본 것이다.

합성어 명사	Vs	명사구
a hótdog(핫도그)		a hot dóg
a rédcoat(영국군인)		a red cóat(빨간 코트)
a gréenhouse(온실)		a green hóuse(녹색 집)
a bláckboard(칠판)		a black bóard(검은 판자)
a híghchair(어린이의 높은)식사용의자		a high cháir(높이가 높은 의자)
a dáncing girl(직업적으로 춤추는 여자)		a dancing gírl(춤추는 소녀)

※ 합성어의 특징과 구동사(phrasal verb)의 강세

합성어는 흔히 어근과 접사의 결합이 아닌 두 단어의 구성으로 분석될 수 있는 하나의 단어이다. 즉 비록 두 단어의 구성체이지만 하나의 단어와 같은 특성이 있다. green house(명사구)는 house which is green이지만 greenhouse(합성어)는 그러한 의미와는 근본적으로 다르다. 합성어는 부분 요소들의 의미로 이루어진 것이 아니고 전체로서 하나의 의미를 갖는다. 따라서 부분요소로부터 추측할 수 없는 특수한 의미를 갖는 경우가 많다. 합성어의 표기 방식에는 일관성이 없다. ice cream, ice-cream, icecream과 같이 세 가지 방법으로 나타낸다.

그리고 흔히 구동사(phrasal verb)와 전치사구동사(prepositional verb)는 합성어로 간주될 수 있지만 구동사는 합성어강세 규칙이 적용되지 않고 동사에 바로 다음에 있는 뒤쪽 단어인 부사(엄밀하게는 particle이라고 한다)에 강세가 온다. 예를 들어 look at, agree with 종류는 강세가 앞 단어(look, agree)에 오지만 pick up, put on, put off 종류는 강세가 뒷 단어(up, on, off)에 온다.

〈합성어의 의미와 강세규칙〉

'형용사+명사'가 합성어인지 명사구인지 판별하게 해주는 요인 혹은 합성어/명사구를 형성하는데 있어서 관련되는 요인은 다음 3가지이다.

⇨ 1. 합성적 의미의 여부(부분들의 의미들의 합이 전체의 의미인지의 여부)
 2. 아래의 4가지 강세규칙에 의해 형성된 강세 패턴
 3. 통사적 정보 (품사와 단어결합구조)

우선 4가지 강세규칙은 다음과 같다.

A. 단어강세 규칙(main stress rule): 모든 단어(특히 내용어)에 제1강세 부여
B. 합성어강세 규칙(compound stress rule): 앞 단어에 제1강세 부여
C. 구강세 규칙(phrase stress or nuclear stress rule): 뒤의 명사에 제1강세 부여
D. 강세종속규약 : 어떤 부분에 제1강세가 부여되면 그 밖에 다른 모든 강세는 한 단계(등급)씩 낮아진다.

다음은 'black board eraser'의 강세패턴이 형성되는 과정이다. 의미가 중의적(3가지)이므로 통사적인 정보(품사, 구조)가 다르다.

ⓐ 칠판 지우개(eraser for a blackboard)
[[[black]A [board]N]N [eraser]N]N ⇒ 통사적 정보 (N = 명사 혹은 합성어)

black	board	eraser	
1	1	1	⇒ 단어 강세 규칙 적용
1	2		⇒ 합성어 강세 규칙 적용
1	3	2	⇒ 구 강세 규칙 적용 및 강세종속규약 적용

⇒ A는 형용사, NP는 명사구, N은 명사이면서 때로는 합성어를 의미한다. 예를 들어 [[black]$_A$ [board]$_N$]$_N$ (칠판)에서 앞에 있는 N은 명사이고 뒤에 있는 N은 합성어를 의미한다. 이렇듯이 강세패턴과 통사적 정보(품사, 구조)는 서로 밀접한 관련을 맺고 있다. 숫자의 표시로서 1은 primary stress를 의미하며 2는 secondary stress를 의미한다.

ⓑ 색이 검은 보드지우개(board eraser which is black)

[[black]A [[board]N [eraser]N]N] NP ⇒ 통사적 정보

black	board	eraser	
1	1	1	⇒ 단어 강세 규칙 적용
	1	2	⇒ 합성어 강세 규칙 적용
2	1	3	⇒ 구 강세 규칙 적용 및 강세종속규약 적용

ⓒ 검은 색 보드용 지우개(eraser of a board which is black)

[[[black]A [board]N]NP [eraser]N]N ⇒ 통사적 정보

black	board	eraser	
1	1	1	⇒ 단어 강세 규칙 적용
2	1		⇒ 구 강세 규칙 적용
3	1	2	⇒ 합성어 강세 규칙 적용 및 강세종속규약 적용

※ 강세 이동(stress shift)과 강세중심(stress-timed (rhythm)) 언어인 영어의 리듬

한국어와 달리, 영어는 stress-timed language(문장 강세가 일정한 간격을 두고 리드미컬하게 되풀이되는 언어)이므로 리듬(rhythm)이 중요하다. 단어나 구도 이런 언어의 특성 때문에 본래 가지고 있던 강세할당이 바뀔 수도 있다. 예를 들어 'thirteen women'에서 thirteen의 본래 강세는 두 번째 음절에 오는데 구 전체(thirteen women)를 감안하면 첫 번째 음절에 온다. 자세히 말하면 stress-timed language의 특성에 따라서 '강약 강약'이라는 리듬을 타기 위해서는 본래 강세가 유지되지 못하는 경우라고 말할 수 있다. 다른 관점에서 보면 강세가 인접하게 되어 강세 충돌(stress clash)이 발생하는데(예를 들어 'thirteen women'에서의 '약-강-강-약' 리듬에서 강-강이 충돌하여 리듬상의 문제가 생긴다) 이런 경우를 회피하기 위해, 즉 발음을 부드럽고 편하게 하기 위해 강세가 이동한다고 볼 수도 있다.

s w s w (s =strong, w= weak)
↑ ↑ ↑ ↑
thirteen woman

이것과 더불어 알아두어야 할 것은 강세 음절(stressed syllable)이 비강세 음절수에 상관없이 일정한 간격을 유지하면서 나타난다는 것이다. 즉 문장 전체의 측면에서 보았을 때 강세 음절이 리듬을 잘 타도록 단어의 수 혹은 음절의 수에 상관없이 일정한 간격으로 유지되는 것이 좋다. 따라서 강세들 사이에 음절의 수가 많을수록 그것을 빨리 읽어야 한다. "John is the man there"과 "Elizabeth is the saleswoman there"의 두 문장을 발음하는데 할당된 시간이 같다면

Elizabeth를 강약의 리듬의 흐름을 고려하면서 좀 더 빨리 발음해야 John과 같은 시간대에 발음할 수 있게 된다. “Boys eat milk”와 “The boys will have eaten the milk”의 예도 마찬가지로 생각해 볼 수 있다.

[3] Stress-placing rule in sentences

문장 속의 모든 단어가 강세를 받지만 그 단어들 중 한 단어(특히 마지막 내용어)에 상대적으로 더 강한 강세가 온다. 다음 8개의 단어로 구성된 문장을 읽어보자.

Mary hopes to see him at the meeting.

위 문장을 발음해보면 마지막 단어(meeting)가 더 많은 강조를 받고 가장 두드러진 강세를 받는다는 것을 알 수 있을 것이다. 대개 문장이나 구는 정상적이고 중립적인 경우에는(별다른 화맥(문맥)이 없다 경우에는) 마지막 단어(내용어)에 주강세(primary stress)를 주어 말하게 된다. 이것을 문장 강세(stress-placing rule in sentences)라고 한다. 이런 문장 강세는 대개 기능어(function word)에는 오지 않고 내용어(content word)에 온다. 문장 내에서 두드러진 정보를 포함하는 단어를 내용어(독자적으로 의미를 가진 단어)라 하고 명사, 동사, 형용사, 부사들이 여기에 포함된다. 반면에 독자적인 의미를 가지지 못하며 대개 문법적 관계를 표현해주는 대명사, 관사, 전치사, 접속사 등을 기능어라 한다. 예를 들면 위 문장에서 Mary, hopes, see, meeting은 내용어이고, 문장 강세는 마지막 내용어인 meeting에 온다. 다음 문장들을 읽어보자.

a. Bill and Jane went home. (밑줄이 강세를 받는 부분이다.)
b. If I get caught, I will get in ‘trouble.
c. Milk and eggs need to be refrigerated.

위의 문장들은 모두 마지막 단어에 문장 강세가 있다고 한다. 그러나 이와 같이 문장이 항상 강세 단어로 끝나는 것은 아니다. 특정한 문맥(e.g. 화자의 의도에 의해 강조되는 어구 등)에 따라 마지막 내용어가 아닌 다른 내용어가 강세를 받을 수도 있고 심지어 내용어가 아닌 기능어가 강세를 받을 수도 있다. ‘Yes, I will’에서의 ‘will’(조동사 부분)과 ‘won't you?’의 won't(부가의문문의 조동사부분)은 기능어(조동사는 기능어이다)가 강세를 받는 한 예이다.

다음 문장을 비교해 보자. (밑줄에 문장 강세가 놓인다)

a. Tom drove to the school.
b. Tom drove to the school. (he did not walk.)
c. Tom drove to the school. (not John)

별다른 화맥(문맥)이 없다는 전제하에 a는 마지막 내용어인 school에 문장 강세가 있다. 그러나 화맥(문맥: 화자의 의도)에 따라서는 (다른 곳이 아닌) 학교를 강조하는 문장이 될 수도 있다. b에서는 화자는 교통수단을 언급하지만(즉, 다른 행위를 통해 학교에 가는 게 아니라 차를 타고 학교에 가는 행위를 언급하지만) c에서는 (다른 사람이 아닌) Tom을 의도한 것이다. 두 문장 b, c 모두 내용어에 강세가 주어진다.

한편, 문장 강세는 화자가 전달하고자 하는 정보 유형의 구별에서도 중요한 역할을 한다. 대화란 두 참여자 사이에 오가는 것이며 이 때 두 가지 유형의 정보가 제공된다. 대화의 참여자는 각각 이미 알려진 정보(given or old information)에 새로운 정보(new information)를 첨가하면서 이미 알려진 정보와 새로운 정보를 분리시키기 위해 문장 강세가 사용된다. 예를 들면 친구가 "What did you have for lunch?"와 같이 물었을 때 "I had a Hamburger and French fries for lunch."와 같은 대답이 예상될 것이다. 이 때 Hamburger와 French fries는 청자에게는 새로운 정보이므로 이 단어들이 강세를 받게 된다. 여기서 "I had"와 "for lunch"는 이미 알려진 정보이다.

2007 서울/인천 17번

기출문제

Read the passage and fill in each blank using phrases from it.

English has a set of principles or rules which allow native speakers to assign stress to the appropriate syllable of a word. The unit of a syllable may contain as its core a long vowel or a shot vowel, a monophthong or a diphthong, or one or multiple consonants before or after the core.

Consider the following two-syllable verbs:

ballot	exclude	attract	annoy	divide
abstract	enter	delight	incline	salute
contain	feature	protest	portion	signal

We can see that the stress may fall on either the first or the second syllable. Since stress placement rules usually apply to the final syllable first, compare the underlined rhyme sections of the stressed second syllables with the rhymes of the unstressed counterparts. We notice that the final syllable is stressed when it contains _____ , ______ , or ______ in its rhyme section. That is, the final syllable is stressed when its rhyme is "heavy" in a sense.

확인 문제 | 20

Read the passage and follow the directions.

<A>

Consider the following English words.

A	B	C
design	museum	polygamy
balloon	aroma	precipice
cocaine	fluid	elephant
domain	stupid	leviathan

The English words in column A have stress on their last vowel, and the words in column B have stress on second vowel from the last, and the words in column C have stress on third vowel from the last.

<B>

Statements

a. All the nuclei in the last syllable of the words in column C are not tense vowels or diphthongs.
b. When the last vowel of the words is tense vowel or diphthong, the last syllable of the words is stressed.
c. When the last vowel of the words is short or lax vowel, the last syllable of the words is not stressed.
d. When the last vowel of the words is short or lax vowel, the second vowel from the last of the words is stressed.
e. All the nuclei in the second syllable from the last of the words in column B are tense vowels or diphthongs.

Based on <A>, choose in <B> the incorrect statement.

① a ② b ③ c ④ d ⑤ e

2010 33번

기출문제 2.5점

Read <A> and <B> and follow the directions.

<A>

In English, some stress-shifting suffixes trigger a shift of stress in the base to which they are attached. In words with those suffixes, the assignment of stress depends on the syllabic internal structure of the base, as shown below:

(1) The primary stress falls on the syllable that is immediately before the suffix if that syllable is heavy (e.g. súbstance - substántial).

(2) If the syllable immediately before the suffix is light, the primary stress falls on the syllable immediately preceding that light syllable (e.g. admíre - ádmirable).

Note : A heavy syllable is defined as a syllable with a tense vowel, a diphthong, or a lax vowel followed by at least one coda segment. A light syllable, on the other hand, is an open syllable with one lax vowel, having no coda except when the vowel is / ə /.

<B>

The suffixes are given in parentheses.

a. homonym - homonymy (-y)
b. context - contextual (-ual)
c. navigate - navigation (-ion)
d. compete - competency (-ency)
e. insect - insecticide (-icide)
f. advantage - advantageous (-eous)

Which of the following is the correct grouping for the data in <B> based on the rules of (1) and (2)?

	(1)	(2)
①	a, c, d	b, e, f
②	a, d, e	b, c, f
③	b, c	a, d, e, f
④	b, c, f	a, d, e
⑤	b, c, e, f	a, d

2003 전국 15번
기출문제

다음 대화 **(1)**과 **(2)**의 **'English teacher'**는 의미가 다르다. 그 이유를 영어 강세와 연관지어 우리말로 쓰시오.

(1) A: Do you like the English teacher?
B: Yes, I do. He's French, but he teaches English so well.
(2) A: Do you like the English teacher?
B: Yes, I do. He's a typical Englishman. But interestingly, he teaches Spanish, not English.

____

____

____

____

확인문제 21

Read the passage and follow the directions.

The following diagram describes the structure of stress in the word "gold fish bowl"

s w → rule for stress in compounds
s w → rule for stress in compounds
gold fish bowl
(s = strong, w = weak)

As you see this structure, 'fish bowl' has a rule for stress in compounds because 'fish bowl' is an compound, and 'gold fish bowl' has a rule for stress in an compound. As a result, 'gold' has the strongest(primary) stress, and 'bowl' has secondary stress.

Choose the example that reflects the same stress placement(pattern) as that of the above example

① big hot-dog ② office filing cabinet ③ evening computer class
④ green house effect ⑤ government working party

확인 문제 22

Read the following and answer the question.

<A>

John : You got a new bag.
Mary : Yeah, I got it at the mall.
John : Which mall?
Mary : The one downtown.
John : Which store?
Mary : I got it at Peter's.
John : Was it expensive?
Mary : It was on sale.
John : Was it more than thirty dollars?
Mary : It was only twenty!

<B>

a. The underlined 'new' has the sentential stress.
b. The underlined 'mall' has the sentential stress.
c. The underlined 'one' has the sentential stress.
d. The underlined 'downtown' has the sentential stress.
e. The underlined 'more than' has the sentential stress.
f. The underlined 'only' has the sentential stress.

Which statement(s) in <B> correctly describe(s) the prosodic phenomena that occur in <A>?

① a, e ② b, d ③ c, f ④ b, f ⑤ e, f

확인 문제 | 23

Read the following and answer the question.

<A>

In most cases the sentence stress falls on the word that has the more important information and greater value of information than any other word in a sentence. For example, the sentence stress falls on the last content word in a sentence and new information. However, the sentence stress can be moved, even though it may fall on function words or old information, when a particular context is involved: for example, speaker's intention, weight of the words in the sentence, and the word focused on, denied or corrected.

<B>

Bob: "Will you please bring it here?"
Mary: ⓐ"John will bring it to you."
Bob: ⓑ"I want you to bring it to me."
Mary: "I am engaged now, but he is not busy."
Bob: "Yes, ⓒ he is busy. What are you doing now?"
Mary: "I am putting my coat away."
Bob: ⓓ"What coat are you putting away?"
Mary: ⓔ"I am putting my black coat away."

Consider the underlined part in <A> and the dialogue <B>, and choose the inappropriate statement of the followings.

① In ⓐ, 'John' receives the sentence stress
② In ⓑ, 'you' receives the sentence stress
③ In ⓒ, 'busy' receives the sentence stress
④ In ⓓ, 'What' receives the sentence stress
⑤ In ⓔ, 'black' receives the sentence stress

NOTE

1. Supra-segmentals

Many pronunciation teachers would claim that a learner's command of segmental features is less crucial to communicative competence than a command of suprasegmental features, since the suprasegmentals carry more of the overall meaning than do the segmentals. To better understand this point of view, imagine a native speaker of English engaged in conversation with an adult learner. The learner is discussing an incident in which her child had choked on something and could not breathe, "He swallowed a pill," she says. "What kind of peel?" asks the native speaker. "An aspirin," says the woman. "Oh, a pill! I thought you said peel," responds the native speaker. Such incidents in native-nonnative speaker conversation involving mispronunciation of a segmental sound usually lead to minor repairable misunderstandings. With suprasegmentals and connected speech, however, the misunderstanding is apt to be of a more serious nature. Learners who use incorrect rhythm patterns or sho do not connect words together are, at best, frustrating to a native-speaking listener; more seriously, if these learners use improper intonation contours, they can be perceived as abrupt, or even rude; and if the stress and rhythm patterns are too non-nativelike, the speakers who produce them may not be understood at all.

2. Stress

Stress can be classified into 3 types: word stress, phrase stress, sentence stress.

(1) Word stress

For the rules of stress placement of a word in English, what we need is information such as the grammatical category of the word, and the number of syllables the word has, and the syllable structure the word has. In other word, the stress rules depend on this information, especially the weight of the syllable: a syllable is regarded as 'heavy'

if it has a rhyme that consists of long(or tense) vowel, diphthong, or a vowel followed by one or more consonants, while a syllable is regarded as light if it has a rhyme that consists of a short(lax) vowel with no coda except when the vowel is / ə /. The word stress tend to fall on the heavy(strong) syllable. For example, the verbs exclude, attract, annoy, divide, and contain have the stress on the final syllables because they have the strong syllables in the final syllables while the verbs ballot, enter, feature, portion, and signal have the stress on the first syllables because they have the weak syllables in the final syllables.

(2) Phrase stress

Only one of the vowels in a phrase receives primary stress or accent. All the other stressed vowels are reduced to secondary stress. In English, primary stress is placed on an adjective followed by a noun when the two words 'adjective+noun' are a compound noun like 'hotdog' meaning food, but it is placed on the noun when the two words are a noun phrase like 'hot dog' meaning overheated dog.

※ Compound stress

The expression 'black board eraser' can be grouped in three ways depending on syntactic, semantic, and phonetic information. The three groupings create three meanings and stress patterns of the expression. First, if the expression is grouped as the syntactic combination in which the compound noun 'blackboard' combines with the noun 'eraser' and 'blackboard eraser' forms a compound noun, we get the first meaning that is 'eraser for a blackboard'. In this case, primary stress falls on 'black' and secondary on 'eraser' because the primary stress of a compound falls on the first word. Second, if the compound noun 'board eraser' combines with the adjective 'black' and 'black board eraser' forms a noun phrase, we get the second meaning that is 'board eraser which is black'. In this case, primary stress falls on 'board' and secondary on 'black' because the primary stress of a compound falls on the first word and that of a noun phrase falls on the second word. Finally, if the noun phrase 'black board' combines with the noun 'eraser' and 'black board eraser' forms a compound noun, we get the third meaning that is 'eraser of(for) a board which is black'. In this case, primary stress falls on 'board' and secondary on 'eraser'.

(3) Sentence stress

English words can be divided into two types: content word and function word. Content words, which have meaning in themselves, include nouns, verbs, adjectives, adverb, etc., while function words, which have little or no meaning other than the grammatical function, include pronouns, articles, prepositions, auxiliaries, conjunctions, etc. One content word in a sentence receives greater stress than all the others. We refer to this as the sentence stress. In most cases the sentence stress falls on the word that has the more important information and greater value of information than any other word in a sentence. For example, the sentence stress falls on the last content word and new information in a sentence because the last content word and new information usually has the most important information. However, the sentence stress can be moved, even though it may fall on function words or old information, when a particular context is involved: for example, speaker's intention, weight of the words in the sentence, and the word focused on, denied or corrected.

> ※ **Stress-timed language**
> English is a stress-timed language, so in English stressed syllables tend to occur at regular intervals. The amount of time it takes to say a sentence in English depends on the number of syllables that receive stress, not on the total number of syllables. For example, The amount of time it takes to say two sentence "Boys eat milk" and "The boys will have eaten the milk" may be almost the same.

2 Intonation

억양(intonation)이란 소리의 높낮이(pitch)가 변하는 것을 말한다. 즉 문장의 특정부분의 소리를 올리고 내림으로써 발음하는 것을 말한다. 영어발음에서 억양이 중요한 역할을 하는 이유는 억양이 달라지면 의미가 달라질 수 있는데서 기인한다. 대개 강세는 하나하나의 음절에 적용되는 반면, 억양은 문장 전체에 적용된다. 다음 억양이 다른, 즉 the highest pitch(아래 a와 b에서 밑줄 친 부분)가 다른 두 문장이 의미가 어떻게 다른지 살펴보자.

a. John left directions for Jane to <u>follow.</u> → follow의 첫 번째 음절에 pitch가 올라갔다가 두 번째 음절에서 하강하는 억양을 가지는 경우 : This sentence would be pronounced with a rise in pitch on the first syllable of 'follow', followed by a fall in pitch.
b. John left <u>directions</u> for Jane to follow. → direction의 두 번째 음절에서 pitch가 올라갔다가 세 번째 음절에서 하강하는 억양을 가지는 경우 : The highest pitch in this sentence comes on the second syllable of 'direction'

⇒ a. 'John wanted Jane to follow him (John intended for Jane merely to follow him)'(그를 따르라는 지시사항을 남겼다)를 의미한다.
b. 'John left a set of directions he wanted Jane to use (John intended for Jane to read and follow directions)'(제인이 따라야 하는 지시사항을 남겼다)를 의미한다.

〈다음 기출문제들을 통해 억양에 대해 알아보자〉

2012년 36번
기출문제

Read the passage and answer the question.

In English, a sequence of pitch levels can indicate the intonation pattern of an intonational phrase. In the following data, the numbers in parentheses at the end of each intonational phrase correspond to the pitch level as follows: 1 indicates a low pitch, 2 a normal pitch, and 3 a high pitch. Thus, the 2-3-1 pattern is what is known as rising-falling intonation, and 2-3 represents rising intonation. This kind of pitch change takes place around the tonic syllable depending on factors such as the pattern of a sentence and the intention of the speaker. Importantly, sentences that are ambiguous in writing may be unambiguous when spoken with different intonation patterns as in the following examples:

(a) A: Do you know him?
B: Do I KNOW him? (2-3-2) He's my BROther. (2-3-1)

(b) A: Let's go back to the classroom.
B: It's time for class to START? (2-3)

(c) A: Let's go somewhere this summer!
B: Where do you want to GO? (2-3-1)
Do you want to go to LONdon, (2-3) or PAris (2-3)?

(d) A: We might need to go that way to escape from this hazard.
B: Are you CERtain? (2-3-2)

(e) A: What time is it now?
B: What TIME is it now? (2-3)

(CAPITAL letters indicate tonic syllables. Intonation is marked only for B's utterances.)

Given that each dialog is produced in a common and neutral context in North American English, which of the following is the most plausible?

① In dialog (a), B is asking A to repeat what A said.

② In dialog (b), B states that the class will resume very soon.

③ In dialog (c), B wants A to choose between London and Paris to visit.

④ In dialog (d), B does not think that A is certain at all.

⑤ In dialog (e), B is asking A the correct time.

2008 서울/인천 6번
기출문제

Read the passage and follow the directions.

Intonation in questions functions to differentiate normal information from contrastive or expressive intentions. In other words, intonation performs an important conversation management function, with the speaker being able to subtly signal to the interlocutor to respond in a particular fashion, or to pay particular attention to a piece of highlighted information.

There are two syntactic options for making yes/no questions. The first option, which is general or unmarked, involves the inversion of the subject and the auxiliary verb, as in (1).

(1) Did Tom cook DINner?

This unmarked option is accompanied by rising intonation. In this pattern, the speaker is asking about the truth of what he or she is saying.

The second option, which is less general or marked, takes the form of a statement with no subject-auxiliary inversion, as in (2).

(2) Tom cook DINner?

In this marked pattern with rising intonation, the speaker is either asking the interlocutor to repeat or is making an assumption and wants the interlocutor to confirm it (i.e., the speaker has good reason to expect a yes answer).

Another prosodic pattern for the uninverted question has emphatic stress, high pitch, and exaggerated intonation on one or two of the constituents that lend themselves to focus, as in (3).

(3) Tom cook DINner?

In this pattern, the speaker is reacting with surprise or disbelief to certain information just received.

For learners of English, it does not make sense to practice the unmarked and marked versions of *Tom cooked dinner* in isolation and out of context. Learners must understand early on that one version is appropriate in one context, whereas the other is appropriate in another context.

아래 대화의 빈칸 ①에 들어갈 **Kelly**의 발화를 위 글 **(1)~(3)**에서 찾아 번호를 쓰고, 대화의 내용에 근거하여 그 이유를 **50**자 내외의 우리말로 쓰시오.

(Kelly is a friend of Lisa's family.)
Lisa: The guys kept doing nice things for me because it was Mother's Day. Bob washed the car, Joe ironed the shirts, and Tom cooked dinner.
Kelly: (① ______________________________)
Lisa: It was quite amazing to me, too. He's never even boiled an egg before.

Answers : ① (   )

NOTE

<Intonation>

1. In English the rise and fall of pitch may contrast meanings of sentences. The rise and fall of pitch, or pitch change, is called *intonation*. These pitch changes in clauses or sentences play an important role in conveying meaning. Different pitch patterns can signal very different meanings for(despite) the same sentence.
2. 영어발음에서 억양(intonation)이 중요한 역할을 하는 이유는 억양이 달라지면 의미가 달라질 수 있는 데서 기인한다. 의문문의 억양(yes-no question Vs. wh-question) 그리고 부가의문문의 억양에 주의하자.

   The followings are the examples of 'intonations' in sentences and their descriptions

<A> List of Sentence pairs (examples of 'intonation')

(1) a. What did you put in the box, John? (Here the pitch rises on 'John'.)
    b. What did you put in the box, John? (Here the pitch rises and falls on 'John'.)
(2) a. John is smart, isn't he? (Here the pitch rises and falls on 'isn't he'.)
    b. John is smart, isn't he? (Here the pitch rises on 'isn't he'.)
(3) a. John likes Mary. (Here the pitch rises and falls on 'Mary'.)
    b. John likes Mary. (Here the pitch rises on 'Mary'.)

<B> Descriptions(Explanations)

A. (1-a) is the question of which meaning is "asking whether you put John in the box".
B. (1-b) is the question of which meaning is "asking what you put in the box".
C. (2-a) is the tag question of which meaning is "confirm the fact that John is smart" or "asking for agreeing to the fact".
D. (2-b) is the tag question of which meaning is "asking whether John is smart".
E. (3-a) is the statement of which meaning is "stating that John like Mary".
F. (3-b) is the question of which meaning is "asking whether John like Mary".

3 Pause(Juncture) & Linking

[1] 문장이라는 음의 연속체 속에서 한 음에서 다른 한 음으로 옮겨가는 것, 즉 문장 속의 단어 사이에서 숨을 쉬면서 잠시 휴지(pause)하여 말하는 것을 연접(juncture)이라고 한다. Pause(Juncture)은 말의 단절을 표시해주는 역할을 하는 것으로, 휴지(연접) 방식에 따라 의미가 다르게 되어 혼동을 초래할 수 있으므로 주의해야 한다. 예를 들어 'a name'과 'an aim'을 pause없이 발음하면(발음기호로 표기하면) [əneɪm]이 되어 둘의 차이가 없게 된다. 그러나 실제로는 'a name'은 a[ə]와 name[neɪm] 사이에 휴지가 있고 'an aim'은 an[ən]과 aim[eɪm] 사이에 휴지가 있기 때문에 둘의 차이가 있다고 볼 수 있다.

e.g. a. ice + ceam Vs I + scream
b. a nice man Vs an ice man
c. That'<u>s tough</u> Vs That<u> stuff</u>

⇒ c에서 전자의 밑줄 부분은 [s+tʌf]로 발음되면서(+는 juncture표시이다) [s]가 뚜렷하게 발음되지 않는다.([t] = aspirated). 반면에 후자의 밑줄 부분은 [stʌf]로 발음되면서 [s]가 뚜렷하게 발음된다.([t] = unaspirated).

또한 휴지는 문장의 끊어서 읽기(chunking)와 밀접한 관련이 있는데 휴지가 문법적 구조를 반영해주므로 문법적 범주(단위)를 끊어서 묶을 때 휴지가 개입된다고 보면 된다. 주의해서 보아야만 하는 휴지의 위치는 다음과 같다.

(a) 주어 부분이 길 때 그 주부 뒤에 휴지가 발생되는 현상

The teacher who lives near my house / likes going to the school.

(b) 목적어가 길 때 그 목적어 앞에 휴지가 발생되는 현상
(동사와 목적어간의 인접성에 위배되는 현상처럼 보인다)

Choose in the passage / the correct form that reflects the underlined part.

(c) 생략된 어구의 위치에 휴지가 발생되는 현상

To know is one thing; To act / anther.(/는 is의 생략)

확인문제 24

Read the following and answer the question.

The most obvious junctural feature is silence, but in connected speech this feature that is regarded as 'juncture' or 'pause' is not as common as the use of various modifications to the beginnings and endings of grammatical units. These pauses and junctures are related to 'sentence chunking'. Sentence chunking consists of dividing a sentence in syntactically correlated parts of words. The following is the sentence that we are trying to chunk.

Trifles light as air are to the jealous proofs as strong as holy writ.

Where do we have to place the 'pause' mark "/" if the italicized sentence is to be divided into three part?

① before 'light' and 'to'

② before 'as air' and 'as strong'

③ before 'are' and 'to'

④ before 'are' and 'as strong'

⑤ before 'to' and 'proofs'

[2] 끊어서 발음하는 휴지와 달리 특정한 경우에 단어들 사이의 음들(앞단어의 종성과 뒷단어의 초성)을 연결시켜서 발음하는 경우를 연음(linking)이라고 한다. 다음 문제를 통해 확인해보자.

확인 문제 | 25

The following passage is the description with which 'linking' can be taught in the classroom. Read the passage and follow the directions.

> When the first word of two words ends in a single consonant and precedes the second(next) word beginning with a vowel, the (final) consonant sounds like the initial consonant of the second word. However, when the first word of two words ends in a consonant cluster and precedes the second(next) word beginning with a vowel, the final consonant of the consonant cluster is often pronounced as part of the second(next) word. In addition to this, when the last sound of the first word of two words is the same as the first sound of the second(next) word of them, both the sounds sound like one single sound, that is, the sound lengthening the same sound.

Choose the example that <u>doesn't</u> reflect the above passage.

① picked up ② open knowledge ③ pick up
④ monarch choir ⑤ corps sword

UNIT 05

Syllabic structure & Phonotactics

[1] Syllabic structure

공명도(sonority)가 높은 음(주로 모음)이 있어야 음절을 이룰 수 있는데 이 공명도가 가장 높은 음은 음절내의 정점(peak) 혹은 핵(nucleus)이 된다. 즉, 하나의 음절의 핵이 하나의 음절을 형성시키는데 결정적이고 필수적인 요소이다. 하나의 음절 구조(syllable structure) 속에는 하나의 핵이 반드시 존재한다. 음절의 핵(nucleus)과 종성(coda)이 먼저 결합되어 운(rhyme)을 이루고, 그 다음에 초성(onset)과 결합되는데 이것이 음절의 구조다. 초성(첫소리)이나 종성(말음)에는 자음이 오는데 핵처럼 필수적인 요소가 아니라 선택할 수 있는 수의적인(optional) 요소라서 초성과 종성은 없어도 음절을 형성할 수 있다.

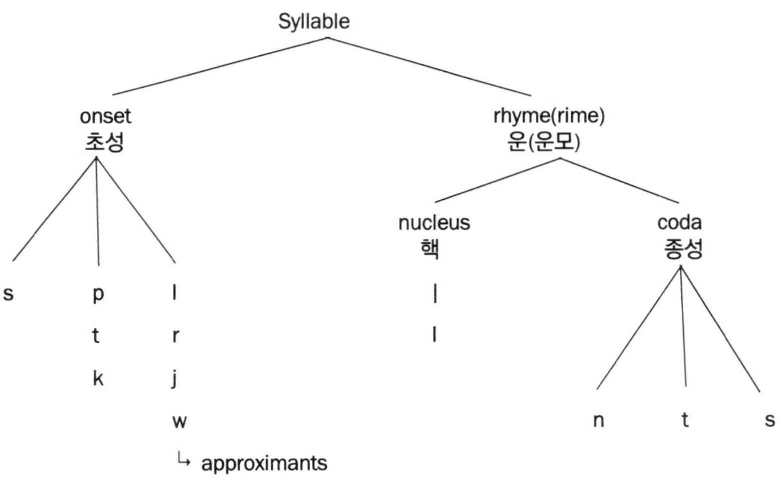

※ Open syllable & Closed syllable

종성에 자음이 오면(종성자음이 있으면) 폐쇄음절(closed syllable)이라고 하고 자음이 오지 않으면 개방음절(open syllable)이라고 한다.

e.g. a. closed syllable : top, pot, laugh

b. open syllable : see, sow, bough

※ Heavy(Strong) syllable & Light(Weak) syllable도 중요한 개념이다.

앞에 이미 문제로 제시된 2007년 기출문제 서울 17번, 2012년 기출문제 33번을 통해 확인하자

〈2012년 기출문제 36번을 통해 '음절과 공명도(sonority)' 이론에 대해 알아보자〉

2013년 29번
기출문제

Read <A> and <B> and answer the question.

<A>

Although nearly everybody can identify individual syllables, it is difficult to define what is meant by a syllable. One possible theory of the syllable draws on the concept of sonority. The sonority of a sound is its loudness relative to that of other sounds with the same length, stress, and pitch. It is generally agreed that the sonority hierarchy is as follows:

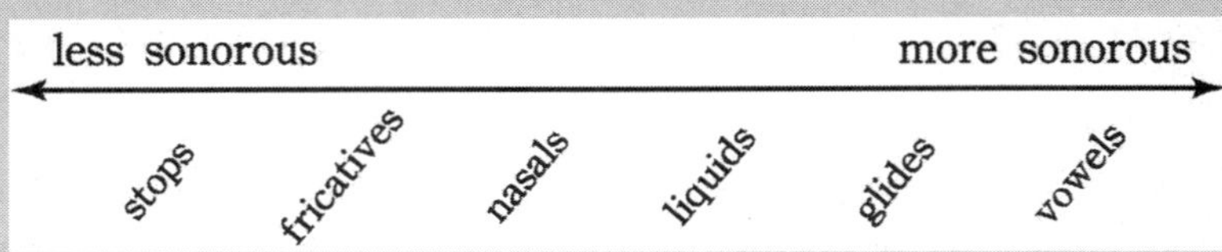

The sonority theory of the syllable holds that a peak of sonority defines a syllable. That is, according to the theory, the peak of a syllable coincides with the peak of sonority. For example, in a sequence of sounds, [sænd], the vowel is more sonorous than [s] and [n], and [n] is more sonorous than [d]. This sequence of sounds forms one sonority peak on the vowel. Therefore, the theory correctly predicts that this word has one syllable.

<B>

a. bright　　b. speed　　c. dance　　d. sweet

Which of the following lists all and only the examples in <B> that support the theory described in <A>?

① a, b, c　② a, c, d　③ b, c, d　④ b, d　⑤ c, d

[2] Constraints on syllabic structure

하나의 음절구조를 형성하기 위해서는 다음과 같은 특정한 조건(제약)들을 음절구조제약(constraints on syllabic structure)이라고 하며, 음절을 구성할 때는 지켜야 하는 조건이다.

(1) '최소한의 초성 보장'(minimal onset satisfaction) 조건

모음과 모음 사이에 자음이 있는 경우, 음절 경계를 그 자음 앞에 두어 그 자음이 뒷 음절의 초성이 되게 한다는 것이다. 이것은 보통 음절구조가 CV 구조 혹은 CVC 구조를 선호하기 때문이다.

e.g. traffic[træfɪk]에서 [træ·fɪk]로 나누어야지 [træf·ɪk](ɪk은 VC 구조)는 옳지 않다.

(2) '초성 최대화'(onset maximization) 조건

모음 사이에 자음이 둘 이상 있는 경우, 가능한 한 많은 자음을 다른 원리(제약)를 어기지 않는 한 가능한 많은 자음을 뒷 음절의 초성이 되게 한다.

e.g. 'apply'[əplai]에서 [ə·plai]로 나누어야지 [əp·lai]나 [əpl·ai]는 옳지 않다.

※ 양음절성(ambisyllabic)

강세가 있는 음절과 강세가 없는 음절 사이에 뒷 음절의 초성에 연결된 [−syllabic]인 음이 있을 때, 그 분절음을 앞 음절의 종성으로 연결하여 발음할 수 있는데 아래 그림에선 /m/에 연결된 점선이 양음절성을 나타낸다.

e.g. hammer

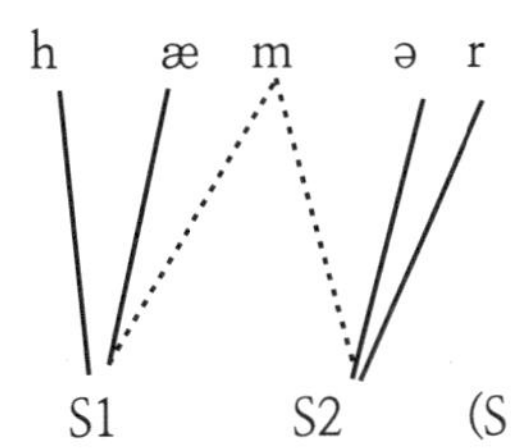

(S = Syllable)

⇒ [m]은 앞 음절의 종성이면서 뒤 음절의 초성으로 사용되어 '양음절성'을 나타낸다.

(3) 분절음의 수 제한과 초성/종성제약

하나의 음절은 # (C) (C) (C) V (C) (C) (C) (C) #구조를 가질 수 있다.
(a. = 앞의 (C) (C) (C), b. = 뒤의 (C) (C) (C) (C))

a. 초성제약(onset restriction) : 초성엔 3개의 자음까지만 허용

⇒ 영어에서는 초성에 3개의 자음까지 허용하는데 그 첫음은 /s/ 그 다음은 /p, t, k/ 마지막은 /l, r, j, w/(approximant)가 배열되어야 한다.

e.g. splints, spread, stray, scream, stew, scutum, square

b. 종성제약(coda restriction) : 종성엔 4개까지만 허용 e.g. texts, sixths

2 Phonotactics(음소배열제약)

음소배열제약이란 음운의 연속에 대한 제약으로서 'phonotactics'(sequential constraints of phonemes)라고 하며, 특정 음소들의 배열을 체계화 하여 조절하는 것을 가리킨다. 어떤 음소 다음엔 어떤 음소가 배열되는 것이 적합한지 혹은 적합하지 않은지(어떤 음소와 어떤 음소의 결합이 무난한지)에 관한 규칙(제약)이라고 할 수 있다.

e.g. ⓐ 대개 stop sound다음에 같은 stop sound가 오는 것이 허용되지 않는다. - * /pt/, * /tp/.
ⓑ 단어가 유음으로 시작되면 그 유음의 다음 소리는 모음이 와야 한다. 자음이 오면 안 된다. - * /lp/, * /lf/.

※ Lexical gap(accidental gap) vs. Systematic Gap

blick, creck의 예와 같은 예들이 'Lexical gap'(accidental gap)에 해당한다. 구조적으로는 가능한 음운(음소)의 연쇄지만 형태이지만, 사전(어휘부)에 등재되지 않은 즉 실존어휘가 아닌 경우를 가리킨다. → 미래에 생성이 가능한 'possible word'이다.

bnick의 예와 같이 'Systematic Gap'이란 음운연속제약을 충족시키지 못하며 사전(어휘부)에 등재되지 못하는 단어구조로서 실제로도 존재할 수 없는 단어이다.

2009 31번
기출문제

Read <A> and <B> and follow the directions.

<A>

Consider the following data in (1) and (2), which show certain restrictions on the sound combinations of English monosyllabic words:

(1) tip, lick, live, mess, limp, lint, sink, mend, mind, pie, wife, bike, sign, sea, leap, wreathe, league
(2) *[tɪ], *[lɪ], *[mɛ], *[lɪmk], *[mɛnb], *[maɪng], *[mɛmb], *[mɛŋg], *[maɪmb], *[maɪŋg]

The data in (1) are all legitimate English words, whereas those in (2) are not, as indicated by an asterisk '*'.

<B>

a. A lax vowel (i.e. a short vowel) must be followed by at least one consonant.
b. When a consonant follows a tense vowel (i.e. a long vowel or diphthong), it must be a stop consonant.
c. When a sequence of a nasal and a stop follows a vowel, the two consonants are homorganic (i.e. having the same place of articulation).
d. When a sequence of a nasal and a voiced stop follows a vowel, the two sounds must be alveolar consonants.
e. When a sequence of a nasal and a stop follows a vowel, the two consonants all agree in voicing.

Choose all the correct statements about the data in <A> from the list in <B>.

① a, b, d ② a, c, d ③ a, c, e
④ b, c, d ⑤ b, c, e

NOTE

1. Syllable structure
Words are composed of one or more syllables. A syllable is a phonological unit composed of one or more phonemes. Every syllable has a nucleus or syllable core. The *nucleus* may be preceded by one or more phonemes called *onset* and followed by one or more phoneme called coda. The nucleus+coda constitute the subsyllabic unit called *rhyme*. In short, syllables consist of an onset and a rhyme that consists of one nucleus and a coda.

2. Phonotactics is the set of constraints on how sequences of segments pattern, that is, the restrictions on the sound combinations of words.

3. Restrictions on syllable structure and the sound combinations of English words:
A string of segments will be accepted as a permissible English syllable only if it is initiated with three or fewer non-vowels. The words *spring, strike, scramble, split, spew, skewer,* and *squeeze* illustrate the possibilities for word-initial three consonant clusters. In the examples, we recognize that English is limited to the combinations /spr/, /str/, /skr/, /spl/, /spy/, /sky/, /skw/. These kinds of restrictions are typically referred to as sequential morpheme structure conditions or onset restrictions. The following, (a)~(e), are sequential morpheme structure conditions on word-initial clusters of three consonants.

(a) The second segment must be a voiceless stop.
(b) The third segment must be either a liquid or glide.
(c) If the second segment is voiceless bilabial stop, then only liquids or palatal glide may occur.
(d) If the second segment is voiceless alveolar stop, then only palatal liquid may occur.
(e) If the second segment is voiceless velar stop, then only glides or palatal liquid may occur.

4. Possible words(Lexical gap)

The words crake is not known to all speakers of English, but it is an actual word. On the other hand, *creck* is not an actual word, although it is a possible word. A possible word contains phonemes in sequences that obey the phonotactic constraints of the language. Likewise, consider the following words that consist of transitive verbs and suffix *-ation*. Accusation is an actual word, but *refusation* is a possible word, not an actual word. This possible word is sometimes called accidental gaps in the lexicon, or lexical gaps.

Chapter 3

Morphology

의미의 최소단위는 단어(word)가 아니라 형태소(morpheme)이다. 단어는 의미를 전달하는 더 이상 하위단위로 쪼갤 수 없는 가장 작은 단위인 형태소로 이루어져 있고 이렇게 단어를 형성하는 형태소들이 어떻게 구성(결합)되는가를 결정하는 규칙으로는 형태규칙(morphological rules)이 있다. 이처럼 단어 구조와 단어들이 생성되는 방법을 연구하는 분야가 형태론이다. 예를 들어 'discover'라는 단어는 최소의 의미단위가 아니라 이 단어를 이루고 있는 두 형태소 'dis'와 'cover'가 각각 최소의 의미단위가 된다. 만약에 cover를 'co'와 'ver'로 쪼갠다면 아무 의미가 없는 소리(음소들의 덩어리)로 쪼갠 것에 불과하다.

Knowledge of word

우리가 '단어의 속성과 의미를 정의해보세요'라는 질문을 받으면 명확하게 답변하기 쉽지 않다. 그렇다면 우리(영어 모국어 화자)가 단어에 대해 알고 있는 정보는 무엇인가?

① 단어의 발음, 철자, 의미, 품사에 대한 정보를 안다.

이런 정보는 어휘목록(Lexicon)에 등록되어(registered) 있다. 그러나 단어의 발음, 철자, 의미, 품사에 대한 모국어화자의 지식은 타고난 지식이라기보다 일정부분 습득에 의해 얻어진다.

② 한 단어를 구성하는 **개별 형태소**(discrete morphemes)를 알고 그것들의 **결합규칙**(morphological rules: word formation rules: rules for combining morphemes)을 안다.

e.g.

a. 모국어화자는 'thecatsatonthemat'의 음의 연속체를 (의미기준으로) 분절할 수 있다.
⇒ the/cat/sat/on/the/mat

b. 모국어화자는 'boyishness'라는 단어를 구성하는 개별 형태소들을 알며(단어에서 형태소들을 추출해내며) 거꾸로 그 형태소들이 어떻게 결합되는지도 안다.
⇒ boy+ish+ness: 먼저 명사 'boy'에 형용사파생접사 '-ish'가 붙은 후 이렇게 결합된 말인 형용사 'boyish'에 명사파생접사 '-ness'가 붙어서 최종결과물인 명사 'boyishness'가 얻어진다.

c. 인간언어의 기본속성인 분절성(discreteness) 및 결합성(결합규칙)과 연관된 것으로 전에 없었던 단어들이 생성되고 이해될 수 있다. 이것을 언어의 창조성이라고 한다.

e.g. un-rewrit(e)-able CD, recyclable,

d. morpheme, morphological rules에 대한 지식을 간접적으로 확인하는 방법으로, 단어의 뜻을 유추한다고 생각하면 된다. 단어의 뜻을 무작위로(근거 없이) 유추하는 것이 아니라, 우리가 가지고 있는 morphological rules(단어형성규칙 혹은 형태소분석규칙)을 가지고 의미를 유추한다. 형태론적 지식을 잘못 사용한 예는 다음과 같다.

deciduous (낙엽성의/ 일시적인, 영속하지 않는) → able to make up one's mind
longevity (장수, 수명) → being very tall
fortuitous (우발적인, 우연의, 뜻밖의) → well protected
bibliography (서지학/ 저서목록) → holy geography
adamant (단단한 물질/ 견고한/ 의지가 굳센) → pertaining to original sin
homogeneous (같은 종류의) → devoted to hame life
indefatigable (지칠 줄 모르는) → not able to take the fat off

※ 어휘소(lexeme)
어떤 동일한 어휘항목(lexical item)들의 근간이 되는 추상적인 단어를 '어휘소'라고 한다. kick, kicks, kicking, kicked들은 동일한 어휘소인 'KICK'을 가지고 있다. kick, kicks, kicking, kicked들의 어휘소는 'KICK'이다. 우리는 indict(기소하다)라는 단어를 모르더라도 이 단어의 또 다른 유사한 형태들인 indicted, indicts, indicting이란 단어들이 존재할 것이라고 예상할 수 있고 이런 단어들이 같은 단어에 속해 있는 것들이란 것을 예상할 수 있다. 또한 우리가 'indicted'라는 단어를 사전에서 찾으려고 할 때 'indicted'를 찾아보기보다는 'indict'를 찾아 볼 것이다. 이런 경우는 우리가 형태소와 어휘소에 대한 지식이 있다는 것을 증명하는 것이라고 볼 수 있다.

UNIT 01

Morpheme & Types of morphemes

1 Morpheme & Allomorph

[1] 대개 형태소(morpheme)를 '의미를 가진 최소의 단위'(minimal meaningful unit)라고 정의하는데, 사실 형태소의 정의를 명확하게 내리는 데 있어서 몇 가지 문제점들이 있다. 다음은 형태소의 정의와 관련된 문제점들이다.

① 만약에 형태소를 정해진 형태(constant form)를 가지면서 그 정해진 형태에 해당하고 고유의 의미(constant & unique meaning)를 가진 것으로 정의를 내린다면 '-er'이라는 동일한 형태를 가진 teacher와 taller의 차이와 복수형인 girls와 women의 차이를 밝히기 어려울 것이다. 또한 뒤에서 언급하겠지만 유일형태소(unique morpheme)라는 것도 그런 형태소의 정의에 들어맞지 않는 문제가 있다.

⇒ 철자('-er')가 동일하다고 해서 형태소가 동일한 것은 아니므로 '-er 1'(동사에 붙어 대개 사람을 나타내는 명사파생접사)과 '-er 2'(형용사에 붙여 비교급을 나타내는 굴절접사)가 서로 다른 모습으로 존재한다고 보면 좋을 듯하다. 그리고 'girls'가 {girl} + {plural '-s'}의 결합체로 분석되듯이 'women'의 경우는 {woman} + {plural}로, 'sheep'의 경우는 {sheep} + {plural(zero morpheme)}으로 분류하면 좋을 듯하다. 여기서 zero morpheme은 형태가 없는 공형태소(영형태소){∅}이다.

② 말의 어원을 분석(etymological analysis)하는 방법과 현재 화자에게 심리적으로 실재하는 것을 분석('present-day mind' analysis)하는 방법 중에서 어떤 분석이 어형성규칙(word formation rules)에 더 적합한 형태소분석인지 결정하기 어렵다. 예를 들어 'Hamburger'의 형태소를 분석하면 {Hamburg} + {er}인지 아니면 {Ham} + {burger}(Cheeseburger, Chicken-burger)인지('present-day mind' analysis) 결정하기 어렵다.

※ 형태소/음절/음소의 구별

형태소는 음소와도 다르고 음절과도 다르다. 음소(e.g. /p/, /v/, /u/…)는 '독립적인 의미 없이 단어 간의 의미의 차이를 유발하는 최소의 소리단위'이지만, 형태소는 대개 '독립적인 의미를 갖는 언어의 최소의 단위'이므로 음소와 형태소는 다르며(예외적으로, 음소/s/는 복수를 나타내는 형태소이기도 하다) 'maps'에서 알 수 있듯이 형태소는 두 개({map} & {s})이지만 음절은 하나이므로 형태소와 음절은 다르다.

[2] 음소가 음운적 환경에 따른 이음(allophone)을 가지고 있듯이 형태소 역시 하나의 형태소가 형태음소적(morphophonemic) 환경(음운적 환경과 형태적 환경 모두 다 포함)에 따라서 이형태(allomorph)라 불리는 여러 개의 변이형을 갖고 있다. 이러한 이형태(allomorph)는 음운적인 환경에 따른 이형태(phonologically conditioned allomorph)와 형태에 따른 이형태(morphologically conditioned allomorph)로 구분된다.

(1) 음운적인 환경에 따른 이형태

음운적인 환경에 따른 이형태라는 것은 하나의 기저의 형태소(underlying morpheme) 혹은 형태음소(morphophoneme)가 음운적 환경에 따라 두 개 이상의 형태로 나타날 때의 서로 다른 형태들을 의미한다.

e.g.

① 명사의 복수형

복수형{z(−s)} →	(e)s[iz]	/ sibilants ___	(e.g. buses)
	s[s]	/ non−sibilant voiceless C ___	(e.g. maps)
	s[z]	/ non−sibilant voiced C ___	(e.g. dogs)

※ 소유격을 나타내는 굴절어미(possessive ending)

e.g. Ralph's mother / Steve's mother
[f] [s] [v] [z]

② 동사의 과거형

과거형{D(−ed)} →	[əd]	/ alveolar stop ___	(e.g. suggest)
	[d]	/ voiced non−alveolar ___	(e.g. tie, cover)
	[t]	/ voiceless non−alveolar ___	(e.g. stop)

③ '부정'의 접두사

{in−} →	in[in]	/ ___ vowels & alveolars	(e.g. inattentive, intolerable)
	im [im]	/ ___ bilabials	(e.g. impossible)
	in [iŋ]	/ ___ velars	(e.g. incomplete)

※ Degemination(겹자음회피 현상) → 2010년 기출문제 30번

Degemination: The two identical consonants are fused into one. (e.g. illegal, irregular)

(2) 형태적인 혹은 어휘적인 이형태

영어의 규칙명사의 복수형은 '-s' 혹은 '-es'이지만 불규칙 복수명사(e.g. men, teeth, mice, children)는 다른 형태를 가진다. 규칙동사의 과거형은 '-d' 혹은 '-ed'이지만 불규칙 과거형(e.g. went, brought, put, read)은 서로 다른 형태를 가진다. 이런 불규칙 복수형과 과거형의 경우를 단어의 형태적 혹은 어휘적 조건에 따라 복수형이 결정되는 이형태라고 한다.

① 불규칙 복수형

a. Ø (zero): fish(←fish), sheep(←sheep), deer(←deer)

b. vowel alteration: mice(←mouse), geese(←goose), teeth(←tooth)

c. {-(r)en}: children(←child), oxen(←ox)

d. foreign plurals {-a} : data(←datum), phenomena(←phenomenon)
{-i} : stimuli(←stimulus), alumni(←alumnus)

※ sheep(복수형)이나 put(과거시제)과 같이 눈에 보이는 형태소가 없어도 단수형과 동사의 원형과는 분명히 그 기능과 의미에서 차이가 있으므로 Ø(zero) morpheme (공형태소)를 설정할 필요가 있다.

② 불규칙 과거형

a. Ø (zero): put, cut

b. vowel alteration : sang(←sing), read[red](←read[riːd])

c. 완전 불규칙형 : went(←go), brought(←bring)

③ 불규칙 비교급

완전 불규칙형: better(←good), worse(←bad), more(←many), less(←little)

※ '형용사+{-er}' 혹은 '{more}+형용사'의 형태로 비교급을 나타내는 경우는 그 형용사의 음절의 수(단음절, 2음절, 3음절)와 형태(-ly, -y 등)에 따라 결정이 된 경우이다.

④ 부정관사

a. {a} : 자음(glide[y], [w]를 포함)으로 시작하는 단어의 앞에는 a가 출현
e.g. a map, a pot, a tiger

b. {an} : 모음으로 시작하는 단어의 앞에는 an이 출현
e.g. an apple, an egg

※ suppletion

명사의 복수형(+s) 혹은 동사의 과거형(+ed) 혹은 형용사의 비교형(+er)을 만드는 규칙(regular word formation rule)이 적용되지 않는 예들이 있다. 이런 예들은

suppletion(불규칙 어형성)을 통해서 어형성이 이루어진다. 명사의 불규칙 어형성의 예에는 man-men, foot-feet, mouse-mice 등이 있고 동사/형용사의 불규칙 어형성의 예로는 go-went-gone, take-took-taken, good-better-best 등이 있다.

2 Types of morphemes

형태소를 분류하는 기준은 다음과 같다.

ⓐ 자립성의 유무에 따라 자립형태소(free-)와 의존형태소(bound-)로 구분한다.
ⓑ 의미의 허실에 따라 어휘형태소(lexical-)와 문법형태소(grammatical-)로 구분한다.
ⓒ 기능에 따라 굴절형태소(inflectional-)와 파생형태소(derivational-)로 구분한다.
ⓓ 단어구성의 핵심이냐 주변이냐에 따라 어근형태소(root)와 접사형태소(affix)로 구분한다.

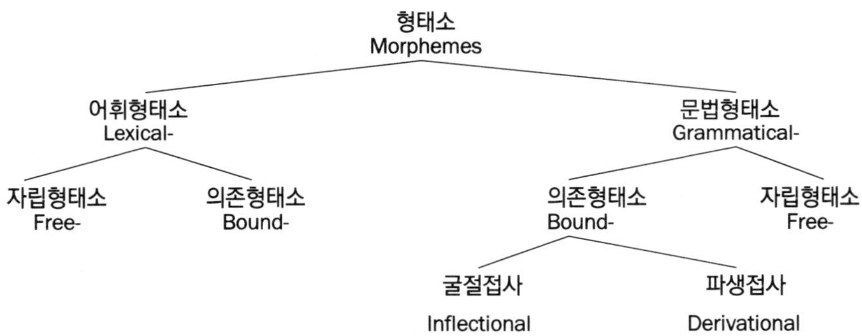

[Figure 1]

※ 유일형태소(unique morpheme)와 bound Root (⇒ lexical Bound morpheme)
형태소를 의미를 전달하는 데 있어서 더 이상 쪼갤 수 없는 가장 작은 단위라고 정의하면 'cranberry', 'huckleberry', 'lukewarm' 등과 같은 단어들에서 밑줄 친 부분은 이런 정의에 딱 들어맞지 않아서 문제가 된다. 'berry'와 'warm'이 각각 하나의 자립형태소이므로 각각 'cran-', 'huckle-', 'luke-'도 하나의 형태소가 되어야 하지만 이들은 의미가 없기 때문에 그런 정의에는 맞지 않는다. 그 이유는 의미가 없으면 형태소가 아니라고 앞에서 정의했기 때문이다. 이들은 'berry'와 'warm'같은 특수한 형태소와 결합될 때만 성립하는데 이들을 유일형태소(unique morpheme)라고 한다. 또한 대부분의 자립형태소는 어근(root)이 되지만 transmit, convert에서 밑줄 친 부분과 같이 '어근이면서 의존적인 형태소'가 있는데 그것을 bound root(lexical bound morpheme)라고 한다. 앞부분에서 언급한 유일형태소도 bound root이다.

[1] Free & Bound morpheme

(1) **자립형태소(free morpheme)**는 대개 단어로서 홀로 자립할 수 있는 형태소이며 어휘형태소(lexical morpheme : e.g. 명사, 동사, 형용사, 부사와 같은 내용어)과 문법형태소(grammatical

morpheme : e.g. 전치사, 한정사, 접속사와 같은 기능어)로 세분화된다. 대부분의 자립형태소는 어근(root)이 되지만 어근이면서 의존적인 형태소가 있는데 그것을 'bound root' 혹은 '유일형태소'라고 한다.

(2) **의존형태소(bound morpheme)**는 홀로 자립할 수 없는 형태소이며 의존적 어휘형태소('cran-', '-mit', '-vert', '-clude')와 의존적 문법형태소('-ish', '-ness', '-ly'와 같은 파생접사, 복수형 '-s', 과거형 '-ed', 비교급 '-er'과 같은 굴절접사)로 세분화된다.

[2] Lexical & Grammatical(Functional) morpheme

(1) **어휘형태소(lexical morpheme)**는 본래 자체적으로 의미가 있는 형태소이며 '어휘적 자립형태소'(e.g. 명사, 동사, 형용사, 부사와 같은 내용어)와 '어휘적 의존형태소'('cran-', '-mit', '-vert', '-clude')로 세분화된다. 내용어는 늘 새로운 어휘가 생길 수 있기 때문에 '개방어'(open class)라고 하고 바로 다음에 언급되는 문법적 자립형태소와 같은 기능어(function word)는 '폐쇄어'(closed class)라고 한다.

(2) **문법형태소(grammatical morpheme)**는 본래 자체적으로 의미가 없는 형태소로 대개 문법적 기능을 하는, 즉 단어들 사이의 문법적 관계를 표현해주는 형태소이며 문법적 자립형태소(e.g. 전치사, 한정사, 접속사와 같은 기능어 = 폐쇄어(closed class)와 문법적 의존형태소('-ish', '-ness', '-ly'와 같은 파생접사, 복수형 '-s', 과거형 '-ed', 비교급 '-er'과 같은 굴절접사)로 세분화된다.

[3] Derivational & Inflectional morpheme(affix)

문법의존형태소(grammatical bound morpheme)을 **접사(affix)**라고도 하며 파생접사(derivational affix)와 굴절접사(inflectional affix)로 나뉜다. 접사는 대개 어근(root)인 Lexical Morpheme의 앞에 붙든가 혹은 뒤에 붙는가의 여부에 따라 접두사(prefix)와 접미사(suffix)로 구분된다.

※ 단어(word)의 구성 그리고, 어근(root)와 어간(stem), 어기(base)

단어의 구성을 다음과 같이 나타낼 수 있다.

【단어 = (prefix) + root/base/stem + (suffix)】(단, suffix는 한 개 이상 붙을 수 있다)

대개 root는 모든 접사를 다 떼어내고 남은 순수한 부분으로 간주하고, base는 접사를 첨가시킬 때 그 바탕이 되는 부분으로 간주한다. 모든 root들은 base가 될 수 있으며 이 root 혹은 base에 굴절접사가 붙으면 그 root/base는 stem이 된다고 한다. cats와 workers라는 단어로 예를 들어보자. root인 cat이라는 단어에 굴절접사 '-s'가 붙는다면 그 cat은 root이면서 base이면서 stem이 된다. 그리고 root인 work라는 단어에 파생접사 '-er'이 붙어서 굴절접사 '-s'를 붙일 수 있게 되면 그 worker는 base이면서 stem이 된다.

(1) **파생형태소(derivational morpheme)**는 기존의 형태소에 첨가되어 대개 품사의 변화를 야기하며 새로운 단어를 파생시킨다. 예를 들어 동사인 'employ'에 affix(suffix)인 '-ment'가 붙은 'employment'는 명사가 되며 동사인 'teach'에 affix인 '-er'가 붙으면 명사인 'teacher'가 된다. 파생형태소는 굴절형태소에 비해 어근에 가까이 놓인다. 참고로 품사를 변화시키는 접미사를 외심구조(exocentric construction) 접사라고 하고 'boyhood (boy+hood)'의 'hood', 'friendship(friend+ship)'의 'ship'처럼 품사를 변화시키지 않는 접미사를 내심구조(endocentric construction) 접사라고 한다.

e.g. read(free morpheme) +able(suffix)
poss(bound morpheme) + ible(suffix)
re(prefix) + cieve(bound morpheme)
en(prefix) + large(free morpheme)
beautiful(free morpheme) + ly(suffix)

(2) 파생형태소 종류

① 다음은 파생접사가 어떤 품사의 파생을 가져오는지에 관한 예들이다. 예를 들어 명사의 파생을 가져오는 접사를 명사파생접사라고 한다.

a. 명사 파생접사: −er(teacher), −ee(employ), −ant(servant), −let(booklet), −ary(secretary), −ese(chinese), −ness(happiness), −hood(neighborhood), −ship(membership), −al(arrival), −ance(maintenance), −ency(frequency), −cy(accuracy), −ity(reality), −ure(closure), −ry(jewelry)

b. 형용사 파생접사: −en(drunken), −ful(beautiful), −ish(childish), −less(careless), −ary(necessary) −ent(confident), −ate(accurate), −ive(active), −some(handsome)

c. 부사 파생접사: −ly(beautifully), −wards(forwards), −wise(broadwise), −s(sometimes, besides)

d. 동사 파생접사: −en(harden), −ify(purify), −ate(accentuate)

② 다음은 특정 품사에 붙는 파생접사의 예들이다.

a. 명사에 붙는 파생접사

N+ate = Adj ; fortunate

N+esque = Adj ; picturesque

N+ful = Adj ; handful, delightful

N+hood = N ; boyhood, neighborhood

N+ish = Adj ; childish, selfish

N+less = Adj ; careless, jobless

N+like = Adj ; animal-like, childlike

N+ly = Adj ; womanly, costly

N+ster = N ; gangster, youngster

N+ship = N ; friendship, membership

N+y = N ; daddy, mommy, pussy

N+y = Adj ; wordy, silky, bossy

N or Adj +fy = V ; beautify, simplify, amplify

N or Adj +ize = V ; symbolize, modernize, formalize

N or Adj +ism = N ; idealism, impressionism

N or Adj +ist = N ; violinist, activist

b. 동사에 붙는 파생접사

V+able = Adj ; acceptable, respectable, believable

V+age = N ; coverage, wastage

V+al = N ; denial, arrival, refusal

V+ant = N ; inhabitant, contestant

V+ee = N ; employee, interviewee

V+er/or = N ; writer, thriller, adviser/advisor

V+ful = A ; forgetful, resentful

V+ing = N ; betting, opening

V+ment = N ; arrangement, puzzlement

V+(a)tion = N ; fixation, starvation, foundation

c. 형용사에 붙는 파생접사

Adj+en = V ; soften, quicken, fasten

Adj+ish = Adj ; poorish(my poorish friend), tallish(a tallish lady)

Adj+ity = N ; diversity, sensitivity

Adj+ly = Ad ; certainly, truly, wisely, calmly

Adj+ness = N ; happiness, usefulness

(3) 굴절형태소(Inflectional morpheme)가 첨가되면 품사가 변하는 것이 아니라 단지 수, 시제 등의 문법적인 정보만 변할 뿐이다. 새 단어를 만드는데 보다는 단어의 문법적 기능을 표시한다. 8가지의 굴절 접사가 있다.

Inflectional morpheme	Root	Example
{Plural}	Noun	teachers
{Possessive}	Noun	teacher's
{Comparative}	Adjective	taller
{Superlative}	Adjective	tallest
{Present}	Verb	wants
{Past}	Verb	wanted
{Past Participle}	Verb	taken
{Present Participle}	Verb	taking

※ 굴절접사와 파생접사의 차이

굴절접사와 파생접사는 동일한 조건(환경)에서 다른 행동 양상을 보이기 때문에 서로 다른 범주라고 말할 수 있다. 파생접사의 성격을 다음과 같이 굴절접사와의 차이점을 살펴봄으로써 알 수도 있다.

(1) 품사전환 여부(Effect on Syntactic Category)

굴절접사는 root(lexical morpheme)의 품사를 전환시키지 않지만 파생접사는 품사를 전환시킬 수도 있다.

(2) 적용의 순서(Order of Appearance)

일반적으로 굴절접사는 파생접사 다음에 온다.

⇒ order : Root +Derivational Affix +Inflectional Affix

e.g. {friend}+{ship}+{plural -s}, {spoon}+{ful}+{plural -s}

weakness - * weaksness (* means unacceptable expression)

(3) 허용되는 접사의 수(Number of Allowable Affix)

굴절접사는 특정한 범주(품사) 하나에만 붙는데 반하여 파생접사는 반드시 그런 것은 아니다. 즉 파생접사는 두 개 이상이 붙을 수 있다.

e.g. {un} + {happy} + {ness} : 'un', 'ness'는 파생접사.

* {happy} + {-er} + {-est} : 'er', 'est'는 굴절접사.

* {drove} + {-en} : 'drove'는 과거시제, 'en'는 굴절접사

(4) 위치

굴절접사는 접미사(suffix)이지만 파생접사는 접두사 또는 접미사이기도 하다.

e.g. enlarge, soften

(5) 적용의 범위(Range of Application)

굴절접사의 경우에는 명사의 복수형 '-s'처럼 가산명사에 다 붙일 수 있듯이 그 분포성이 규칙적이면서, 적용범위가 광범위하지만, 파생접사의 경우에는 'un-'이나 '-ly가 아무 단어에나 다 붙는 것은 아니듯이 분포성이 불규칙적이다.

2013년 31번
기출문제 4점

Read <A> and <B> and answer the question.

<A>

Affixes like -ing or -y are called bound morphemes because they cannot stand alone. They always have to be attached to the stem or root of a word in order to be used. There are two types of affixes: derivational and inflectional. Derivational affixes are added to a stem or root to form a new stem or word, possibly, but not necessarily, resulting in a change in syntactic category or meaning. For example, the derivational affix -er is added to a verb like kick to give the noun kicker. On the other hand, by the addition of inflectional affixes, forms with different grammatical functions are created as in cats. That is, inflectional affixes have a strictly grammatical function, marking properties such as tense and number.

<B>

a. In *condemnation*, -ation is an inflectional affix.
b. In *nonrefundable*, non-, re-, and -able are all derivational affixes.
c. In *governments*, -ment is a derivational affix, and -s is an inflectional affix.
d. In *insincerity*, in- and -ity are both inflectional affixes.
e. In *lovelier*, -ly is a derivational affix, and -er is an inflectional affix.

Based on <A>, which of the following lists all and only the correct statements in <B>?

① a, b, c ② a, b, d ③ b, c, d ④ b, c, e ⑤ c, d, e

NOTE

1. Morphology

Morphology is the study of word formation and is concerned with the internal structure of words. Linguists use the term morphology to refer to the part of the grammar that is concerned with the internal structure of words and word formation (rules of word formation).

2. Allomorph

The variant forms of one single underlying morpheme are called its allmorphs. Allomorphs are classified into two types: phonologically conditioned allomorph and morphological conditioned allomorph. In the case of phonologically conditioned allomorph the appearance of a particular allomorph is predictable from the phonetic environment as in plural form and past tense form while morphological form determines the appearance of morphological conditioned allomorphs

3. Suppletion(불규칙 어형성)

The regular rule that forms plurals from singular nouns does not apply to words like man-men, foot-feet, mouse-mice. These words are exceptions to the English inflectional rule of plural formation. Similarly, verbs and adjectives like go-went-gone, take- took-taken, good-better-best, bad-worse-worst are exceptions to the regular word formation rule in English.

4. Morpheme & Types of morphemes

Morpheme is a minimal unit with (more or less) constant meaning associated with (more or less) constant form. Morpheme is classified into two types: free morpheme and bound morpheme. Free morphemes consist of lexical categories such as noun, verb, and adjective and functional(grammatical) categories such as article, conjunction, preposition, and pronoun. Most bound morphemes are either derivational or inflectional. Derivational affixes, when added to a root or base, may change the syntactic word class and/or the meaning of the word. Inflectional morpheme are morphemes which carry grammatical information and represent the grammatical categories of the inflected categories (i.e. agreement, case, number, person, gender, tense, aspect, voice, modality, comparison). They are added to complete words and follow any derivational morphemes, for example western+ize+ed, not * western+ed+ize. Plus, affix is a bound morpheme that can be added to a root or base, and is divided into two categories: prefix and suffix. A prefix is an affix added to the beginning of a root or a base. A suffix is an affix added to the end of a root or a base.

UNIT 02 Word formation(Word Coinage)

단어를 형성시키는 방식인 어형성(word formation)을 파생법/굴절법과 그 외의 방법으로 나누어서 살펴보겠다. [1]에서는 파생(법)과 관련된 사항을 알아보고 [2]에서는 그 외의 방법을 알아보겠다.

1 Derivation & Inflection

[1] 어근(root) 혹은 어기(base)에 파생접사(derivational affix)가 붙어서 새로운 단어 만드는 방법을 파생법(derivation)이라고 한다. 이런 파생법을 통해서 우리는 단어의 내부구조(internal structure)를 이해할 수 있다. 어형성(word formation)은 주로 파생 규칙(derivation rule)으로 이루어지며 파생이 두 번 이상 적용될 때 파생규칙들 간에 순서가 존재하며, 순서는 다음 도표와 같이 구조적으로 표현될 수 있다.

(1) 단어의 내부 계층구조(hierarchical structure of words)

① nonsmoker

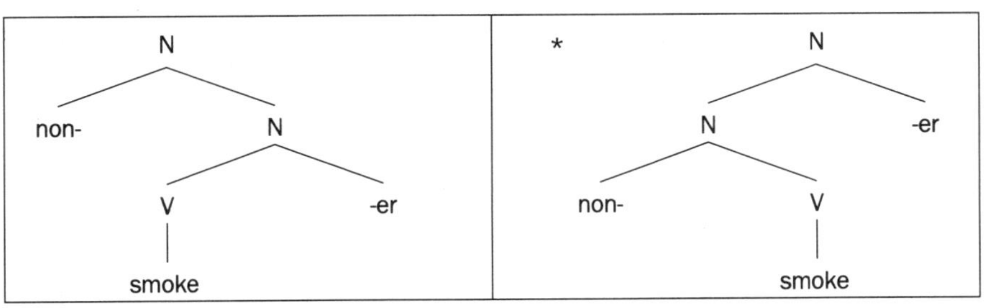

위의 ①에서는 왼쪽 계층구조가 올바르고 오른쪽은 올바르지 않다. 파생접사 '-er'은 동사 'smoke'에 붙기 때문이다. non은 대개 명사 혹은 형용사에 붙는다.

② unlockable

not able to be locked 잠글 수 없는	able to be unlocked 열 수 있는
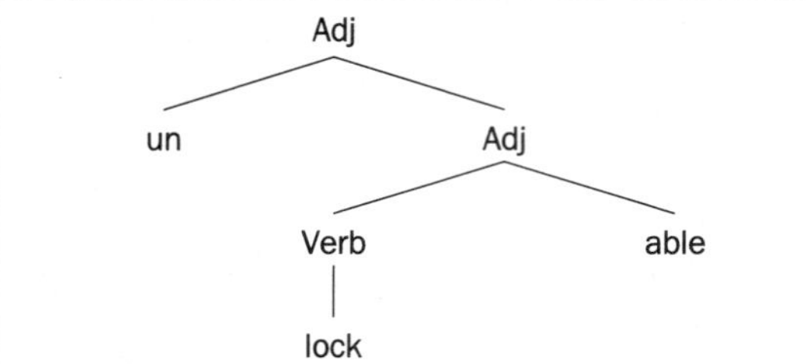	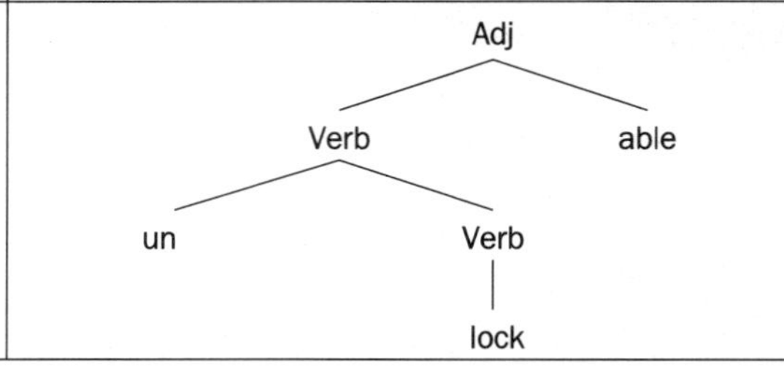

위의 ②에서 보듯이 unlockable은 왼쪽 구조와 오른쪽 구조가 다 올바르기 때문에 중의성을 가진다. 접사 un은 오른쪽에서처럼 동사에도 붙을 수 있고 왼쪽에서처럼 able로 끝나는 형용사에도 붙을 수 있다. 다음은 unlockable과 같은 유형의 예들이다.

e.g. undoable (할 수 없는 / 원상태로 돌릴 수 있는)
unbuttonable (단추를 잠글 수 없는/ 단추를 풀 수 있는)
unzipperable (지퍼를 잠글 수 없는, 지퍼를 열 수 있는)

※ un + 동사 ⇒ do the reverse of the verb
undo(원상태로 되돌리다)
unstaple(스테이플을 뽑다)
unearth(흙속에서 발견하다, 파다)
unhook, undress, untie, unpack, uncover
그리고 enter-exit도 reversive antonym이다.

(2) (파생)접사의 배열순서

앞에서 배웠듯이 굴절접사는 모든 파생접사가 다 첨가된 이후에 맨 마지막으로 첨가되며 파생접사들은 root에 여러 개가 붙을 수 있다. 그러나 파생접사들끼리도 결합 순서가 있다. 예를 들어, unfearful의 경우 fear에 ful이 먼저 붙고 그 다음 un이 붙는다.

※ Class 1 affixes (1군 접사)와 Class 2 affixes (2군 접사)
파생접사를 좀 더 구체적으로 나누면 1군(Class 1 affix)과 2군(Class 2 affix)으로 구분한다. 대개 1군 접사는 형태소 경계 접사(root에 더 먼저, 더 인접하여 붙는다)이고, 2군 접사는 단어 경계 접사로 간주된다. 접사의 종류에 따라(1군이냐 2군이냐에 따라) 음운변동(e.g. 비음동화) 혹은 강세이동과 같은 음운과정에서 차이점을 보인다. 예를 들면, 같은 부정 접두사 in과 un의 경우에서, 1군의 'in-'의 경우 infinite(in+finite)의 예처럼 강세에 영향을 주지만(강세의 위치에 변화를 가져오지만) 2군의 'un-'의 경우 unfamiliar(un+familiar)의 예처럼 강세에 영향을 주지 않는다. 'in-'은 비음동화가 적용되나(e.g. 'in' + 'possible' → impossible) 'un-'은 적용되지 않는다.(e.g. un + pack →

unpack). 1군과 2군 접사가 함께 첨가될 때는 1군 접사를 먼저 첨가시켜야 하고(e.g. nation+al+ly / *nation+ly+al), 두 개의 2군 접사가 함께 쓰일 때는 순서에 영향을 받지 않는다('fear+less+ness' -- 'tender+ness+less')

e.g.

ⓐ Class 1의 예

e.g. in-, -ic, -ity, -ion, -ize, -(i)al, -ive 등

ⓑ Class 2의 예

e.g. un-, anti-, non-, -ness, -ful, -able, -ly, -ish, -less 등

(3) 파생의 제약

① 어원적인 특성(origin)에 따른 제약

동사의 어간을 행위자로 만드는 '-ant'는 Latin origin을 가진 어간에는 붙을 수 있으나 German이나 native English origin을 가진 어간에는 붙을 수 없다.

e.g. defendant	*helpant
consultant	*fightant
assistant	*writant

② 음운적 제약

A. '-en'은 obstruent(혹은 'sonorant+obstruent')로 끝나는 monosyllabic base의 형용사와 결합하여 사역의미(causative)의 동사를 만든다.

e.g. whiten, soften, madden, loosen, quicken, redden, shorten, ripen

*abstracten(2음절어) *bluen *greenen *thinnen *slowen *fullen

B. '-ly'로 끝나는 형용사에는 부사형 접미사 -ly를 붙이지 않는다.

friendly+ly → * friendlily

C. '-ful'은 대개 단음절에 붙거나 또는 2음절로 된 명사인 경우엔 마지막 음절에 강세가 있는 것에 붙는다. 또한 /f/나 /v/로 끝나는 명사에는 붙지 않는다.

e.g. fruitful	peaceful	useful	harmful
resourceful	delightful	respectful	successful
*tensionful	*wisdomful	*loveful	*grieful

D. '-al'이 붙는 동사는 어말에 강세가 오는 단어이어야 한다.

e.g. arrival, recital, refusal, approval, proposal, trial

*promissal *deliveral

③ 형태적-통사적 제약(조건)

A. {-ment}가 어근의 일부라면(즉 접사가 아니라면) -al을 붙여 형용사를 만들 수 있으나, {-ment}가 'V+-ment'의 구조와 같이 접사라면 -al을 붙일 수 없다.

e.g. *instru -- instrument -- instrumental
*frag -- fragment -- fragmental
employ -- employment -- *employmental
contain -- containment -- *containmental

B. -able은 "capable of being V-en"을 의미하므로 타동사에는 붙을 수 있지만 자동사에는 붙지 못한다.

e.g. break + able → breakable, read + able → breakable
*go+able → goable

※ walk는 자동사이므로 walkable이 올바르지 못한 표현인 것 같지만 walkable은 '산책시킬 수 있는'의 의미를 갖는다. 따라서 walk는 타동사로 간주된다.

④ 의미적 제약

A. 형용사-'N1+ed' N2의 구조에서, 'N1+ed'형의 합성어에서 -ed의 어기가 되는 명사 N1이 그 합성어의 수식을 받는 명사 N2에게서 빼앗을 수 없는 것인 경우에만 그 'N1+ed'형의 합성어가 허용된다. blue-eyed girl를 살펴보면, girl에게서 eye를 빼앗을 수 없으므로 blue-eyed가 허용되는 표현이 된다.

e.g. blue-eyed (girl) red-nosed (reindeer)
*two-carred (family) *black-shoed (lady)

B. 부정 접두사 un-은 부정적이라 생각되는 형용사에는 붙지 않는다.

e.g. happy -- unhappy sad -- *unsad
wise -- unwise stupid -- *unstupid
clean -- unclean dirty -- *undirty
well -- unwell ill -- *unill

C. 동의어 회피, 저지(synonymy blocking)

'-ity'와 같은 접미사를 더하여 어형성(word formation)을 할 수 있는 경우에 같은 의미의 단순형태(simple)가 존재하면 그런 접미사를 붙이는 어형성은 나타나지 않는 경우도 있다. 예를 들어 -ity는 명사형을 만들 수 있으나 동의어인 단순형태형이 존재하는 경우 어형성을 할 수 없는 반면에 -ness는 일관성 있게 생산적으로 나타난다. 즉 규칙의 생산성(rule productivity)과 관련이 있다. (simple형과 -ness로 이루어진 명사형이 공존한다는 것은 의미가 정확히는 동어의가 아니기 때문이라고 볼 수도 있다.)

e.g.			
glory(명사)	glorious	*gloriosity	gloriousness
fury(명사)	furious	*furiosity	furiousness
*vary	various	variety	variousness
*cury	curious	curiosity	curiousness

※ 파생을 위해 접사를 붙이지 않고 다른 어형을 사용하는 경우

steal → thief/ *stealer good → bad/ *ungood big → small/ *unbig

※ Blocked word와 Possible word

'communist -- *communian', 'linguist -- *linguistician'의 예에서 보듯이 communian, linguistician와 같은 말을 'blocked word'라고 한다. 그러나 communian 혹은 linguistician은 possible word이기도하다. 이런 possible words 중에 실제로 사용되지 않는 단어(사전에는 없으나 추가될 수 있는 단어)를 lexical gap이라고 한다.

※ 강세할당과 접미사(stress assignment and suffix)

1. 접미사에 강세가 놓이는 경우

-ain: (verb) entertain, ascertain, maintain

-ee: employee, refugee, trainee, absentee

-ese: Japanese, Portuguese, Vietnamese

-eer: volunteer, career, pioneer, engineer

-ette: silhouette, cassette, diskette

-esque: picturesque, grotesque, Romanesque

-ique: technique, unique, antique, boutique

2. 접미사 앞 음절에 강세가 놓이는 경우

-ial: memorial, trivial, proverbial, editorial
-cial: financial, artificial, commercial
-tial: essential, presidential, influential
-ual: intellectual, individual, visual
-ian: vegetarian, pedestrian, Canadian
-cian: physician, politician, mathematician
-sian: Parisian, Asian, Indonesian
-ion: opinion, companion, million
-tion: definition, demonstration, production
-ssion: profession, discussion, permission
-sion: conclusion, explosion, occasion
-cient: sufficient, efficient, ancient
-tient: impatient
-ious: curious, luxurious, mysterious
-eous: simultaneous, spontaneous, courteous
-cious: suspicious, delicious, conscious
-tious: ambitious, superstitious, cautious
-geous: advantageous, courageous
-gious: religious
-uous: ambiguous, continuous, strenuous
-ic: fantastic, realistic, energetic, ceramic
-ical: physical, classical, psychological
-ity: publicity, possibility, humidity
-ify: classify, terrify, simplify
-itive: repetitive, infinitive, sensitive
-itude: attitude, solitude, ineptitude
-logy: biology, zoology, archeology
-graphy: geography, photography, autobiography

3. 접미사 앞 둘째 음절에 강세가 놓이는 경우

-ate: (verb) operate, appreciate, exaggerate
(adjective) delicate, certificate, fortunate
-ize: apologize, criticize, recognize
-ary: secretary, comtemporary, vocabulary

[2] 단어의 형성 방식 중에는 굴절(Inflection)에 의한 방식도 있다. root에 굴절형태소가 첨가되어 단어를 형성시키는 것을 굴절이라고 하며 굴절이 이루어지면 품사가 변하는 것이 아니라 단지 case, number, person, gender, tense, aspect, voice, modality, comparison와 같은 문법적인 정보만 변할 뿐이다. 즉 파생과 같이 새 단어를 만들어낸다기보다는 단어의 문법적 기능을 표시한다. 8가지의 굴절 접사가 있다.

e.g. {Plural}, {Possessive}, {Comparative}, {Superlative}, {Present}, {Past}, {Past Participle}, {Present Participle}.

형태론과 통사론에서는 조동사들도 굴절에 포함시킨다. 시제와 일치관계 표시가 굴절의 일종이다. 예를 들어 현재시제와 과거시제는 {Present inflectional affix}와 {Past inflectional affix}로 표현되지만 *John doesn't go there*과 *John didn't go there*에서의 현재시제와 과거시제는 조동사인 *does*와 *did*로 표현된다. 따라서 조동사들도 시제를 표현한다는 측면에서 굴절에 포함시킬 수 있다.

2008 19번
기출문제

다음 글을 읽고 지시에 따라 답하시오.

A word is not a simple sequence of morphemes. It has an internal structure. For example, the word unsystematic is composed of three morphemes: *un-*, system, and *-atic*. The root is system, a noun, to which we add the suffix *-atic* resulting in an adjective, systematic. To this adjective, we add the prefix *un-* forming a new adjective, unsystematic.
The hierarchical organization of words is most clearly shown by structurally ambiguous words. Consider the word *unbuttonable*. The two meanings of the word correspond to different structures, as follows:

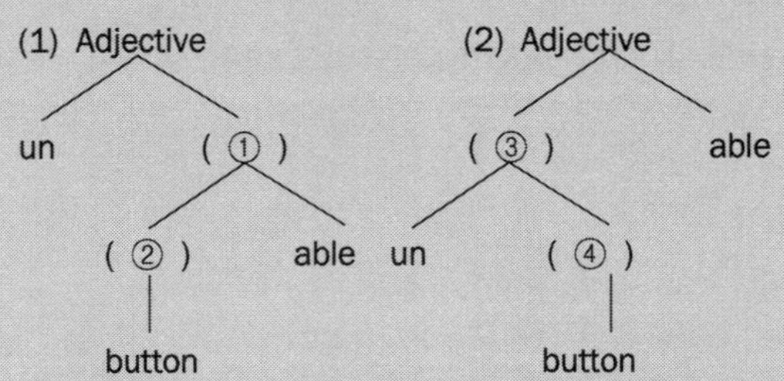

The ambiguity of this word arises because the prefix *un-* can combine with different grammatical categories.

위 수형도의 빈칸 ①~④에 들어갈 문법범주(품사)를 쓰고, **(1)**과 **(2)**에 해당하는 단어 **unbuttonable**의 의미를 각각 쓰시오.

답 : (1) 문법범주 : ① __________ ② __________
단어의 의미 : ______________________________
(2) 문법범주 : ③ __________ ④ __________
단어의 의미 : ______________________________

NOTE

1. Derivation & Ambiguity

The hierarchical organization of words is most clearly shown by structurally ambiguous words, words that have more than one meaning by virtue of having more than one structure. Consider the word 'unlockableness'. Imagine you are inside a room and you want some privacy. You would be unhappy to find the door is of unlockableness — "property that something like a door is not able to be locked." Now imagine you are inside a locked room trying to get out. You would be relieved to find that the door is unlockable — "able to be unlocked." In the former structure the verb lock combines with the suffix *-able* to form an adjective *lockable*("able to be locked") Then the prefix un-, meaning "not", combines with the derived adjective to form a new adjective *unlockable* ("not able to be locked"), and finally suffix *-ness* combines with unlockable. In the latter case, the prefix *un-* combines with the verb *lock* to form a derived verb *unlock*. Then the derived verb combines with the suffix *-able* to form *unlockable*, "able to be unlocked.", and finally suffix *-ness* combines with *unlockable*.

2. Types of Derivational Affixes

Class 1 affixes often trigger changes in the segment(s) of the base as in 'sanity' and may change stress placement as in 'curiosity' and 'publicity', while **Class 2 affixes** tend to have no effect on the segment(s) of the base or on stress placement. Also, Class 1 affixes such as -al usually occur closer to the root than does Class 2 affixes such as ly. (e.g. part+(i)al+ly / *part+ly+al)

3. Constraints on derivation

A characteristic of all human languages is the potential to create new words. The categories of noun, verb, adjective, and adverb are open in the sense that new members are constantly being added. One of the most common types of formation is derivation, which creates new words from already existing morphemes. Derivation is the process by which a new word is built from a base, usually through the addition of an affix. However, derivation does not always apply freely to the members of a given category. Sometimes, for instance, a particular derivational affix is able to attach only to stems with particular phonological properties and syntactic properties. A good example of this involves the English suffix *-en*, which combines with adjectives to create verbs with a causative meaning. However, there are many adjectives with which *-en* cannot combine, since the suffix *-en* is subject to a phonological constraint. In particular, it can only combine with a monosyllabic stem that ends in an obstruent. Let's take another example. Suffix *-able* usually combines with verbs, but not all verbs. We can't say 'The car is goable(go+able)' and 'Man is diable(die+able)'. That is, Suffix *-able* doesn't combine with intransitive verbs as well as nouns and adjectives since some word formation rules depends on syntactic constraint as well as phonological constraint.

2 Compound(ing)

어형성(word coinage; word formation)은 규칙에 따라 이루어진다. 위에서 언급한 파생법을 제외한 어형성(규칙들) 중 합성법(compounding)도 비중이 높은 편이다. 이미 만들어져 있는 기존의 두개 이상의 단어 혹은 자립형태소를 결합하여 만드는 어형성을 **합성법**이라고 한다. 이렇게 만들어진 단어가 합성어이다. 합성어에서 중요한 점은 두 가지이다. 하나는 **두 단어들이 결합할 때 이 두 단어들의 상대적인 강세가 어떻게 되는가하는 것이고(대개 앞 단어에 강세가 온다)**, 다른 하나는 그 두 단어들의 의미의 합이 전체 합성어의 의미가 아닐 수 있다는 것이다. (세 단어가 결합할 때도 주의해야 한다. Chapter 2에서 이미 배웠다) 합성어는 흔히 어근과 접사의 결합이 아닌 두 단어의 구성으로 분석될 수 있는 하나의 단어이다. 즉 비록 두 단어의 구성체이지만 하나의 단어와 같은 특성이 있다. 강세가 두 번째 단어에 있는 명사구인 green house의 의미는 house which is green이지만, 즉 두 단어들의 의미의 합이 전체의 의미의 합이지만, 강세가 첫 번째 단어에 있는 합성어인 greenhouse(온실)는 그러한 의미와는 근본적으로 다르다. 합성어는 부분 요소들의 의미로 이루어진 것이 아니고 대개 전체로서 하나의 의미를 갖는다. **따라서 부분요소로부터 추측할 수 없는 특수한 의미를 갖는 경우가 많다.** 합성어의 표기 방식에는 일관성이 없다. ice cream, ice-cream, icecream과 같이 세 가지 방법으로 나타낸다. 그리고 흔히 구동사(phrasal verb)와 전치사구동사(prepositional verb)는 합성어로 간주될 수 있지만 구동사는 합성어강세 규칙과는 달리 뒷 단어인 부사에 강세가 온다. 예를 들어 look at, agree with는 전치사구동사로서 강세가 앞 단어(look, agree)에 오지만 pick up, put on, put off는 구동사로서 강세가 뒷 단어(up, on, off)에 온다.

(1) Righthand head rule

대체로 합성어의 **품사**는 합성어의 핵에 해당하는 가장 오른쪽에 오는 어근에 의해 결정된다. 즉 핵이 오른쪽에 있으므로 오른쪽 단어의 품사가 그 합성어의 품사이다. 붙여 쓰는 것이 보통이지만 하이픈을 이용하여 표시하기도 한다.

e.g.

N + N → N	oilwell, airplane, lipstick
A + N → N	greenhouse, blackbird, darkroom
N + V → V	babysit, skydive, head-hunt
A + V → V	dry-clean, fine-tune, whitewash
N + A → A	headstrong, duty-free, nationwide
A + A → A	redhot, bittersweet

(2) Stress rule

합성어는 첫 단어에, 명사구에는 두 번째 단어에 제1강세가 있다.

e.g. Compound noun / Noun Phrase

Compound noun	Noun Phrase
a hótdog(핫도그)	a hot dóg
a rédcoat(영국군인)	a red cóat(빨간 코트)
a gréenhouse(온실)	a green hóuse(녹색 집)
a bláckboard(칠판)	a black bóard(검은 판자)
a híghchair(어린이의 높은)식사용 의자	a high cháir(높이가 높은 의자)

e.g.

Compound noun	Present particle+Noun
a dáncing girl(직업적으로 춤추는 여자)	a dancing gírl(춤추는 소녀)

(3) Non-Interruptability

합성어는 대개 하나로 이루어진 단어와 마찬가지로 두 부분(단어) 사이에 다른 요소를 삽입할 수 없는 불가분성의 구조이다. 하지만 구의 구조에서는 삽입이 가능하다.

e.g. Compound: (She has a sweetheart than her sister.)

* She has a sweeter heart than her sister.

Noun phrase: (She has a sweet heart than her sister.)

She has a sweeter heart than her sister.

She has a sweet, kind heart than her sister.

(4) Inflection rule

합성어는 시제나 복수형에 대해 합성어 전체에 굴절접사를 첨가할 수 있다.

e.g. a. The fox hunters didn't have a license.

*The foxes hunter didn't have a license.

b. manholes: *menhole

walkmans: *walkmen

(5) Internal structure

3개 이상의 단어로 된 합성어는 내부구조(계층구조)를 갖는다.

(Chapter 2, § 4, 1 Stress에서 black board eraser의 예를 통해 배웠다)

e.g. top hat rack a. [[top hat] + rack] : rack for top hat

b. [top + [hat rack]] : the highest hat rack

3 Abbreviation, Acronyms and Clipping

메시지를 전달할 때 그 메시지(단어)를 짧은(shortened) 혹은 줄어든(reduced) 형식으로 전달하는 것이 효율적일 것이다. 그런 형식으로 단어를 형성할 수 있는데 약어(abbreviation), 두자어(Acronyms), 단축(clipping)들이 해당된다.

[1] 구(단어들의 결합체)에 속해 있는 단어들의 첫 자를 따서 만든 약어(acronyms) 혹은 단어의 두드러진 음절의 초성(자음)을 따서 만든 단어(television=TV) 혹은 단어에서 일부분을 생략하여 짧게 끊어낸 단축(clipping) 모두가 약어화(abbreviation)에 해당한다. 이런 관점에서 본다면 두자어, 단축 모두 유사한 부류들이다. (이 경우'abbreviation'을 보다 더 넓은 개념으로 보자.)

[2] 두자어(acronyms)는 연속하는 단어들의 첫 글자들로 단어가 형성되는 과정으로 발음상의 차이 때문에 두 가지로 나뉠 수 있다. 하나는 첫머리 분절음들을 마치 한 단어인 것처럼 발음하는 경우이고 다른 하나는 연속하는 단어의 첫 글자들을 각각의 글자로 발음하는 경우이다. (철자 하나하나를 그대로 읽는다.)

e.g a. 한 단어인 것처럼 발음하는 경우

NATO → North Atlantic Treaty Organization

AIDS[eidz] → acquired immune deficiency syndrome

SARS → Severe acute respiratory syndrome

Radar[reidə：r] → radio detecting and ranging

UNICEF, UNESCO, APEC, NASA, RAM, SCUBA, TOEFL 등이 있다.

b. 철자 하나하나를 따로따로 발음하는 경우

MIT → Massachusetts Institute of Technology

KFC → Kentucky Fried Chicken

NYU → New York University

BBC → British Broadcasting Corporation

VIP → Very Important Person

a.m. [eiem] → ante meridiem(오전)

p.m. [pi ́em] → post meridiem(오후)

UCLA, NFL, MRI, PDA, U.S.A, U.F.O

→ b의 경우를 'alphabetic abbreviation'(produced by sounding out each letter)이라고도 한다.

[3] 원래 긴 형태의 단어에서 일부분을 생략하여 짧게 단축(clipping)시킨 형태로, 대체로 단어의 끝부분이나 시작부분을 고의로 삭제하면서 의미와 품사는 동일하게 유지하는 단축의 방법이다.

e.g. zoological garden → zoo, pianoforte → piano, gymnasium → gym, facsimile → fax, hamburger → burger, influenza → flu, examination → exam, facsimile → fax, laboratory → lab, bicycle → bike, telephone → phone, professor → prof, omnibus → bus, caravan → van, gasoline → gas, advertisement → ad, mathematics → math

4 Blends

기존의 두 개의 단어의 일부분을 결합하여 새로운 단어를 만드는 방법. 혼성(blend)은 합성과 단축이라는 두 가지 조어법(어형성)이 혼합된 것으로 두 개의 단어 혹은 자유형태소가 결합된 후 대개 첫 단어의 뒤(끝) 부분과 둘째 단어의 앞(시작) 부분을 잘라내어 결합하는 형식이다.

e.g. smo(ke) + (f)g → smog
mot(or) + (ho)tel → motel
br(eakfast) + (l)unch → brunch
infor(mation) + (com)mercial → informercial
uri(ne) + (a)nalysis → urinalysis

5 Conversion(Functional Shift, Zero derivation, Category Extension)

품사전환(conversion)은 기존의 단어에 접사의 첨가 없이 그 단어의 품사만을 바꾸어 사용하는 방법을 말한다. 품사전환에서 중요한 것은 품사가 바뀌면 강세의 위치도 바뀔 수 있다는 점이다.(e.g. address, conduct, contest, decrease, export) 그렇지만, 품사가 바뀐다고 강세의 위치가 반드시 바뀌는 것은 아니다. (e.g. command, review, surprise, exchange).

e.g. drink : ⓥ마시다, ⓝ음료 empty : ⓐ빈, ⓥ비우다 nail : ⓝ못, ⓥ못을 박다
buy : ⓥ사다, ⓝ구매 order : ⓥ주문하다, ⓝ주문 water : ⓥ물을 주다, ⓝ물
email : ⓥ이메일 보내다, ⓝ이메일 chair : ⓥ의자에 앉다, ⓝ의자

※ Homonyms(동음이의어) vs Polysemous words(다의어)

① Homonyms : 동음이의어들은 다른 형태소로 분류되어야 한다.

e.g. 자립형태소의 경우: bear 1 (참다) / bear 2 (낳다) / bear 3 (곰)

의존형태소의 경우: -er 1(비교급어미) / -er 2(명사파생어미)

② Polysemous words : 다의어는 사전에 하나의 개별단위소(entry)로 들어가 있다. 다의어는 각 개념들이 어원적, 개념적으로 관련이 되어 있다.

e.g. change(변화, 거스름돈), key(열쇠, 단서)

6 Back-formation(역성법)

원래부터 파생어(파생접사가 붙은 단어)가 아니었는데 이를 파생어로 여겨 그 단어의 파생접미사로 보이는 것을 제거함으로써 새로운 단어를 만드는 방법이 역성법이다. 즉 단어의 형태분석을 잘못 추측하여 새로운 단어를 만든 것이라고 볼 수 있다. 예를 들어 editor의 예처럼, 영어의 행동 주체를 나타내는 -er(-or)을 동사에 첨가하여 명사를 만들어 내는 경우로 잘못 생각하여, 즉 editor가 edit+or의 결합인 것으로 잘못 생각하여, 유도된 단어가 edit이다. 이 edit가 역성법이 적용된 예시이다.

e.g. editor → edit, babysitter → babysit, peddler → peddle, hawker → hawk
stoker → stoke, swindler → swindle, pease → pea, action → act
revision → revise, exemption → exempt, enthusiasm → enthuse
typewriter → typewrite, transcription → transcript, connotation → connote
resurrection → resurrect, emotion → emote(과장된 연기를 하다)
reminiscence → reminisce, intuition → intuit(직관으로 알다)

※ Eponyms(고유명사) & onomatopoeia(의성어)

① Eponyms(Antonomasia, Words from names)

지명, 인명, 상품명 등의 고유명사가 널리 쓰임으로서 보통명사로 전환된 환칭(antonomasia)의 경우이다. 이제까지 전혀 없었던 단어를 새로이 만들어 내는 방법으로 형태론적 혹은 음운론적으로 철자상 어떤 근거를 가지지 않고 완전히 새롭게 창의적으로 생성된 것이다.

e.g. china : 중국이 도자기로 유명한 것에서 유래
sandwich : Sandwich라는 백작의 이름에서 유래
burberry : 영국의 의류회사인 Burberry에서 만든 coat에서 유래
Kodak, Nylon, Kleenex, Xerox, Vaseline - 상품명의 예
robot, jumbo - 작가가 만든 인조어

② 음성상징(phonetic symbolization)에 의한 **의성어(onomatopoeia)**
동물, 자연의 소리를 묘사하기 위하여 만들어진 단어들이다.
buzz, sizzle, bang, cuckoo, bowwow, tinkle, moan, boogie-woogie

확인문제 1

________________ 에 알맞은 것은?

_____ is the creation of a new word from an existing word in the belief that the existing word is a derivative of a word that actually exists: for example, *beg* from beggar, *darkle* from darkling.

① Back Formation ② Compound ③ Conversion ④ Apocope

확인문제 2

<보기>의 단어들과 관련된 word formation 형식이 아닌 것은? (기출 1995)

<보기>
㉠ motel, telex, smog ㉡ disco, fan, pants ㉢ laser, PC, radar

① clipping ② blending ③ compounding ④ acronym

확인문제 3

Read the passage and follow the direction.

The followings are common word-formation processes.

(a) An abbreviation is a word formed from the names of the first letters on the prominent syllables of a word or of words in a phrase.
(b) A blend is a combination of parts of two pre-existing forms.
(c) Acronyms are formed from the first letter(s) of each word in a phrase.
(d) A back formation is a word formed by removing what is mistaken for an affix.

Choose the example that doesn't reflect the above word-formation processes.

① fan ② beg ③ escalator ④ radar ⑤ ashtray

NOTE

Word Formation (2012년 기출문제 26번)

Century after century, English speakers have added thousands of new words, borrowing many of them from other languages and constructing others from elements already available. The following are some common word-formation processes:

a. Can I get a raincheck for this? ⇒ Compounding
b. Who will typewrite this article for me? ⇒ Back formation
c. This is great. Can I have a xerox? ⇒ Coinage
d. I usually have brunch on Sundays. ⇒ Blending
e. Could you empty the box for me? ⇒ Conversion
f. Will Ms. Brown be our sub again today? ⇒ Clipping

1) Compound

a. Compounding is word formation process by which two or more root morphemes or bases are combined.
b. The morpheme which determines the word category and the meaning of the entire word is called the head of the word. In most compounds, the head is the rightmost morpheme. Compound words are nouns, verbs or adjectives (with very few exceptions).

2) Abbreviation & Acronym & Clipping

a. Abbreviations(Clipping) of longer words or phrases also may become lexicalized, that is, a shortened form of a pre-existing morpheme; for example, prof for 'professor'. Acronyms can be considered as a kind of abbreviations.
b. Acronyms are formed from the first letter(s) of each word in a phrase; for example, COBOL from 'common business oriented language'.

3) Blending

Blending is mixing non-morphemic parts of two already existing items, usually the first part of one and the final part of the other. e.g. smog from 'smoke+fog'.

4) Conversion(category shift, category extension, zero derivation, functional shift)

A word belonging to one category can be converted to another category without any changes to the form of the word. This is called conversion. 'fax' that is originally a noun is a verb in the sentence 'He asked her to fax the report'.

5) Back formation

Back formation is a process that makes a new word by omitting what appears to be a morpheme(usually a suffix or prefix) but actually isn't. e.g. edit from 'edition'.

6) Coinage(Root Creation)

Coinage(Root Creation) is a brand-new word based on no preexisting morphemes.
e.g. Kodak, Ford

Chapter 4

Syntax

The Key Words

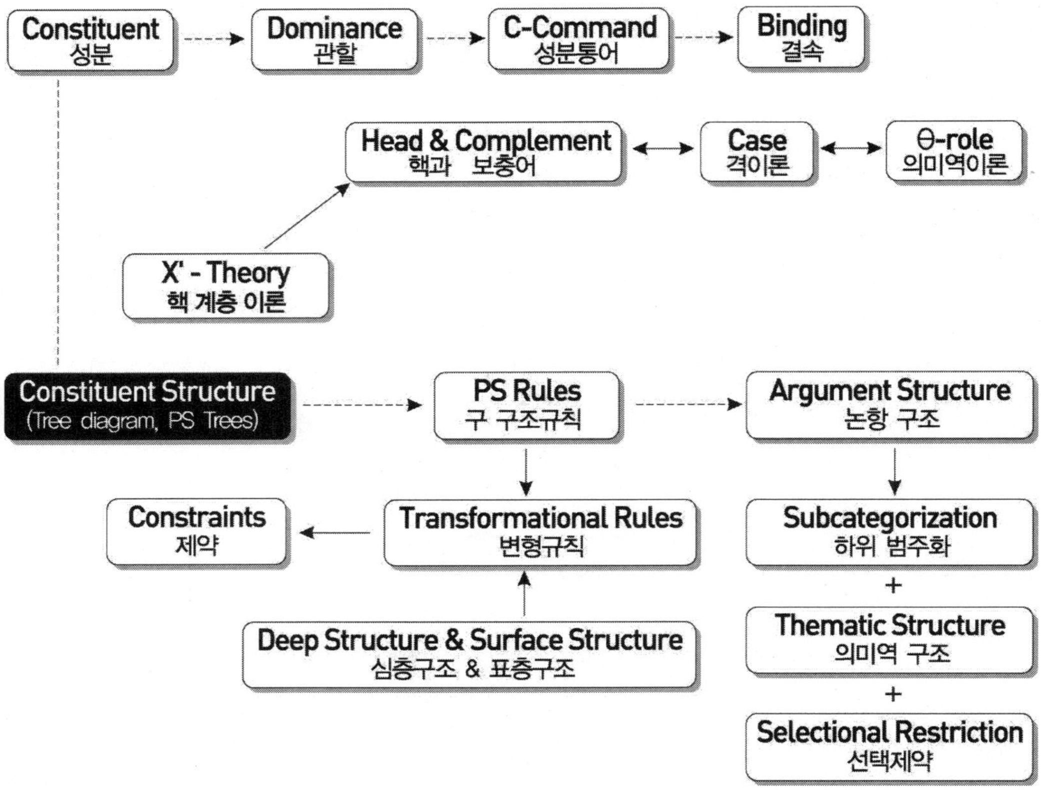

통사론(syntax)은 문장을 이루는 성분에 대한 연구와 그 성분들이 문장을 형성하는 과정에 대한 연구하는 분야이다. 문장은 단어들 혹은 성분들의 배열이다. 여기서 중요한 것은 문장은 단어들의 임의적인 집합체가 아니라 어떤 규칙(e.g. 어순에 대한 규칙)에 따라 구성된 단어연결체이다. 영어는 어순을 지켜야 하는 언어이어서 단어들 혹은 성분들의 배열이 문법성(정문이냐 비문이냐)과 의미에 영향을 끼치므로 단어들 혹은 성분들의 순서가 중요한데, 이(성분들의 순서)를 **선형성**(linearity)이라 한다. 또한 문장은 단어들 혹은 성분들의 평면적 연속(linear order) 외에 입체적인 구조 즉 내부구조(internal structure)를 가지는데, 이를 **계층성**(hierarchy)이라 한다. 문장의 구조적 단위는 문법 범주(성분의 범주)로서 구분되며, 이를 **범주성**(categoriality)이라 한다. 이러한 문장의 세 가지 성질은 수형도(tree diagram)에 반영된다. 전반부에서는 이 선형성, 계층성, 범주성과 관련된 '성분과 문장의 구성'에 대해 언급하겠고 후반부에서는 문장의 변형(transformation)과 결속이론(binding theory)에 대해서 언급하겠다.

UNIT 01

Constituent

문장은 단어들 혹은 성분들이 배열된 것으로 볼 수 있다. 여기서 성분이라는 말은 단순히 단어를 의미하는 것이 아니라 문장을 이루는 기본 단위(unit)라고 이해하는 것이 좋겠다. 간단히 혹은 대략적으로 말하면 성분은 한 단어가 될 수도 있고 단어군(group of words)이 될 수도 있다. 성분에 대한 정의와 역할이 무엇인지 알면 그 성분들의 결합체인 문장의 구성을 알 수 있다.

1 Constituent & Category

[1] 성분(Constituent)은 문장을 이루고 있는 기본 단위로, 각 단어 혹은 단어군(group of words)이다. 다음 문장을 예로 들어 보자.

e.g. This black cat found the black dog in the garden.

위의 문장을 크게 두 부분으로 나누면, This black cat과 나머지 즉, found the black dog in the garden으로, 즉 전통문법에서 말하는 주부(subject)와 술부(predicate)로 나눌 수 있다. 술부를 다시 found the black dog와 in the garden으로 나뉘며, found the black dog는 다시 found와 the black dog으로 나뉜다. in the garden은 in과 the garden으로, the garden은 다시 the와 garden으로 나뉜다. 문장을 구성하는 최소의 단위인 단어로 쪼갤 수 있다. 이처럼 분리된 단위는 모두 문장의 성분(constituent)이라고 볼 수 있다. 특히 아래의 예들은 직접성분분석(immediate constituent analysis)을 통해 문장을 성분들로 분해한 것들이다.

e.g. a. This black cat / found the black dog in the garden.
b. This black cat / found the black dog / in the garden.
c. This black cat / found / the black dog / in the garden.
d. This / black cat / found / the / black dog / in / the garden.
e. This / black / cat / found / the / the / black / dog / in / the / garden.

[2] 문장의 구성단위인 성분은 각기 다른 성질을 갖는 여러 **범주(category)**로 분류될 수 있다. 이는 전통 문법에서 품사(parts of the speech)라 부르던 것인데, 문법 범주(grammatical category)라고 하며, 어휘 범주(lexical category)와 구범주(phrasal category)로 구분한다.

(1) 어휘 범주

어휘 범주로는 명사(Noun), 동사(Verb), 형용사(Adjective), 전치사(Preposition), 부사(Adverb), 조동사(Auxiliary Verb), 한정사(Determiner)가 있다.

e.g. Bill frequently got his yellow buckets from the store for a dollar.
N Adv V D Adj N P D N P D N

다음은 주요 품사(문법 범주)의 정의와 특성이다.

① Noun

a. Nouns refer to real, imaginary, and abstract things and substances.

b. If Nouns refer to things that can be counted, they regularly express the plural by adding '–s'.

c. Nouns can occur with the articles('a', 'the') and demonstratives('this', 'that').

d. Nouns can be modified with descriptive words(adjectives).

② Verb

a. Verbs refer to states of affairs and events.

b. Verbs express time, and take particular forms corresponding to particular times. Regular verbs like 'walk' express the past by adding '–ed' ; irregular verbs express the past by using a special form, like 'was', 'took', etc.

c. Verbs take other forms to indicate the manner of an event. For example, by adding '–ing' we indicate an ongoing action(I am walking) and by adding '–en' or 'ed' we can express a completed action(I have written; I have walked). For some verbs the completed action uses a special form(I have sung)

③ Adjective

a. Adjectives can be used to describe things that nouns refer to.

b. Adjectives can be used in sentences with a form of the verb 'be'

c. Adjectives can themselves be modified by 'very' and 'too'.

d. Adjectives have comparative(with '–er' or 'more') and superlative forms (with '–est' or 'most')

④ Adverb

a. Adverbs are used to express manner(as 'quickly' does), the attitude or judgement of the speaker(e.g. unfortunately), temporal frequency(e.g. often) and other relations.

b. Like adjectives, some adverbs can be modified by 'very' and 'too'.

⑤ Preposition

Prepositions are used to express a number of different roles, including 'instrument'(the preposition 'with') and 'possessor'(the preposition 'of'), and various spatial and temporal relations('in', 'on', 'under', etc.).

⑥ Determiner

Determiners are used to express definiteness(e.g. 'the'), indefiniteness(e.g. 'a'), and quantity (e.g. 'every').

(2) 구 범주

구 범주는 단어들의 결합체이다. 문장 'Bill frequently got his yellow buckets from the store for a dollar'에서, 'form the store'와 'for a dollar'는 전치사가 중심(핵: head)이 되는 전치사구(Prepositional Phrase: PP)이다. 나머지 다른 성분도 각기 다른 범주가 된다. 'frequently got his yellow buckets from the store for a dollar'는 동사가 핵이 되는 동사구 (Verb Phrase: VP)가 되며, 또 다른 성분인 'his yellow bucket'은 명사가 핵이 되는 명사구(Noun Phrase : NP), Bill도 성분으로서 독립적인 명사구를 이룬다. 문장(Sentence : S) 전체도 일종의 구 범주라 할 수 있다.

명사구(NP)	=	(D)+(AP)+N+(PP)	※ '( )' 선택적임을 가리키는 표기
형용사구(AP)	=	(Adv)+Adj	
전치사구(PP)	=	P+NP	
동사구(VP)	=	V+NP+(AdvP 혹은 PP) 혹은 V+(NP)+(AdvP 혹은 PP)	
문장(S)	=	NP+(Aux)+VP	

2 Head, Complement and Adjunct

[1] 정의와 특성

(1) 구(phrase) 안에서 핵심적이면서 필수적인 요소를 **핵(head)**이라고 한다. 예를 들어 명사구 안에서 핵(head)은 명사이고 동사구 안에서 핵(head)은 동사이다.

(2) **보충어(complement)**는 수형도상에서 해당 구 안에서 핵과 자매관계(sisterhood)에 있고 하위범주화구조(subcategorization)에 명기되는 성분이며 핵과 구조적, 의미적으로 긴밀히 연결되어 있는 성분이다. 즉 보충어는 대개 핵과 인접해야 하는 인접성 조건(adjacency condition)을 따라야 한다. 대표적인 보충어는 목적어이다. 보어도 보충어이다.

(3) **부가어(Adjunct)**는 핵과 구조적, 의미적으로 긴밀히 연결되어 있는 요소가 아닌 별개적인 성분으로서 대개 인접성의 조건을 따르지 않으며 하위범주화구조에 명시되지 않는 성분이다. 부가어는 대략적으로는 부사적 수식어(modifier)로 간주하면 된다.

[2] Complement vs. Adjunct

(1) **인접성(adjacency) : 보충어가 부가어보다 핵에 인접한다.**

e.g. a. the student [of linguistics] [from America].
b. *the student [from America] [of linguistics]. ('*' means ungrammatical sentence.)

※ 동격절은 보충어이고 관계절은 부가어이다.

e.g. a. the claim [that Mary was guilty] [that John found upsetting].
b. *the claim [that John found upsetting] [that Mary was guilty].

(2) **등위구조(coordination) : 보충어는 보충어끼리 부가어는 부가어끼리 등위접속된다.**

e.g. a. a student [of physics] and [of chemistry].
b. a student [with brown hair] and [with long legs].
c. *a student [of physics] and [with long legs].
d. *a student [with brown hair] and [of physics].

(3) **중첩성(stackability) : 부가어는 연속적으로 중첩이 가능하지만, 보충어는 그렇지 않다.**

e.g. a. the student [with the flag] [from America].
b. *the student [of physics] [of chemistry].
c. the student [from America] [with the flag].

(4) **외치(extraposition) : 보충어**는 외치되면 어색하고 부가어는 외치되어도 덜 어색하다.

e.g. a. The student _______ went there [with brown hair].

b. *The student ______ went there [of physics].

※ [ ] means an element that has moved from the blank.

※ 보충어와 부가어의 구조관계 → on the X-bar syntax

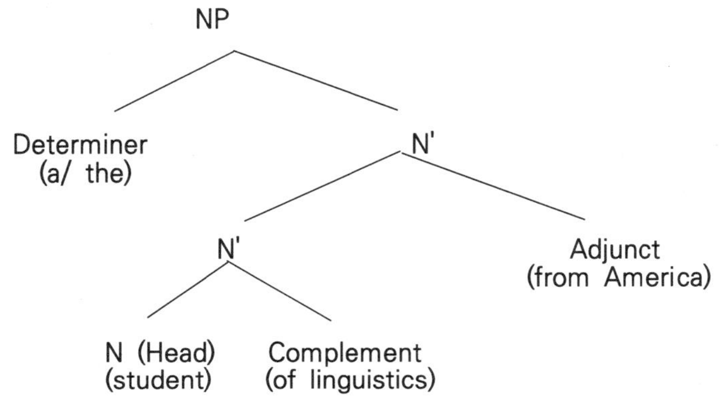

2006 서울 21번
기출문제

Read the passage and follow the directions.

Consider the underlined noun phrases below:

(1) a. Mr. Smith is a teacher of children.

b. Mr. Smith is a teacher from America.

(2) Mr. Smith is a teacher of children from America.

The noun phrase in (2), which is a combination of (1a) and (1b), is ambiguous. The phrase *from America* modifies either the head *teacher* or the head *children*. Thus, the ambiguity results from the possible modification of either head by the phrase *from America*.
However, with the intended meaning 'Mr. Smith teaches children and he is from America,' sentence (3) is ungrammatical:

(3) *Mr. Smith is a teacher from America of children.

The notions of complement and adjunct can be used to explain the ungrammaticality of (3). A complement is a phrase required by the head while an adjunct is its optional modifier; *from America* is an adjunct of the head *teacher* and of *children*, its complement. The noun phrase in (3) is ungrammatical since it does not satisfy the structural requirement that the ___(A)___ should come closer to the head than the ___(B)___ does.

Fill in each blank with ONE word from the passage. [2점]

(A) ....

(B) ....

2009 32번
기출문제 2.5점

Read <A> and <B> and follow the directions.

<A>

A phrase consists of a head and non-head elements. Some non-head elements complete the meaning of the head. These elements are referred to as a complement. It is a general term to denote any element whose presence is required by the head. Although the presence of a complement is normally obligatory, that of an N can be omitted. There are also elements in a phrase which describe the head rather than complete it. These elements are modifiers (or adjuncts). They can be omitted without affecting grammaticality.

<B>

An example of error in popular views ⓐ about the mind appears in the idea of a faculty of observation. One often hears it said that we should train the observation ⓑ of our students; and it is imagined that by training them to observe certain things we are training them to observe anything and everything. Observation, however, relies on interest and knowledge. We have no reason to suppose that a botanist, trained in the observation ⓒ of flowers, will be more observant than us ⓓ of the faces of the people he meets. People are more likely to have their attention diverted by the objects of their special interests. So training in the careful observation of the varied endings ⓔ of Latin words, or of the changes in chemical substances in experiments, will have no effect on the observation of pictures or the movements of the stars.

Based on <A>, choose all the complement PPs from the underlined parts in <B>.

① ⓐ, ⓑ, ⓒ ② ⓐ, ⓒ, ⓓ ③ ⓑ, ⓒ, ⓓ

④ ⓑ, ⓔ, ⓕ ⑤ ⓓ, ⓔ, ⓕ

NOTE

1. **Head & Complement & Adjunct**
   a. 'Head' is obligatory element in a phrase like NP and VP.
   b. 'Complement' is an element in the front or back of its Head and a sister of its Head in the tree diagram, that is, the complement will always be adjacent to the head. Or more particularly, it will always be closer to the head than an adjunct.
   c. Adjunct is an optional element of its Head and a sister of X-bar (level) in the tree diagram.

2. **Complement Vs Adjunct**
   A complement is a phrase required by the head while an adjunct is its optional modifier. In the phrase 'the student with glasses of English', 'student' is a head, 'of English' complement and 'with glasses' an adjunct. These notions of complement and adjunct can be used to explain the grammaticality of sentences. The phrase mentioned above is ungrammatical because the complement didn't come close to the head.

3 Constituency Tests

문장의 어떤 요소가 성분이 될 수 있는지 없는지는 몇 가지 성분 테스트(constituency tests)로 판별이 가능하다. 문장 'This black cat found a/the black dog in the garden'의 성분구조와 성분을 알아보기 위해 다음과 같은 판별식이 있다.

[1] 'Words for answer' test

어떤 질문에 대한 답으로 가능한 말이면 성분이 될 수 있다.

➔ Only the constituents can be responded to open questions (Wh-question).

e.g. 〈The given sentence is 'This black cat found the black dog in the garden'〉

Jane : What found the black dog in the garden?

Susan : the black cat. ⇒ 하나의 성분이 된다.

John : *Black cat. ⇒ 하나의 성분이 아니다.

Bob : *cat. ⇒ 하나의 성분이 아니다.

[2] 'Pro-form' test

대용어(Pro-form) 즉 어떤 말을 대신 하는 말인 대명사 혹은 there, then 등으로 대치가 되면 성분이 된다.

➔ Only the constituents can be substituted by a suitable pro-form.

e.g. a. It found the black dog in the garden. ⇒ 'This black cat'은 하나의 성분이 된다.

b. This black cat found the black dog **there**. ⇒ 'in the garden'은 하나의 성분이 된다.

※ [Pro-form 중의 핵심인 'One'-substitution(replacement)와 'Do so'-substitution]
→ 뒤에 언급될 X-bar syntax에서 자세히 언급되니 참고바람

(1) One-substitution : 'One' replaces 'N-bar' constituents.

e.g. This black cat found a black dog in the garden, but that white cat found a brown **one** under the desk. (one means 'dog' and one substitute 'N' constituent)

(2) Do So-substitution : 'Do so' replaces 'V-bar' constituents.

e.g. This black cat found a black dog in the garden in the morning, but that white cat **did so** at night. ('did so' means 'found a black dog in the garden and 'do so' substitute 'V' constituent)

[3] 'Coordination' test

등위 접속사로 연결될 수 있는 요소이면 성분이 된다.

➔ Only the same kinds of constituents can be conjoined.

e.g. a. **'This black cat'** and **'that white cat'** found the black dog in the garden.
→ and가 두 NP를 등위접속하고 있으므로 앞의 NP인 This black cat은 하나의 성분이 된다.

b. This black cat **'found the dog in the garden'** and **'searched the pig in the house'**.
→ and가 두 VP를 등위접속하고 있으므로 앞의 VP인 'found the dog in the garden'은 하나의 성분이 된다.

c. This black cat found the black dog **in the garden** and **under the desk**.
→ and가 두 PP를 등위접속하고 있으므로 앞의 PP인 in the garden은 하나의 성분이 된다.

※ (coordination상에서 본) Phrasal verb와 Prepositional verb의 통사적 차이

a. John sat *in the chair* and *on the box*. → Prepositional verb의 특징

b. *John picked *up the pen* and *up the book*. → Phrasal verb의 특징

[4] 'Movement' test

한 문장 안에서 함께 이동되는 요소이면 그 요소는 성분이 된다. 이동의 유형은 다양한데 이런 이동들을 통해서 성분성(어떤 요소가 성분임)을 알아볼 수 있다.이동의 유형은 다음과 같다.

① 수동화(passivization)

e.g. The black dog was found in the garden by this black cat.

→ 능동문에서의 목적어 'The black dog'이 수동화(변형)되어서 수동문의 주어위치로 이동된 것이다. 따라서 이동된 요소는 성분이 되므로 the black dog은 성분이 된다.

② 인상(raising)

내포절의 주어(대개 that절의 주어 혹은 to 부정사절의 의미상의 주어)가 주절의 주어 위치로이동하는 현상이 인상(raising)이다.

e.g. a. [$_{NP}$ *The man* [$_{PP}$ *with a hat*]] seems to be smart.

(← It seems that the man with a hat is smart)

b. *[$_{NP}$ *The man*] seems [___ *with a hat*] to be smart.

→ 원래는 내포절의 주어인 'The man with a hat'이 주어의 위치로 '인상이동(raising)'된 문장인 'a'는 grammatical sentence이고 'with a hat'을 뒤에 남기고 'The man'만이 인상이동 된 문장인 'b'는 ungrammatical sentence인 것으로 보아서 'a'의 'The man with a hat'이 하나의 성분이 되며 'b'의 'The man'은 하나의 성분이 되지 못함을 알 수 있다.

③ 분열문, 강조구문(clefting)

이 문장형태는 흔히 'It~that' 강조구문이라고 하며 이 구문과 유사한 구문으로는 'what~is' 강조구문(pseudo-cleft sentence)이 있다. 두 구문은 이동의 현상을 보여주는 구문과 같은 유형으로 간주된다. 아래 밑줄 친 부분이 이동된 부분(강조되는 부분)이다. 따라서 이 부분들은 성분이 된다.

e.g. a. It-that clefting

It was *in the garden* that this black cat found the black dog ___.

b. What-clefting (Pseudo-cleft sentence)

What this black cat found ___ in the garden is *the black dog*.

④ 화제화(topicalization)

화제화는 강조하거나 대조를 위해 특정성분을 문두로 이동시키는 규칙이다. 전치(preposing, fronting)라고도 한다.

e.g. **The black dog,** this black cat found _____ in the garden.

→ 원래 found의 목적어인 The black dog이 강조를 위해 **화제화(변형)**되어 문두로 전치된 예시이다. 따라서 이동된 The black dog은 성분이 된다.

⑤ 외치(extraposition)

대개 명사구 안에 포함되어 있는 수식어구(대개 전치사구) 혹은 절(대개 관계절)이 그 명사구 밖으로 이동(주로 문미로 이동)된 현상이 외치이다. 또한 흔히 'It~that' 가주어-진주어 구문에서 that절이 문미에 배치되는 현상과 'Heavy NP shift'현상(She sold ____at the market *the cake that he made*)도 외치현상이다. Heavy NP shift란 대개 '수식어구가 있는 긴 명사구'의 후치 혹은 외치를 의미한다. (⇒ 외치에 관해서는 다시 뒤에서도 언급된다)

e.g. a. I travelled [the world from Seoul to Moscow] in three weeks.

b. *I travelled _____ in three weeks *the world from Seoul to Moscow.*

→ 'the world from Seoul to Moscow'가 하나의 NP성분인지 아닌지 알기 위해서 b에서처럼 외치(혹은 후치)를 해보니 비문이 되었다. 따라서 'the world from Seoul to Moscow'는 하나의 NP성분이 아니며 the world와 from Seoul to Moscow는 별개의 성분이다. 따라서 'from Seoul to Moscow'는 NP의 일부가 아니므로 'the world from Seoul to Moscow'는 역시 하나의 성분이 아니다.

2008 6월 모의평가문제 31번

기출문제

Read the following and answer the question.

In English, noun phases, as syntactic units, are typically used for subjects, objects, complements and prepositional objects. It can be decided in actual sentences whether a sequence of words constitutes a noun phrase or not. Specifically, if a sequence of words in a sentence can be replaced by a pronoun such as it, she, they, or them, but not by one,ones, that, and those, it is identified as a noun phrase. On the basis of this explanation, consider the following sentence:

The principal reason for my change of mind is the letter that you sent to me.

Which of the following consists of noun phrases in the italicized sentence above?

① principle reason, mind, the letter

② the principal reason, my change, mind

③ my change, the letter, the letter that you sent to me

④ my change of mind, mind, the letter that you sent to me

⑤ the principal reason for my change, my change, the letter

2010년 28번

기출문제 1.5점

Read <A> and <B> and follow the directions.

<A>

Sentences in (1) and (2) exemplify prepositional verbs of the structure 'V-NP1-P- NP2.' (1) and (2), however, are different in that NP2 in (1) can be the subject of a passivized sentence, but NP2 in (2) cannot.

(1) a. They took good care of Mary.
    b. Mary was taken good care of.
(2) a. They deprived Jenny of the land.
    b. *The land was deprived Jenny of.
  ('*' indicates that the sentence is ungrammatical.)

<B>

a. I have made a mess of our friendship.
b. We thanked Mr. Brown for the presentation.
c. Two men robbed Jack of all his possessions.
d. They took advantage of his passion.
e. He blamed me for the failure of the project.
f. The children paid attention to the teacher.

Choose all the sentences in <B> where NP2 CANNOT be the subject of a passivized sentence.

① a, c, d　② b, c, e　③ b, d, f

④ c, d, e　⑤ c, e, f

확인 문제 1

Read the passage and follow the directions.

> We are trying to find instances where groups of words behave as single units. These instances can serve as tests for the hypothesis that constituents are groups of words which function as a unit. In other words, they are tests for constituency. The following is one of the constituency tests.
>
> **Only constituents of the same type can be coordinated.**

Suppose the followings are the ones that the above test has applied to. The constituents may be the counterparts of the following underlined parts. Choose the one that doesn't pass the above test.

① The chairman has resigned from the board and the company.

② The chairman has resigned from the board and from the company.

③ The chairman has resigned from the board and gone abroad.

④ The chairman has resigned from the board and is living in Utopia.

⑤ The chairman has resigned from the board and company has replaced him.

2006 전국 7번

기출문제 4점

<A>를 읽고, 구성 성분 테스트(**constituent test**)를 이용하여 **<B>**에 주어진 문장의 밑줄 친 부분이 구성 성분(**constituent**)이 될 수 있는지 없는지를 우리말로 밝히시오.

<A>

Consider the sentences below.

(1) John will meet his employer at the castle.

(2) a. At the castle, John will meet his employer.
b. His employer, John will meet at the castle.
c. Meet his employer at the castle, John will (indeed).

(3) a.*Employer at the, John will meet his castle.
b.*Meet his, John will employer at the castle.

In each of the sentences in (2) a group of words has been moved to the beginning of the sentence, since it forms a syntactic unit called a constituent. On the other hand, in (3), the preposed words do not form constituents. That is why they are ungrammatical. Only a constituent can be preposed.

<B>

① The people can move <u>the sculpture into the museum</u>.
② The people can see <u>the sculpture from the museum</u>.

①

②

NOTE

<Constituency Tests>

1. 'Words for answer' test
   Only the constituents can be responded to open questions(Wh-question).
   e.g. Jane: What found the black dog in the garden?
   Susan: *The black cat.*
2. 'Pro-form' test
   Only the constituents can be substituted by a suitable pro-form like pronoun.
   e.g. It found a black dog in the garden. (It means *This black cat*)
3. 'Coordination' test
   Only the same kinds of constituents can be coordinated(conjoined).
   e.g. *This black cat* and *that white cat* found the black dog in the garden.
4. 'Movement' test
   Only the constituents can be moved (in the focus position).
   e.g. *The black dog* was found ___ in the garden (by this black cat).

4 Argument Structure & Selection(논항구조 & 선택제약)

이휘부(lexicon, dictionary in mind)의 통사적인 정보에는 범주자질(categorial feature), 논항구조(argument structure), 그리고 선택제약(selection)과 관련된 하위범주화구조(subcategorization)와 의미역구조(thematic structure)가 포함된다. 논항구조, 하위범주화구조, 의미역구조는 **술어(동사, 형용사, 명사 등)**가 자기가 필요한 요소들을 통사적으로 혹은 의미적으로 **선택하여(select)** 만들어진 구조들을 의미한다.

[1] 술어(predicate) 혹은 서술어는 그 술어가 나타내는 상황 혹은 사건에 참여하는 개체들(논항들) 간의 관계를 나타낸다. 논항(argument)은 그런 관계에 참여하는 개체들이고 이런 개체들의 개수와 위치를 나타낸 것을 **논항구조(argument structure)**라고 한다. 좀 더 쉽게 표현하면 술어 혹은 동사(verb)는 자기의 의미를 완성하기 위해 필요한 요소(e.g. 주어, 목적어)를 취하는데 이 요소를 논항이라고 하고 동사가 취하는 논항의 개수와 그 논항의 위치를 나타낸 것이 논항구조이다. 논항이 1개만 필요한 술어를 1 항 술어(one-place predicate), 2개가 필요한 서술어를 2 항 술어(two-place predicate), 3개가 필요한 술어(three-place predicate)라고 한다. 그리고 논항의 위치는 대개 동사 앞인 주어위치, 동사 뒤인 목적어위치 등을 말하고 주어를 외재논항(external argument: 동사구 외부에 있는 논항), 목적어를 내재논항(internal argument: 동사구 내부에 있는 논항)이라고 한다.

(1) 1 항 술어

여기에 속하는 동사에는 smile, arrive, run과 같은 자동사(intransitive verb)가 해당되고 여기에 속하는 형용사에는 old, blue, slow와 같은 예들이 해당된다.

e.g. smile: V; 1 → '1'은 동사가 필요한 논항이 1개라는 것을 나타낸다.
[NP ___] → 이것은 동사 앞에 논항, 여기서는 주어논항(외재논항)이 위치한다는 것을 나타낸다. (The verb is located in the blank)

(2) 2 항 술어

여기에 속하는 동사에는 대개 kick, want, know와 같은 타동사(transitive verb)가 해당되고 여기에 속하는 형용사에는 proud, fond와 같은 형용사의 예들이 해당되며(be proud of~, be fond of~) 특별히 동사에서 파생된 명사인 opposition, reliance 같은 명사도 이 유형에 속한다고 볼 수 있다. (her opposition to him, her reliance on his help)

e.g. hit: V; 1 2 → '2'는 동사가 필요한 논항이 2개라는 것을 나타낸다.
[NP ___ NP] → 이것은 동사 앞에 주어논항 NP가 위치하고 동사 뒤에는 목적어논항 NP(내재논항)이 위치한다는 것을 나타낸다.

(3) 3 항 술어

give: V; 1 2 3 → '3'는 동사가 필요한 논항이 3개라는 것을 나타낸다.
[NP ___ NP NP]
put: V; 1 2 3 → '3'는 동사가 필요한 논항이 3개라는 것을 나타낸다.
[NP ___ NP PP]

e.g. 이런 동사에는 대개 give, send, put, place같은 동사가 해당된다.

[2] 술어(동사, 형용사, 명사 등)가 자기가 필요한 요소들을 통사적으로 혹은 의미적으로 선택하여 만들어진 구조들을 의미한다. **선택제약(selection)**에는 통사적인 선택제약(Syntactic Selection)과 의미적인 선택제약(Semantic Selection)이 있다. 통사적인 선택제약을 Subcategorization(하위범주화구조)라고도 하며 의미적인 선택제약은 Thematic structure (의미역구조)에서 확인된다.

(1) Subcategorization (Syntactic Selection, Category Selection, Complementation)

하위범주화(subcatogorization)는 술어(e.g. 동사)가 선택하여 취하는 보충어 논항(argument that acts on complement)의 문법범주를 명시해 놓은 것이다. 즉 동사가 자기의 하위범주(subcategory)로서 반드시 취해야 할 요소의 통사적인 문법범주를 나타낸 것이다. 다른 말로는 Syntactic Selection, Category Selection, Complementation, Complement- taking이라고도 한다.

e.g. A. smile : [___ Ø] ※ The verb is located in the blank
a. I smiled [Ø].

b. * I smiled [the sight].

→ 이런 문장이 왜 비문인지 설명해주는 규칙이 바로 '하위범주화'이다.

B. hit : [___ NP]

a. * I hit [Ø].

b. I hit [the ball].

C. put : [___ NP, PP]

a. *I put [the book].

b. *I put [on the desk].

c. I put [the book on the desk].

(2) Semantic Selection and Thematic structure

① Semantic Selection

의미(론)적인 선택제약(Semantic selection)은 술어(e.g. 동사)가 취하는 논항(e.g. 주어, 목적어)에 대한 의미론적 제약 혹은 의미역에 대한 제약이다.

※ 의미론적 선택제약은 외재논항(주어)과 내재논항(목적어) 모두에 적용되는 규칙이지만 이미 배운 하위범주화는 내재논항(목적어)에만 적용되는 규칙이다.

e.g. drink : V, [___ NP]

[+Fluid] → 여기서의 NP는 의미적으로 [+Fluid]자질을 지녀야 한다.

a. John drinks [milk].

b. ? John drinks [biscuit]. ※ ?는 어색한 문장이란 의미이다.

→ drink 다음에 biscuit이 오면 하위범주화 즉 통사적 선택제약(category selection)은 준수하지만 의미적인 선택제약적 측면으로는 biscuit은 [+Fluid](마실 수 있는 액체성 자질)를 지니지 못하므로 이상한 문장이 된다.

이제 아래 예문을 살펴보자

e.g. a. John admires sincerity.

a'. ? Sincerity admires John

b. They prayed.

b'. ? The stone prayed.

c. ? My comb hates John's idea.

c'. ? John's idea hates my comb.

d. ? The rock killed a bolt of lightning.

d'. ? A bolt of lightning killed the rock.

admire과 pray는 주어를 선택적으로 즉 '[+animate]를 가진 NP'로 제약한다. 또한, hate와 kill은 '[+animate]를 가진 NP'를 주어와 목적어로 선택하기 때문에 무생물들이 어떤 것을 싫어할 수 없고, 바위도 무언가를 죽이거나 죽임을 당할 수 없다. 이러한 논항의 의미적 속성에 대한 제약은 동사의 어휘정보에 포함되어 있는 것이다.

② Thematic structure

앞에서 술어는 논항구조를 가진다고 했는데 이 논항은 술어가 나타내는 행위나 사건 혹은 상황 속에서 **의미적으로 어떤 역할들(roles)을 맡고 있다. 이를 통해 다음과 같은 의미역 이론을 설정할 수 있다:** '모든 논항은 반드시 하나의 의미역을 가지며 하나의 의미역이 하나의 논항에 부여된다.' 예를 들면 'John hit Mary'에서 논항인 John은 'hit Mary'(VP)라는 행위나 사건에서 'Agent'(행위자)라는 (의미적인) 역할을 맡고 있고 논항 Mary는 그 사건에서 'Patient'(수동자: 당하는 자)라는 역할을 맡고 있다. 이런 'Agent' 그리고 'Patient'를 의미역(semantic role)이라고 한다. 일반화시켜서 말하면 의미역은 논항이 서술어와의 관계 속에서 가지는 역할이라고 볼 수 있으며 서술어는 논항에게 의미역을 부여하고 논항은 서술어에게 의미역을 부여받아야 한다.(따라서 논항은 의미역을 가지는 NP를 의미하기도 한다. 의미역이 없는 가주어 it과 같은 것은 논항이 아니다) 술어가 어떤 특정한 의미(역)를 가지는 논항을 선택하여 취한다는 면에서 Semantic Selection이라고 간주된다. 특히 의미역이 선택되어 형성된 구조를 Thematic structure(의미역구조)라고 한다. 결국 큰 틀은 Semantic Selection이며 Thematic structure는 그것의 일종으로 간주하면 된다.

e.g. murder: V, 1 2

	1	2	
	NP	NP	→ 논항구조(Argument structure)
	[+Human]	[+Human]	→ 의미적 선택제약(Semantic selection)
	Agent	Patient	→ 의미역 Thematic Role(Thematic Structure)

※ 술어가 주어와 목적어에 각각 의미역을 할당하는데 엄밀히 말하면 VP(동사구)가 주어에 의미역을 주고 V(동사)가 목적어에 의미역을 준다고 한다.

다음은 의미역들의 종류이다.

1) 행위자역(Agent): 동작을 일으키는 주체

e.g. <u>John</u> hit Andrew.

2) 피동자역 혹은 수동자역(Patient): 행위를 당하거나 변화를 겪거나 영향을 받는 개체

e.g. John hit <u>Andrew</u>.

3) 대상역(Theme)은 서술어가 나타내는 행위나 사건에 의해 이동되는 개체

e.g. We put the cheese in the container.

4) 경험역(Experiencer): 심리적 상태를 경험하는 개체

e.g. a. Jim like syntax.

b. Syntax frightens Jim.(여기서 Syntax는 Source라고도 한다)

5) 수령자(Receiver or Benefactive): 동작으로 인해 무언가(사물, 혜택)을 받는 개체

e.g. a. He bought Mary these flowers.

b. He bought these flowers for Mary.

6) 목표역(Goal): 움직이는 것이 향하고 있는 방향이나 장소

e.g. a. John was given the book. → Receiver role이기도 하다.

b. John went to Chichago.

7) 도구역(Instrument): 동작을 수행하게 하는 수단

e.g. Patrick killed the man with a gun.

8) 위치역(Location): 행위난 사건이 발생한 장소

e.g. a. It rains in Seoul. b. We found the cheese in the container.

9) 근원역(Source): 움직이는 개체의 출발점이나 출처

e.g. a. John came from the village. b. Syntax frightens Jim.

10) 결과역(resultative): 행위의 결과물 e.g. a. John dug a hole

※ 의미역에 있어서의 혼동되는 사항

A. 목적어는 피동자역(Patient), 대상역(Theme), 목표지(Goal), 수령자(Receiver or Beneficiary), 경험자역(Experiencer)으로 나타날 수 있다.

B. 주어는 항상 행위자역을 갖는 것은 아니다. 피동자역, 경험자역도 갖는다.

a. Tom broke the window. (Tom은 행위자역)

b. Tom broke the left leg. (Tom은 피동자역)

C. 'John smell the freshly baked bread'에서 목적어NP가 어느 의미역에 속하는지 분명하지 않지만(일단 수동자역으로 간주) 그 NP가 의미역을 가진 다는 것은 분명한 것이라고 인식해야 한다.

D. 의미역을 할당하는 술어가 주절의 술어인지 종속절의 술어인지 확인해야 한다.

(다음 문제들 뒤에 나오는 Key Notes의 4번—2012년 21번 기출문제—를 참고할 것)

확인 문제 2

Read the following and answer the question.

Transitives which have two arguments (i.e., two complements) behind themselves can be divided into five types as follows(Note: *means ungrammatical sentence).

A type: a. I ⓐ him the trouble.
b. *I ⓐ the trouble to him.

B type: a. *I ⓑ the box the book.
b. I ⓑ the book in the box.

C type: a. I ⓒ the box to John.
b. I ⓒ John the box.

D type: a. I ⓓ John the story.
b. I ⓓ John that the exam was cancelled.
c. I ⓓ the story to John.

E type: a. *I ⓔ John her success.
b. *I ⓔ her success to John.
c. I ⓔ John of her success.
d. I ⓔ John that she had been successful.

Consider the underlined parts in which Certain verbs are allowed and choose one incorrect statement of the followings.

① 'spare' is fit for ⓐ

② 'put' is fit for ⓑ

③ 'sent' is fit for ⓒ

④ 'explained' is fit for ⓓ

⑤ 'informed' is fit for ⓔ

2009 29번
기출문제

Read the following and answer the question.

Compare the two sets of sentences in (1) and (2).

(1) a. John was said to have solved all of the questions.
  b. John was told to solve all of the questions.
(2) a. The earthquake was said to have hit the city.
  b. *The earthquake was told to hit the city.
  (The sentence with an asterisk '*' is unacceptable.)

The two sentences in (1) contain an NP-movement; an NP moves from the position after the main verb to the subject position. The subject can be interpreted as identical with that of to-infinitive. We may assume that the verbs 'say' and 'tell' take the same type of complement. This assumption, however, cannot be tenable because of the contrast shown in (2). The contrast indicates that the subject in (2a) is not selected by the verb 'say', while that in (2b) must be selected by the verb 'tell'.
Here are some more examples whose structure is identical either with (1a)-type construction or with (1b)-type construction as discussed above.

a. The gladiators were supposed to survive brutal fights.
b. The passengers were reminded to fasten their seat belts.
c. The Amish people are reported to live and dress very simply.
d. The company's workers were found to have organized a union.
e. The flood victims were advised to prepare food in hygienic conditions.
f. The listeners were invited to see the world in a different perspective.

Which of the following correctly classifies the above examples a~f?

	(1a) – type	(1b) – type
①	a, b, c	d, e, f
②	a, c, d	b, e, f
③	b, d, e	a, c, f
④	b, d, f	a, c, e
⑤	c, e, f	a, b, d

2013년 34번
기출문제

Read the following and answer the question.

<A>

A group of verbs occurring in main verb position followed by infinitive complements may be described as involving some kind of commitment to future action. From a structural perspective, a commitment can be either SELF-DIRECTED (e.g., decide) or OTHER-DIRECTED (e.g., order). That is, you yourself (self-directed) can decide to go (***Structure I: V to-V***), or someone else (other-directed) can order you to go (***Structure II: V NP to-V***). When the commitment is self-directed, there is usually no need for an object NP, as in (1). When the commitment is other-directed, the structure will include an object NP, as in (2).

(1) I decided (*me) to go.
(2) He ordered us to get out.

Other-directed verbs also occur with 'for NP' followed by infinitive complements (*Structure III: V for NP to-V*), as in (3).

(3) She prayed for him to return.

<B>

Cases	Types of structures
a. Can you <u>allow (we come in)</u>?	II
b. She <u>longed (he would visit her)</u>.	I
c. I <u>threatened (I would leave)</u>.	I
d. We <u>arranged (he would leave at once)</u>.	II
e. They <u>expect (we will come early)</u>.	III

Which of the following lists all and only the cases in <B> that correctly illustrate the types of structures described in <A> when the underlined part is changed into a verb plus infinitive clause sequence?

① a, b ② a, c ③ b, c ④ c, d ⑤ d, e

2008 서울 17번
기출문제

Read the passage and follow the directions.

Activity : Paying Attention

Draw arrows from the verb to show who or what experiences the feeling described by the verb in the sentences. Use a dictionary to check the meanings of any verbs you do not know.

Examples : Sometimes people like dogs. (unmarked)

Sometimes people please dogs. (marked)

(1) Mary worries her mother.
(2) Cats bother Mary.
(3) Dolores mourns her father.
(4) People prefer dogs.
(5) Sometimes men disgust women.
(6) Poor people envy rich people.

This activity focuses students' attention on the experiencer in sentences containing both unmarked and marked psychological(psych) verbs. In this case the input is written so as to allow time for students to reflect on the sentences.

This activity uses a **consciousness-raising technique.** That is, it seeks to make students aware of the grammatical difference between psychological verbs such as like and please. It can be extended by other consciousness-raising activities. For example, students might be asked to classify the verbs in the sentences they are exposed to into two groups according to whether the experiencer is the grammatical subject or object. The teacher might also like to provide an explicit explanation of the difference between the two verb groups.

complete the table by classifying all the verbs used in (1)~(6) in the Activity.

type of psych verb	example
unmarked	① ________ ________ ________
marked	② ________ ________ ________

NOTE

1. Argument Structure & Predicate

Every predicate has argument structure. The argument structure of the predicate(roughly, verb) determines(shows) which elements of the sentence are obligatory. e.g. The verb 'hit' must have two arguments(i.e., subject and object)

2. Selection

Compare the three sets of sentences.

1. (a) John preferred Mary to interview Bob.
   (b) John told Mary to interview Bob.
2. (a) John preferred there to be a dog in the house.
   (b) * John told there to be a dog in the house.
3. (a) * Mary was preferred to interview Bob.
   (b) Mary was told to be interview Bob.

   (The sentence with an asterisk '*' is unacceptable.)

Given (1a) and (1b), it appears that the verbs *prefer* and *tell* behave alike in terms of the construction verb+NP+infinitival clause. But two sharp contrasts arise as in 2 and 3. The difference of grammaticality between (2a) and (2b) is due to semantic selection of verbs, and that between (3a) and (3b) is due to syntactic constraint. One of the two differences arises between (2a) and (2b) when the NP *Mary* in 1 is replaced by the expletive there. The ungrammaticality of (2b) is due to the semantic constraint on the type of object the verb *tell* takes. (2b) is not allowed because *tell* must take as its object NP sentient being like *Mary* in (1b). However, *prefer* can select almost all irrespective of specific semantic feature in its NP position like *Mary* and there, as in (1a) and (2a). The other of the contrasts, which arises between (3a) and (3b), is decided by syntactic constraint. *tell* takes as one of two complements the NP *Mary* that is the object of *tell* that can be moved to subject position in a passive sentence as in (3b). However, the complement of *prefer* is the sequence of an NP and an infinitival clause, and the subject of the infinitival clause is the NP *Mary* that can't be moved to subject position as in (3a).

3. Thematic Role (Theta-Role)

Thematic role means the semantic relationship between the verb and the noun phrases of a sentence, such as agent, theme, patient, location, instrument, goal, source.

a. 'Agent' is the doer or instigator of the action or event denoted by the predicate.
b. 'Patient' is the undergoer of the action or event denoted by the predicate.
c. 'Theme' is the entity that is moved by the action or event denoted by the predicate.
d. 'Experiencer' is the (living) entity that experiences the action or event denoted by the predicate.

e. 'Benefactive' is the entity that benefits from the action or event denoted by the predicate.
f. 'Goal' is the entity toward which the action denoted by the predicate is directed.
g. 'Instrument' is the medium by which the action or event denoted by the predicate is carried out.
h. 'Location' is the specification of the place where the action or event denoted by the predicate is situated.
i. 'Source' is the location or entity from which something moves.

4. The source of the thematic role of the subject (2012년 21번 기출문제)
Sentence (1) seems to have the same structure as sentence (2).

(1) The researchers appeared to start their project.
(2) The researchers planned to start their project.

A close analysis, however, would show sentence (1) is different from sentence (2) in the source of the thematic role of the subject *the researchers*. The subject acquires its thematic role from the predicate of the complement clause *start* in sentence (1), but from the predicate of the main clause *planned* in sentence (2).

a. The angry crowd is unlikely to leave the plaza.
b. The supervisors turned out to be under investigation.
c. The children were found to have rashes.

d. The manager preferred to please his staff.
e. The man was relieved to see his son safe.
f. The candidate was keen to resign and support his opponent.

⇒ a, b, c는 (1)과 같은 pattern을, d, e, f는 (2)과 같은 pattern을 보여주는 문장이다

UNIT 02

Phrase Structure & Constituent Structure

1 Phrase Structure and Tree Diagram

[1] N, V와 같은 어휘 범주들(성분들)을 바탕으로 더 큰 단위인 NP, VP와 같은 구들을 단계적으로 생성하는 과정은 **구 구조 규칙(Phrase Structure Rules: PS rules)**의 형태로 나타낼 수 있다. 즉 PS rules는 문장의 뼈대를 만들어내는 규칙이다. PS rules는 어휘범주들의 선형적인 순서(linear order)이외에도 어떤 요소가 필수적인지(obligatory) 선택적인지(optional)도 보여준다. 즉 PS rules는 어떤 구가 어떤 어휘범주로 혹은 어떤 어휘범주들의 결합(구 범주)으로 이루어지는지를 보여주며 문장 혹은 구 속에서 어떤 어휘범주 혹은 구 범주가 핵인지, 보충어인지, 부가어인지 보여준다. 이런 PS rules는 수형도(tree diagram)로 나타낼 수 있다.

a. the boy
b. the good boy
c. the very good boy
d. the very good boy in the village
e. met the very good boy in the village
f. John met the very good boy in the village

⇒ X → Y-Z (X에는 phrasal category가 오고 Y와 Z에는 그 phrasal category를 구성하는 항목이 온다)

A. 명사구(NP) → (D)-(AP)-N-(PP) ※ '( )' means an optional element
B. 형용사구(AP) → (Adv)-Adj
C. 전치사구(PP) → P-NP
D. 동사구(VP) → V-NP-(AdvP 혹은 PP) 혹은 V-(NP)-(AdvP 혹은 PP)
E. 문장(S) → NP-(Aux)-VP

[2] 앞에서 소개된 어휘범주, 구범주, 그리고 구구조규칙을 이용하여 문장의 구조를 **수형도** (tree diagram)로 나타낼 수 있다.

→ 수형도는 각 요소들(성분들) 간의 구조적 관계를 나타낸 그림으로 그런 구조적 관계의 종류에는 관할(dominate), 직접관할(immediate dominate), mother–daughter–sister 등이 있다. 수형도가 나타내는 성분 간의 구조적 관계를 정확히 파악하기 위하여 몇 가지 용어를 익힐 필요가 있다.

➔ A tree diagram with syntactic category information is called a phrase structure tree, sometimes called a constituent structure tree.

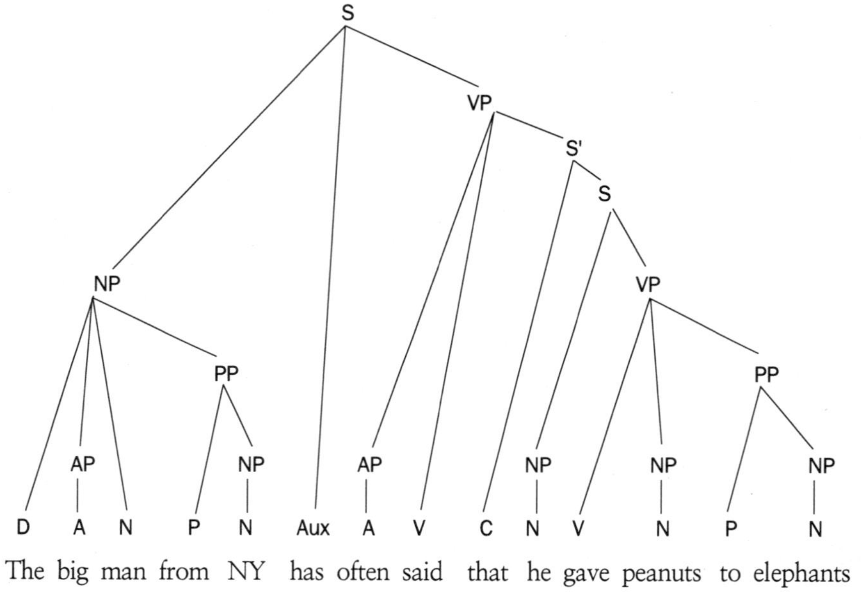

※ C는 보문소(complementizer)를 가리키며, that과 같은 접속사가 해당된다. S'는 'C+S(sentence)' 구조를 포함한다.

(1) 구 표지

교점들(nodes)의 (연결)관계를 나타낸 수형도를 구 표지(phrase–marker)라고 한다. 성분과 성분을 이어 주는 선을 가지(branch)라고 하며, 가지가 만나는 점을 교점(node)이라고 한다.

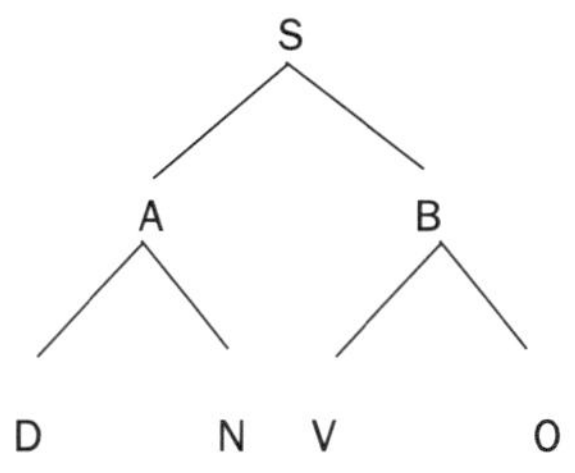

→ Root Node: 최상위 교점

→ Non-terminal nodes : 교점의 아래, 위로 다른 성분과 연결되어 있는 교점

→ Terminal nodes: 수형도 끝에 있는 교점

(2) 관할

S가 B를 관할(dominance)한다는 것은 수형도 상에서 S가 B보다 위에 있고 S에서 B로 향하는 가지는 아래로 향할 때 S가 B를 관할한다고 한다. 위 그림에서 S은 A, B, D, N, V, O를 관할하고 A는 D, N을, B는 V, O를 관할한다. 그러나 A가 V, O를 관할하지 않고 B는 D, N을 관할하지 않는다.

① immediate dominance(직접관할) : S가 B를 직접관할한다는 것은 S가 B를 관할하고 S와 B 사이에 다른 성분이 없을 때, S가 B를 직접관할한다고 한다. 위 그림에서 S은 A과 B를 직접관할하지만, S은 D, N, V, O 를 직접관할하지 않는다. A는 D, N을 직접관할하고 B는 V, O를 직접관할한다.

② mother : S가 B를 직접관할할 때 S는 B의 어머니 교점(mother node)이다.(B는 S의 딸이 된다). S는 O의 어머니 교점이 아니고 할머니 교점이다.

③ daughter : B가 S의 직접관할을 받을 때, B는 S의 딸 교점(daughter node)이다. O는 S의 딸 교점이 아니고 손녀 교점이다.

④ sister : A와 B의 어머니 교점이 같을 때, A와 B는 자매(sister) 관계이다. 위 그림에서 A과 B는 S의 직접관할을 받는 자매 관계(sisterhood)이고, D와 N도 자매 관계이다. 그러나 N과 V는 자매관계가 아니다. 이런 자매관계는 뒤에서 언급될 '성분통어'관계이기도 한다.

(3) 선행

A가 B를 선행(precedence)한다는 것은 A가 B의 왼쪽에 있고, A와 B는 서로 관할관계에 있지 않으며, A를 관할하는 교점은 모두 B의 왼쪽에 있거나 B를 관할할 때, A가 B를 선행한다고 한다. 위 그림에서 A은 B를 선행하고, D는 N뿐만 아니라 V, O를 선행한다. A는 V, O를 선행하고 D와 N은 B를 선행한다. 그러나 관할관계에 있는 S, A, D끼리는 선행관계를 따질 수 없다.

(4) 성분통어

A와 성분통어(c-command)관계에 있는 교점들은 즉 A가 성분통어 하는 요소들은 A의 자매교점(들)과 그 자매들의 모든 딸(손녀, 증손녀 포함)교점들이다. 뒤에 나오는 Unit 4. 'Government & Binding Theory'(지배와 결속 이론)에서 필요한 개념이다.

➔ **informal definition** : A node c-commands its sisters and all the daughter of its sisters.
formal definition : A c-command B if the first branching node dominating A dominates B, neither A nor B dominate the other.

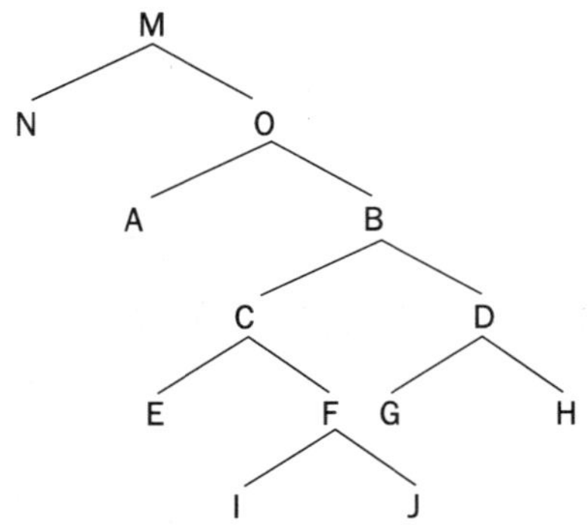

a. N이 성분통어하는 교점 : O, A, B, C, E, F, I, J, D, G, H
b. A가 성분통어하는 교점 : B, C, E, F, I, J, D, G, H
c. B가 성분통어하는 교점 : A
d. C가 성분통어하는 교점 : D, G, H
e. D가 성분통어하는 교점 : C, E, F, I, J
f. E가 성분통어하는 교점 : F, I, J
g. F가 성분통어하는 교점 : E

2 Ambiguity & Constituent Structure(중의성과 성분구조)

[1] 문장이 두 가지 이상의 의미로 해석되는 것을 문장의 **중의성(ambiguity)** 혹은 구조적 중의성(structural ambiguity)이라고 한다.

e.g. a. John likes chocolate cakes and pies
b. Visiting relatives can be sometimes a nuisance.
c. I saw the pen on the table.
d. He treated her roughly in the same way.
e. John likes old English poems.
f. The father of the boy and the girl will travel to India.
g. Mrs. Coleman gave her dog biscuits this morning.
h. My brother told the teacher that he ran into something.
(2011년 30번 기출문제 참고: 뒤에 나오는 NOTE 참고)

a는 '쵸코릿 케이크과 쵸코릿 파이'(cakes와 pies를 등위접속) 혹은 '쵸코릿 케이크과 그냥 파이'(chocolate cakes와 pies를 등위접속)의 중의성이 있고 b는 '방문하는 친척들'(visiting이 현재분사로서 수식어) 혹은 '친척들을 방문하기'(visiting이 동명사)의 중의성이 있고 c는 '테이블위에서 펜을 보기'(on the table이 동사구를 수식)와 '테이블 위에 있는 펜을 보기'(on the table이 the pen을 수식)의 중의성이 있고 d는 '그녀를 대략 동일하게 다루기'(roughly가 in the same way를 수식)와 '그녀를 동일한 방법으로 거칠게 다루기'(roughly가 in the same way와 관계없고 동사구를 수식)의 중의성이 있으며 e는 '오래된 영시'(old가 English poem을 수식)와 '고대영어 시'(Old English와 poems의 결합)의 중의성이 있고 f는 '그 소년과 그 소녀 둘의 아버지' 혹은 '그 소년의 아버지와 그 소녀'의 중의성이 있고 g는 '그녀에게 dog biscuits을 주다' 혹은 '그녀의 개에게 biscuits을 주다'의 중의성이 있고 h는 '그가 마주친 선생에게 무언가를 말했다' 혹은 '선생에게 그가 무언가와 마주쳤다고 말했다'의 중의성이 있다.
또 하나의 예시를 통해 중의성과 구조(계층구조)의 관련성을 파악해보자. 아래 문장은 '남자가 왕을 칼로 죽였다'는 의미와 '남자가 칼을 가진 왕을 죽였다'는 두 가지 의미로 해석된다. 이러한 중의성은 서로 다른 수형도(구조)로 정확하게 포착할 수 있다.

e.g. 'The man killed the king with the knife.'

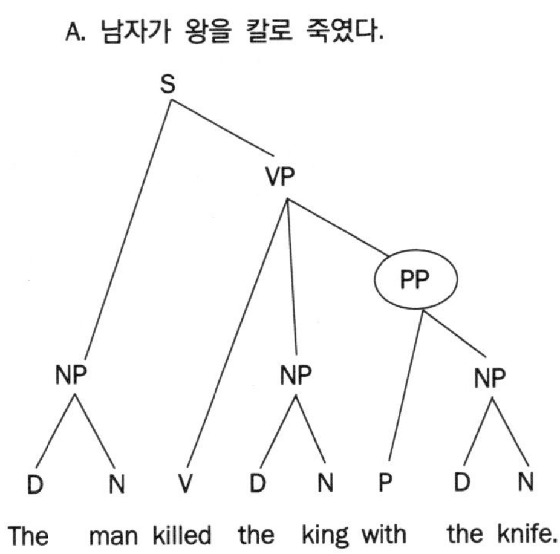

[Figure 1]

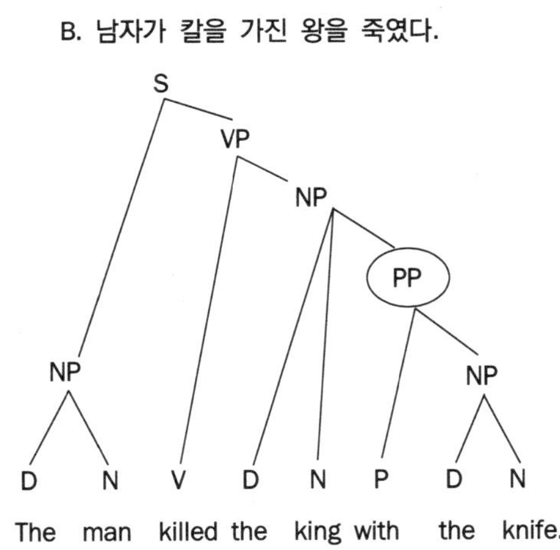

[Figure 2]

'남자가 왕을 칼로 죽였다'는 문장의 수형도(Figure 1)에서는 PP가 V를 수식하여 VP 아래에 있고, '남자가 칼을 가진 왕을 죽였다'의 뜻을 가진 수형도(Figure 2)에서는 PP가 N을 수식하여 NP 아래에 있다. 이처럼 성분의 위치에 따라 문장의 의미가 달라진다. 수식어구(modifier)는 수식할 구(phrase) 내에 부착되어야 한다.

※ 위의 Figure 1과 Figure 2로부터 이끌어낼 수 있는 구조적 진술들

A. Direct Object is NP directly dominated by VP.
B. Subject is NP directly dominated by S.
C. The PP in Figure 1 is directly dominated by VP.
D. The PP in Figure 2 is directly dominated by NP.

[2] 앞에서 언급했듯이 'VP→V-NP-PP'라는 선형적인 PS Rules만 가지고는 주어진 문장 'The man killed the king with a knife'이 왜 중의성을 가지는지를 설명해주지 못한다. 왜냐하면 선형적 구조인 'VP→V-NP-PP'만 가지고는 이 PP가 NP속의 N을 수식해주는지 혹은 VP를 수식해주는지 알 수 없기 때문이다. 따라서 중의성을 설명해 줄 수 있는 성분구조(계층구조를 보여주는 성분구조)가 필요하다. **성분구조(constituent structure)**란 성분 간의 구조적(선형적+계층적) 관계를 표현해주는 구조이다. 앞에서 언급된 성분구조인 Figure 1과 Figure 2의 내부계층구조는 서로 다르게 표현되므로 중의성을 잘 포착하게 해준다. '수많은 문장구조를 설명하기 위해 기존의 PS Rules는 많아질 수밖에 없다'는 문제점(일반성이 좀 떨어지는 문제점)과 중의성을 설명하기위해 계층구조를 명확히 보여주어야 한다. 그리고 내심구조(endocentric structure)의 원리인 모든 구는 핵을 가져야 한다)를 지켜야 하는 점들 때문에 더욱 정교한 성분구조가 새롭게 탄생되는 계기가 되었다. 그것이 바로 다음에 언급될 X-bar Syntax(X' Theory)이다.

3 X-bar Syntax

기존의 성분구조(constituent structure)를 좀 더 정교하게 발전시킨 **X-bar Syntax(X' Theory)**는 중간범주(X-bar level)설정과 모든 구의 일반화된 구조설정을 특징으로 하면서 좀 더 정교한 계층구조를 보여줌으로써 여러 통사적 문제(e.g. 중의성의 문제 등)를 명확히 해결해 주는 역할을 하게 되었다. 그러면 왜 중간범주가 설정될 필요가 있는지 알아보겠다.

e.g. a. I want this [big book of poems with the blue cover], not that one.
b. I bought the big [book of poems with the blue cover], not the small one.
c. I bought the big [book of poems] with the blue cover, not the small one with the red cover.

각 문장에서 *one*은 [ ] 안에 있는 요소를 대체하고 있다. Pro-form(대용어)으로 대체 할 수 있다는 것은 그것들이 성분이라는 것이다. 따라서 NP안에 [ ]로 묶여 있던 요소들인 big book of poems with the blue cover, book of poems with the blue cover, book of poems가 각각 독립적으로 성분을 이루고 있다. 이러한 예는 NP(this big book of poems with the blue cover)보다는 작고 N(book)보다는 큰 중간 범주에 해당하는 N'(N-bar)의 범주가 존재하여 하나의 구에도 여러 개의 계층이 나뉘어져 있다는 것을 보여준다. NP의 겉보기의 구조는 아래의 수형도와

같지만 그 NP를 이루는 요소들인 D, AP, N, PP들이 모두 같은 위계에 있는 것이 아님을 보여준다. NP(this big book of poems with the blue cover)에서 one으로 대치 가능한 요소는 위의 예에서 보듯이 3개이므로 N-bar도 3개인데 이것은 아래의 Figure 4에서 확인할 수 있다.
위에서 언급한 NP의 구조를 아래의 수형도와 같이 나타내면 'of poems'의 PP와 'with the blue cover'의 PP가 같은 위계에 있다.

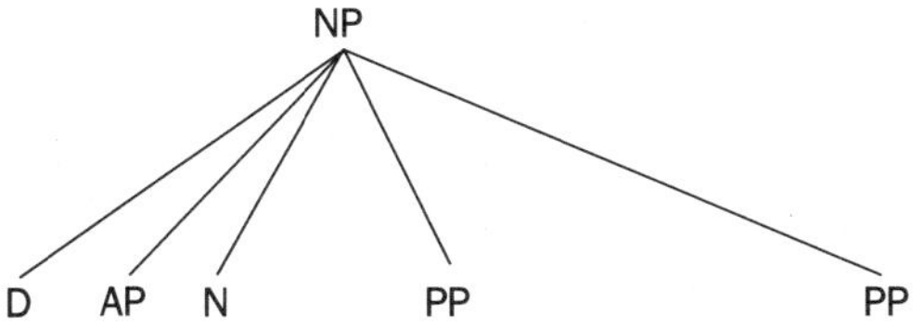

[NP The big book [PP of poems [PP with the blue cover]]]

[Figure 3]

그러나 다음과 같은 정교한 성분구조로 나타내는 것을 고려해보자.

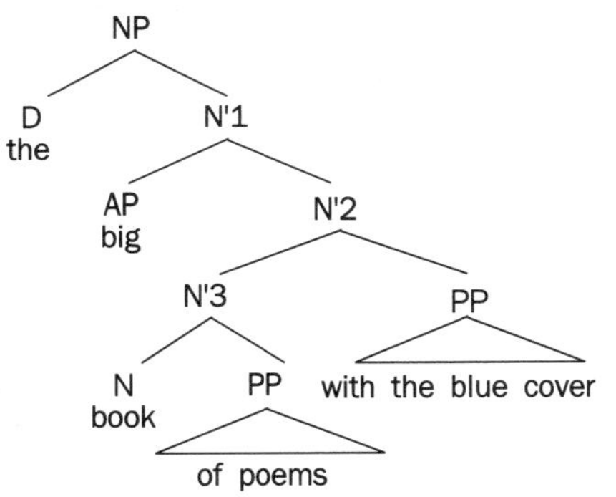

[Figure 4]

※ one-대체하기(one-replacement) : one으로 대체할 수 있는 성분은 N'이다.
Figure 4에서는 3개의 N'들이 있으므로 one으로 대체할 수 있는 항목이 3개이다.

이러한 중간 범주-N'(N-bar)-의 설정을 모든 문법 범주에도 적용한 것이 X-bar이론이다. X'의 식형은 다음과 같다. (X는 모든 문법 범주를 대입할 수 있는 변항이다. X'의 수형도에서는 가지가 두 방향으로만 향하는 'binary branching'을 따른다.)

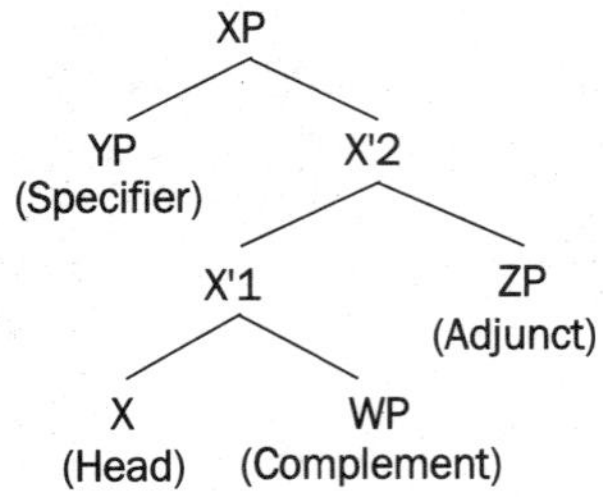

[Figure 5]

※ '( )' 선택적인 요소를 표기한다.

→ Specifier rule: XP → (YP) X'

→ Adjunct rule: X' → X' (ZP)

→ Complement rule: X' → X (WP)

지정어(specifier)는 XP의 딸이고 X'와 자매 관계에 있는 성분이며 XP가 문장이라면 주어 위치이다. 부가어(adjunct)는 X'2의 딸이고 X'1과 자매 관계에 있는 성분으로 수식어구의 위치이다. 보충어(complement)는 X'1의 딸이고 X와 자매 관계에 있는 성분으로 목적어의 위치이다. Figure 4에서 PP 'of poems'가 complement, PP 'with the blue cover'가 부가어다.

※ X' Theory에 대한 제약

1. 투사의 원리(projection principle)

X'-Theory는 'X' → X (WP)'의 보충어 규칙(complement rule)이 보여주듯이 보충어는 선택적으로 삽입한다고 말하고 있기 때문에, 보충어가 있어도 되고 없어도 된다. 그러나 문장 a와 b의 hate, e와 f의 give처럼, 어떤 동사는 보충어가 반드시 있어야 하고, c와 d의 smile에서처럼 보충어를 취하면 안 되는 동사가 있다. X' 이론은 b, d, f와 같은 비문의 생성을 막기 위해 '동사가 지니는 특성'으로 제약을 가하였다.

a. Rosemary hates New York.
b. *Rosemary hates.
c. Jennie smiled.
d. *Jennie smiled the breadbox.
e. Tracy gave the whale a jawbreaker.
f. *Tracy gave the whale.

동사가 지니는 특성으로 제약을 가한다는 의미는 '어휘가 가지는 정보는 통사구조에 반영된다'는 투사원리로 제약을 가한다는 말이다. 어휘(e.g. 술어)는 어휘부에 범주, 그리고 의미역관계가 명시된 논항구조(의미적 선택제약 포함), 그리고 하위범주화의 3가지 정보들을 가진 채 저장되어 있다. 투사원리를 더 엄밀하게 말하면 그런 3가지 정보들은 모든 통사적 층위인 심층구조와 표층구조 등에서 동일하게 유지되어야 한다는 원리이다.

2. 확대투사원리(Extended Projection Principle: EPP)

X'-Theory는 'XP → (YP) X''의 Specifier rule(지정어규칙)이 보여주듯이 지정어(Specifier)는 선택적으로 삽입한다고 말하고 있기 때문에, 지정어가 있어도 되고 없어도 된다. XP가 문장이라면 지정어 위치에는 주어가 온다. 영어에서 주어는 필수적인 요소이므로 아래 예시문장 a처럼 주어가 없으면 비문이 된다. 이런 비문의 생성을 막기 위해서 확대투사원리로 제약을 가한다. 확대투사원리는 '모든 절은

반드시 주어가 있어야 한다'는 원칙이다.

a. *Rained yesterday.
b. It rained.
c. It seems that Bill likes chocolate.
d. It surprised John that she returned.
e. There is a book on the desk.

논항은 의미역을 가진 NP이다. 따라서 NP가 의미역이 없으면 논항이 아니다. 위의 예에서 it이나 there은 의미가 없으므로(의미역이 없다) 논항이 아니다. b처럼 기상(날씨)를 나타내는 동사(e.g. rain, snow)나 c, d, e처럼 서술어가 자기의 논항(들)에게 의미역을 다 부여하고 나서도 주어 자리가 비어 있는 경우는 it이나 there과 같은 허사(expletive)를 삽입하여 확대투사원리를 충족시킨다. 허사는 서술어로부터 의미역을 부여받지 않는 요소이며 주어 자리에만 나타난다.

2010 36번
기출문제

Read <A> and <B> and follow the directions.

<A>

The phrase structure rules in (1) enable English speakers to understand and produce noun phrases of any length. However, there are syntactic restrictions on the way linguistic expressions are built up by the phrase structure rules.

(1) a. NP → (D) N'
b. N' → N' PP
c. N' → N (PP)
d. PP → P NP

(2) a. *a student in London of linguistics
b. a philosopher with letters from friends
c. a student with a paper on physics
d. *a student of physics of chemistry
e. a man with books in the store
('*' indicates that the expression is ungrammatical.)

<B>

a. In (2a), both PPs are sisters to N'.
b. In (2b), both PPs are sisters to N'.
c. In (2c), both PPs are sisters to N.
d. In (2d), both PPs are sisters to N'.
e. In (2e), both PPs are sisters to N'.

Choose all the statements in <B> that correctly describe the structural relations of PPs within the noun phrases in <A>.

① a, b　　② a, b, e　　③ a, d

④ b, e　　⑤ c, d, e

2009 27번
기출문제

Read <A> and <B> and follow the directions.

<A>

The pronouns one and it are used to refer to nominal expressions. However, they are not only semantically but also syntactically different. Thus, students may misuse them unless they understand their usage. This means that teachers need to have a good knowledge of the principles governing pronominal usage in order to teach their students how to use the pronouns correctly. In relation to their syntactic characteristics, one can replace an N' (not an N), while it can replace an NP.

<B>

A: I bought a book in this bookstore yesterday.
B: What kind of book did you get?
A: It's a book of poems with a pink cover by Wordsworth.
B: Is it interesting?
A: Yes, very interesting. Why don't you buy a poetry book too?
B: Yes, I'd like to. But I'd like to buy a modern ⓐone by a different author.
A: Which ⓑone?
B: I'd like to get a book of poetry by T. S. Eliot.
A: How about that ⓒone over there?
B: Do you mean the ⓓone of poetry with a yellow cover? The book on the top shelf?
A: Yes, ⓔone with a green-colored spine just next to the poetry book by Frost.

Choose all the INCORRECT uses of one in <B> based on <A>.

① ⓐ, ⓑ ② ⓐ, ⓒ ③ ⓑ, ⓒ
④ ⓒ, ⓓ ⑤ ⓓ, ⓔ

2008 15번
기출문제

글 <A>를 읽고 <B>에서 비문법적인 문장을 찾아 기호를 쓰고, 비문법적인 이유를 <A>에 나오는 용어를 이용하여 **15** 단어 이내로 쓰시오. (단, 영어와 우리말 혼용 가능).

X-bar theory is a very simple and general theory of phrase structure. Using only three rules, this theory accounts for the distinction between adjuncts, complements, and specifiers.

(1) a. Specifier rule: XP → (YP) X'
 b. Adjunct rule: X' → X' (ZP) or X' → (ZP) X'
 c. Complement rule: X' → X (WP)

X is a head, WP is a complement, ZP is an adjunct, and YP is a specifier. Let us think, here, about differences between the complement and adjunct rules. Because the complement rule introduces the head, the complement will always be adjacent to the head. Or more particularly, it will always be closer to the head than an adjunct. This is seen in the following tree:

(2)

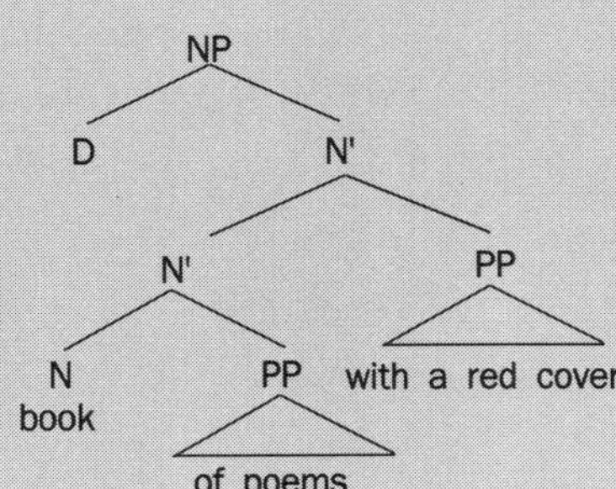

Since the adjunct rule takes an X' level category and generates another X' category, it will always be higher in the tree than the output of the complement rule. Since lines can't cross, this means that complements will always be lower in the tree than adjuncts, and will always be closer to the head than adjuncts.

<B>

(a) It is very interesting and of great help.
(b) The flower moved of itself and with elegance.
(c) She likes the book of poems and from The MIT Press.
(d) I read the book of poems with a red cover and with a blue spine.

답 : 비문법적인 문장의 기호 : ( )

비문법적인 이유 : ______________________________

____

____

확인 문제 3

Read the following and answer the question.

<A>

Consider the sentences.

(a) John cleaned the windows diligently, and Mary did so too.
(b) John cleaned the windows diligently, but Mary did so lazily.

The VP of each sentence (a) and (b) has its tree diagram presented below.

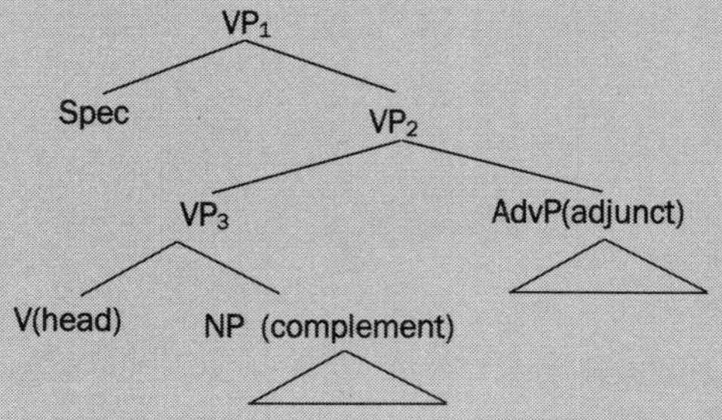

In (a) the pro-form 'do-so' replaces 'cleaned the windows diligently', while in (b) 'do-so' replaces 'cleaned the windows'. We conclude that these strings are constituents according to 'pro-form substitution': A particular string of words is a constituent if it can be substituted by a suitable pro-form. As a result, do-so replaces the VPs that are lower than highest VP, VP1.

<B>

List of examples

a. We saw him on the floor.
b. He hit the man with the club.
c. John put the pen on the desk.
d. He treated the matter as important thing.
e. We located our office in the street.
f. John treated him with respect.
g. Mr. Lee worded the preface carelessly.

Consider the above <A> and choose in <B> all the examples in which 'do-so' can't replace the underlined parts.

① a, c, e, g ② b, d, e, f ③ c, d, e, f, g
④ a. c, d, f ⑤ b, d, f, g

NOTE

1. Structural Ambiguity

(a) In English, we can find sentences that has two or more different meanings. The reason that meaning of a sentence may be ambiguous is that it has more than one possible constituent structure. e.g. In the sentence 'The student read the book on the stool', the modifier on the stool is one, but the modified heads are two: book and read. So, the sentence is ambiguous.

(b) Structural Ambiguity (2011년 30번 기출문제)

Structural ambiguity results when more than one phrase-structure tree can be assigned to a sentence. In other words, if the sentence is associated with more than one surface structure representation, it is structurally ambiguous (e.g., The father of the boy and the girl will travel to India.). Here the sentence can be associated with two different surface structure representations. In one representation, only one person, the father, will travel. In the other representation, two people will travel: *the girl and the father of the boy.*

a. Mrs. Coleman gave her dog biscuits this morning.
b. My brother told the teacher that he ran into something.
c. The pilot said that flying airplanes can be really dangerous.

X-bar syntax is a simple and general theory of phrase structure. This theory accounts for distinction between adjuncts, complements, and specifiers as follows.

ⓐ Specifier rule: XP → (YP) X′
ⓑ Adjunct rule: X′ → X′ (ZP) or X′ → (ZP) X′
ⓒ Complement rule: X′ → X (WP) ※ ( ) means "optional category".

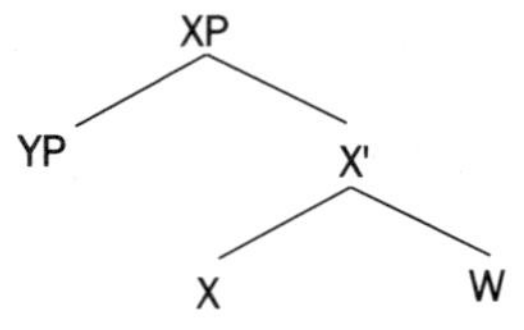

[Figure 1]

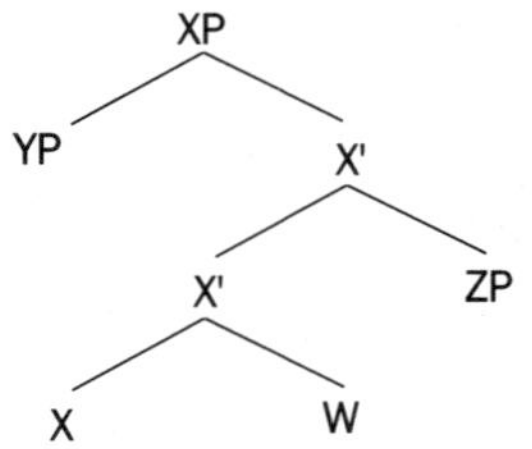

[Figure 2]

X is a head, WP is a complement, ZP is an adjunct, and YP is a specifier in the Figure 1 and Figure 2. Note that the complement is always adjacent to the head, but the adjunct is not. (The Adjunct rule takes an X′ level category and generates another X′ category)
This is found in the following tree diagram of *the French English teacher*:

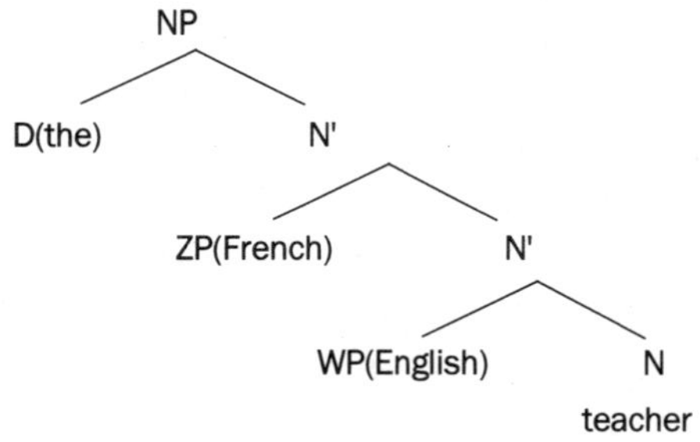

[Figure 3]

As seen in Figure 3, Complements are sisters of their heads, while adjuncts are sisters of the single bar level above the head. It can be concluded that there is closer bond between heads and their complements. (French=adjunct, English=complement)

UNIT 03

Levels of representation & Transformation

1 Deep Structure & Surface Structure

PS Rules에 의해 생성된 구절에 어휘삽입규칙에 의하여 어휘가 삽입되어 심층구조(D-Structure)를 형성한다. 이 심층구조는 '변형규칙'(Transformation)을 거쳐 표층구조로 변형된다. 변형규칙 중의 대표적인 규칙이 이동규칙(Move- α)이다.

[PS Rules] [Lexical Insertion(Lexicon)]

↘ ↙ (어휘정보)

(심층구조) Deep Structure

↓ → Move-α(Transformation)

(표층구조) Surface Structure (변형규칙)

↙ ↘

[음성표현(PR; PF)] [의미표현(SR; LF)]

[Figure 6]

Deep Structure(심층구조): 변형이 일어나기 전의 구조. 어휘 정보에 따라 형성된 구조.

➔ Deep structure means the first structure that no transformational rules have applied to.

Surface Structure(표층구조): 변형이 일어난 후의 구조. 우리가 실제적으로 사용하는 문장

➔ Surface structure means the last structure that all transformational rules have applied to.

Transformation(변형규칙): 어휘 범주나 구 범주를 변형시켜서(e.g. 이동시켜서) 심층구조와 표층구조를 연결시켜주는 규칙으로 이동, 삭제, 삽입, 복사, 대치가 있다.

➔ Transformation is operation that changes(moves) a lexical or phrasal category(e.g. N, NP, V, VP...) from one location to another within a structure.

2 Types of Transformation rules

[1] 진술문(declarative sentence)과 wh-의문문의 현상적 대조를 설명하기 위해 심층구조와 표층구조 그리고 그 둘을 연결시켜주는 변형규칙이 설정될 필요가 있다. 'John will buy something'이란 진술문과 'What will John buy?'라는 의문문, 즉 두 개의 서로 다른 문장은 성분구성(주어 'John', 동사 'will-buy', 목적어 'something / what')면에서 차이가 없지만 어순에 있어서는 차이가 난다. 이런 대조가 되는 현상을 하나로 통합시켜주는 것이 변형규칙이다. 즉 진술문과 의문문을 심층구조에서는 동일한 것으로 보게 해주는 규칙이 바로 '변형'이다. 다른 말로 표현하면 진술문을 의문문의 심층구조로 간주하고 이 진술문(심층구조)에서 변형이 일어나서 표층구조인 의문문이 탄생된 것이다. 이런 점을 아래 Figure 7과 함께 구체적으로 언급해 보겠다.

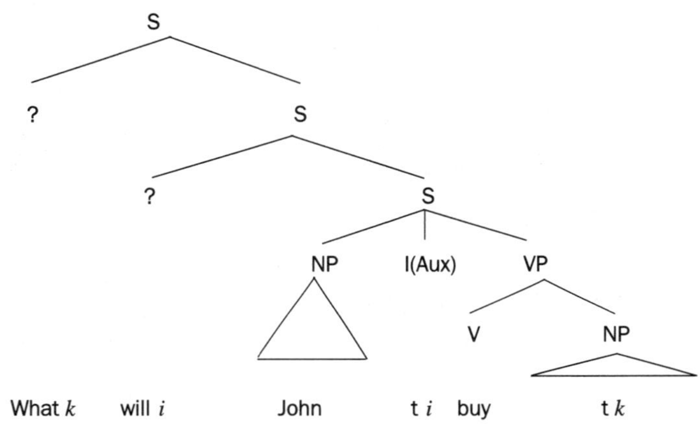

(※ 't' 이동한 요소의 흔적(trace)을 가리킨다.)

[Figure 7] Wh-Question과 Transformation

[Figure 7]에서처럼 진술문이라면 t *i*위치에 'will'이 있을 것이고 t *k*위치에 'something'이 있을 것이다. 그러나 진술문이 의문문으로 바뀌면 will *i*와 What *k*는 문두에 있어야 한다. 따라서 진술문은 심층구조로 간주되고 의문문은 그 심층구조에서 변형(이동)이 일어나서 will *i*와 What *k*가 자기들의 흔적인 t *i*와 t *k*를 각기 남기고 이동한 구조(표층구조)로 간주된다. 그렇다면 두 서로 다른 문장들의 관련성이 명확히 파악된다. 즉 변형규칙과 위의 수형도의 구조(형상)이 서로 다른 문장구조들(진술문과 의문문)을 하나로 묶을 수 있다.

[2] 변형규칙 종류

대표적인 변형규칙인 화제화 변형(Topicalization), 외치 변형(Extraposition), 인상변형(Raising) 등은 앞에서 언급했으므로 덜 중복되도록 필요한 것만 언급하겠다.

(1) 불변화사 이동(Particle movement)

'pick up'과 같은 구동사(phrasal verb)의 특징들 중 하나가 바로 불변화사 'up'의 이동이다. 목적어가 일반명사인 경우 수의적 규칙이지만 목적어가 대명사인 경우 불변화사(particle)가 의무적으로(obligatory) 반드시 이동되어야 한다.

e.g. a. He picked it up.
b. *He picked up it. → particle인 'up'이 대명사 'it' 뒤로 이동되지 못하여 비문이다.

※ 구동사(phrasal verb)와 전치사구 동사(prepositional verb)의 대조와 특징

구동사는 아래의 예시 (2)~(5)처럼 전치사구 동사와 통사적으로 대조를 이루므로 함께 알아두어야 한다.

e.g. (1) a. He ran up the big hill. (여기서의 'run up'은 '달려 오르다'의 의미로서 전치사구 동사이며 up은 전치사다)
b. He ran up the big bill. (여기서의 'run up'은 '체납하다'의 의미로서 구동사이며 up은 불변화사이다)
(2) a. *He ran the big hill up.
b. He ran the big bill up.
(3) a. Up the big hill, he ran.
b. *Up the big bill, he ran.
(4) a. He ran quickly up the big hill.
b. *He ran quickly up the big bill.
(5) a. He ran up the big hill and down the big hill.
b. *He ran up the big bill and down the big bill.

⇒ 구동사와 전치사구 동사

1. (2a의) 전치사구 동사(run up)의 경우에는 동사와 전치사 사이에 NP('the big hill')가 불허되는 반면에 (2b의) 구동사(run up)의 경우에는 허용된다.
2. (3a의) 전치사구 동사의 경우에는 '불변화사 +NP'의 결합체의 이동이 허용되는 반면에 (3b의) 구동사에서는 불허된다.
3. (4a의) 전치사구 동사의 경우에는 동사와 전치사 사이에 부사(quickly)가 허용되는 반면에 (4b의) 구동사에서는 불허된다.
4. (5a의) 전치사구 동사의 경우에는 전치사구(PP)들의 등위접속이 허용되는 반면에 (5b)의 구동사에서는 불허된다.

2011년 34번
기출문제

Read the passage and follow the directions.

<A>

Consider the following sentences:

(1) Jimmy was looking at it.
(2) Jimmy was looking into it. (= Jimmy was investigating it.)

Superficially, both at in (1) and into in (2) appear to be prepositions following an intransitive verb. However, they are clearly distinguishable in terms of certain syntactic patterns. In a wh-question, for instance, we can front at in (1), but not into in (2), as seen below.

(1a) What was Jimmy looking at?
(1b) At what was Jimmy looking?
(2a) What was Jimmy looking into?
(2b) *Into what was Jimmy looking?

This contrast suggests that into in (2) makes up a syntactic unit with the verb look rather than with the object it. Notice that (2) is also different from (3) below in terms of the possibility of separating verb phrases: Up in (3) must be separated from the verb, whereas into in (2) must not.

(2) Jimmy was looking into it.
(2') *Jimmy was looking it into.
(3) *Jimmy was looking up it.
(3') Jimmy was looking it up.

<B>

a. The captain doesn't seem to <u>agree with</u> the sergeant major.
b. We couldn't but <u>put off</u> the softball game due to the terrible weather.
c. Susan <u>came across</u> an old picture of her mother in the desk drawer.
d. The customs officer <u>checked out</u> everything I brought from China.
e. I think I will <u>go over</u> this article and write a summary.

Based on <A>, which of the underlined phrases in <B> show the same pattern as look into in (2)?

① a, b, d ② a, c ③ a, c, e ④ b, d, e ⑤ c, e

(2) 외치변형(Extraposition)

대개 NP안에 있는 내포절(embedded sentences)이나 PP는 종종 머리명사(Head noun)만 남겨놓고 맨 우측으로 이동하는 것을 외치변형이라고 한다. 만일 머리명사가 없으면 it을 삽입하고 외치시킨다.

e.g. a. [NP A rumor that he is ill] has been circulating. ('A rumor'가 머리명사이다)

a'. [A rumor ____]has been circulating [that he is ill.]

b. [NP A review of my latest book] has just appeared.

b'. [A review ____]has just appeared [of my latest book].

c. [That the earth is round] is true.

c'. It is true [that the earth is round].

→ a, b, c는 외치변형되기 전의 구조이며 a', b', c'는 외치변형된 후의 구조이다.

(3) 인상 변형(Raising)

① Subject-to-Subject Raising

주어에서 주어로의 인상(Subject-to-Subject Raising)구문은 내포절의 주어(대개 to부정사의 의미상의 주어)가 주절의 주어로 상승한 구문이다.

e.g. a. It seems [that Mary is a genius].

b. Mary *i* seems [t *i* to be a genius].

문장 a에서는 주어 Mary가 격(주격)을 가지고 있으므로(§ 4. [1] 격이론 참고) 이동이 일어나지 않지만, 문장 b에서는 Mary가 t *i*의 위치에서는 주격을 가지지 못하고 격(case)을 얻기 위해 문두인 주절의 주어 자리로 이동한다. 동사 seem과 같은 부류로는 appear, happen, be likely, be certain. turn out 등이 있다.

② Object-to-Subject Raising (Tough movement)

tough, fun, impossible, hard, easy, difficult, interesting, exciting, pleasant등의 형용사가 술어로 쓰일 때 to부정사절 속의 목적어를 상위절(주절: main clause: matrix clause)의 주어자리로 인상하는 규칙이다. 이동해 간 명사구와 그 흔적(trace)을 표시해 보면 다음과 같다.

e.g. 〈Easy (Tough) 유형〉 〈Eager 유형〉

〈Easy (Tough) 유형〉	〈Eager 유형〉
It is **easy** (for someone) to see John *i*.	[John] *i* is **eager** (for John) *i* to see.
↓ Tough movement	↓ (for John)의 deletion
John *i* is easy to see t *i*.	John is **eager** to see.

③ Subject-to-Object Raising

(종속절의) 주어에서 (주절의) 목적어로의 인상(Subject-to-Object Raising)은 내포절의 주어가 주절의 목적어 자리로 이동하는 구문이다.

e.g. a. They thought that he is competent.
b. They thought him *i* [t *i* to be competent].

문장 a에서는 내포절 주어 he가 격(주격)을 가지지만(받지만), 문장 b의 t *i*위치에 들어갈 he(him)는 종속절인 [ ]안에서는 격을 가지지(받지) 못하므로 him *i*위치인 주절의 목적어 자리로 이동하여 목적격 him을 가진다(받는다). (뒤에 언급될 '격이론' 참고.) 이와 같은 유형을 보이는 동사로는 believe, assume, know, perceive, find, prove, understand, imagine, expect, acknowledge, proclaim 등이 있다.

※ 모의평가 (2008년 6월) 30번

* Mary *i* believes her *i* to be smart 가 비문임을 밝혀주는 진술들(규칙들)은?

→ a. The subject of the infinitival clause embedded within the verb phrase headed by a raising verb is manifested as the object of the matrix clause.

b. A pronoun must be in a reflexive form when it has an antecedent in the same clause.

확인문제 4

Read the passage and follow the directions.

<A>

The two sentences below contain a verbal particle.

(1) He ran up the bill.
(2) He ran the bill up.

The verbal particle *up* and the verb *run* depend on each other for the unique idiosyncratic meaning of the phrasal verb *run up*. Running up a bill involves neither running nor the location up. In such cases the particle and the object do not form a constituent, hence they cannot move as a unit as follows.

(3) *Up the bill, he ran.

However, the phrase 'ran up the bill' behaves differently from (A) the phrase 'ran up the hill' as follows, even though the two phrases are superficially quite similar.

(4) He ran up the hill.
(5) *He ran the hill up.
(6) Up the hill, he ran.

<B>

Examples

a. I will stand up my date this evening.
b. I called up the man.
c. He turned down the offer.
d. The ball flew over the fence.
e. They went through the ravine.
f. He would get off the vehicle.

Based on the above passage, choose in a~f the examples that have the phrase sharing characteristics of (A) underlined in <A>.

① a, b, c ② a, d, f ③ a, e, f
④ b, d, e ⑤ d, e, f

NOTE

<Phrasal verb Vs Prepositional verb>

Consider the following examples.

(a) He ran up the big hill.
(b) He ran up the big bill.

The two sentences seem to be alike in terms of the construction 'verb+preposition+noun phrase'. However, they are not alike in terms of the syntactic behavior as seen in the following examples.

(1) a. *He ran the big hill up.
    b. He ran the big bill up.

(2) a. Up the big hill, he ran.
    b. *Up the big bill, he ran.

(3) a. He ran up the big hill and down the big hill.
    b. *He ran up the big bill and down the big bill.

The given two sentences having the seemingly same construction 'verb+preposition+noun phrase' are not alike in terms of the following four factors related to syntactic behaviors. The first factor is whether the NP following PP can be placed between a verb and a preposition. As seen in (1), the NP can't be placed there in the sentence (a) with prepositional verb while it can in the sentence (b) with phrasal verb. The second is whether the sequence of NP+PP can be proposed. As in (2), the sequence can be proposed in the sentence with the prepositional verb while it cannot in the sentences with the phrasal verb. The final is whether prepositional phrases can be coordinated by 'and'. As in (3), prepositional phrases can be coordinated in the sentence with the prepositional verb while it cannot in the sentences with the phrasal verb.

3 Constraints on Movement

이동에 대한 제약(Constraints on Movement)은 PS Rule과 T-Rule에 의해 생기는 문장의 과잉 생성을 방지하기 위한 장치 혹은 부적격한(ill-formed) 문장구조가 지나치게 생성되는 것을 막기 위한 수단이다.

[1] A-over-A Constraint(상위범주우선 제약)

어떤 규칙도 성분을 동일 형태(범주)의 상위범주 밖으로 이동시키지 못한다. 예를 들어 큰 명사구(NP1) 속에 다른 작은 명사구(NP2)가 포함되어 있는 경우 그 다른 작은 명사구는 이동할 수 없다.

(1) a. They burnt [$_{NP1}$ [$_{NP2}$ the politician's book] about China.]

↓ Wh-movement

b. [$_{NP1}$ Which politician's book about China] did they burn ________ ?

c. *[$_{NP2}$ Which politician's book] did they burn [$_{NP1}$ ________ about China] ?

d. *[$_{NP3}$ Which politician] did they burn [$_{NP1}$________'s book about China]?

(2) a. The players will emerge[$_{PP1}$ out[$_{PP2}$ of this tunnel]] before long.

↓ Topicalization

b. [$_{PP1}$ Out [$_{PP2}$ of this tunnel]], the players will emerge ________ before long.

c. *[$_{PP2}$ Of this tunnel], the players will emerge [$_{PP1}$ out ________]before long.

[2] Unit Movement Constraint(성분이동 제약)

구 성분(phrasal constituent)을 구성하지 못하는 성분은 이동할 수 없다. 예를 들어 구동사를 구성하는 요소들 중의 일부분만 이동시킬 수 없다.

➔ No single application of any transformation can move a string of elements which do not form a continuous constituent.

e.g. a. You don't [VP[V look up to] [NP who]]? → 'look up to' 전체가 phrasal verb를 구성하는 요소들이다.

b. Who don't you look up to _____ ?

c. *Up to who don't you look _____ ?

d. *To who don't you look up _____ ?

[3] Complex NP Constraint (복합명사구 제약)

NP가 절을 포함(관할)하고 있는 구조나 또는 NP 속에 그것의 핵인 N을 수식하는 절이 있는 구조를 복합명사구라고 한다. 이런 구조 안에 위치한 절속으로부터 어떤 요소도 해당 NP 밖으로 이동이 일어날 수 없다.

※ 여기서 Complex NP(복합명사구)란 대개 '선행사 + 관계절', '명사 + 동격절'의 구조처럼 관계절(Relative clause)과 동격명사절(Noun-Complement)이 포함되어 있는 NP를 의미한다. 그리고 관계절이나 동격절과 관련된 명사, 즉 대개 관계절 혹은 동격절이 수식해주는 명사를 머리명사(head noun)라고 한다.

e.g. a. John said [NP the man who explained something]. ↘ Wh-movement
b. *[What] did John say [NP the man who explained _________]?

c. John believes [NP the claim that Tom invented something]. ↘ Wh-movement
d. *[What] does John believe [NP the claim that Tom invented _________]?

e. I believe [NP the claim that Dr. Hwang created Snuppy, the world's first cloned dog].
↓ Topicalization
f. *[Snuppy, the world's first cloned dog], I believe [NP the claim that Dr. Hwang created _________].

[4] Coordinate Structure Constraint (등위구조 제약)

어떤 두 개의 요소가 등위접속(coordination)되어 있는 경우 그 중에 어느 하나가 그 등위구조(coordinate structure) 밖으로 이동할 수 없다.

➔ No element can be moved out of a coordinate structure.

a. He will put the chair between [some table and some sofa].
↓ Wh-movement
b. *What sofa will he put the chair between [some table and _________]?
c. *What table will he put the chair between [_________ and some sofa]?

[5] Subjacency Condition(하위인접조건)

어떤 요소가 이동시에 경계절점(bounding node)을 한 개만 건너가고 도출된 문장은 정문이지만, 두 개 이상 건너가면 비문이 된다. 경계절점으로는 NP 혹은 S가 해당된다.

➔ bounding node = cyclic node

e.g. a. [$_{NP}$ The fact that [$_S$ [$_{NP}$ a critical review <u>of his latest book</u>] has just appeared]] is very worrying.

↓ Extraposition

b. [$_{NP}$ The fact that [$_S$ [$_{NP}$ a critical review ____] has just appeared [<u>of his latest book</u>]]] is very worrying. → Bounding node를 하나(NP)만 넘었으므로 정문이다.

c. *[$_{NP}$ The fact that [$_S$ [$_{NP}$ a critical review ____] has just appeared]] is very worrying [of his latest book]. → Bounding node를 두 개 이상(NP, S) 넘었으므로 비문이다.

[6] Tensed-S Condition (시제절 조건)

시제절(finite clause) 내부의 요소가 그 종속절 밖에 있는 다른 요소와 co-index(동일지표)가 될 수 없고 절 밖으로 이동할 수도 없다.

a. ________ is believed [$_S$ the dog is hungry]
b. * The dog *i* is believed [t *i* is hungry]. → [ ]가 시제절이므로 비문
b'. The dog *i* is believed [t *i* to be hungry]. → [ ]가 비시제절이므로 정문
c. * John *i* thought [that himself *i* was foolish]. → [ ]가 시제절이므로 비문
c'. John *i* thought [himself *i* to be foolish]. → [ ]가 비시제절이므로 정문

※ 시제절(finite clause) 안에서 문장의 NP는 하나의 격(Case)을 가져야 한다. 시제절인 경우 비문인 이유는 The dog이 Case를 t*i* 위치에서 이미 가진 후 문두로 이동하여 그 문두위치에서 또 격을 가지므로 이중으로 두 번 격을 가지기(받기) 때문이다. (뒤에 언급될 '격이론' 참고.)

[7] Specified Subject Condition(명시주어조건)

내포절(complement clause)이 명시된 주어를 가질 때는 그 내포절 안에 들어 있는 어떤 요소도 그 주어 밖으로 나가거나 밖에 있는 요소와 관계를 가질 수 없다.

a. _____ is expected [$_S$ John to help Mary] → John이 명시주어임
b. John *i* is expected [t *i* to help Mary] → 명시주어자체가 이동된 것이므로 정문
c. *Mary is expected [John to help t *i*] → 명시주어(John)을 건너갔으므로 비문
(help에 의해 목적격을 받은 후 문두로 이동하면서 또 주격을 받기 때문에 case theory 에도 위반되어 비문)
d. *John *i* read [$_{NP}$ Mary's story about himself *i*]
e. *The boys *i* read [$_{NP}$ Mary's story about each other *i*]

UNIT 04 Government & Binding Theory

종종 A가 B를 성분통어(c-command)하면 A는 B를 '지배한다(govern)'라고 한다. 구체적으로 말하면 지배(Government)란 대개 V, P, N, A 등의 핵이 자기의 보충어를 성분통어하는 것을 말하거나 VP가 자기를 선행하는 NP(i.e.,주어)를 성분통어하는 것을 말한다. 이런 지배의 개념은 격 이론(Case Theory), 의미역이론(Thematic-theory), 결속이론(Binding) 등과 관련이 있다. 대개 성분통어(c-command)정도의 개념만 알면(성분통어는 UNIT 2. [1] 에서 언급했음) 임용에서 요구되는 격이론, 의미역이론, 결속이론을 이해하기 어렵지 않다. 의미역이론은 이미 앞에서 언급했고 격이론과 결속이론 중심으로 언급하겠다.

※ 의미역이론을 '지배'(government)와 관련하여 간단하게 언급하면 다음과 같다.
'모든 논항은 반드시 하나의 의미역을 가지며 하나의 의미역이 하나의 논항에 부여된다'는 의미역이론에 따라, 문장 'John hit Mary'에서 주어논항인 John은 'hit Mary'(VP)라는 행위나 사건에서 'Agent'(행위자)라는 의미역을 맡고 있고 목적어논항인 Mary는 그 사건에서 'Patient'(수동자: 당하는 자)라는 의미역을 맡고 있다고 볼 수 있다. 이를 통해 대개 동사구(VP)가 주어에 의미역을 할당하고 동사(V)가 목적어에 의미역을 할당한다고 할 수 있다. 문장 'John hit Mary'를 수형도를 통해서 확인하면, 동사구와 주어가 자매관계를 이루고, 동사와 목적어도 자매관계를 이루고 있다. 따라서 동사구가 주어를 성분통어하고 있고, 동사가 목적어를 성분통어하고 있으므로 동사구의 주어에 대한 지배(government)와 동사의 목적어에 대한 지배(government)가 잘 이루어지고 있음을 알 수 있다. 요컨대 A가 B를 성분통어(c-command)하면 A는 B를 '지배한다(govern)'고 하므로 이런 지배개념이 의미역 할당에 관한 현상을 이론적으로 설명한다. 격이론도 위에서 설명한 의미역이론과 동일하게 설명된다.

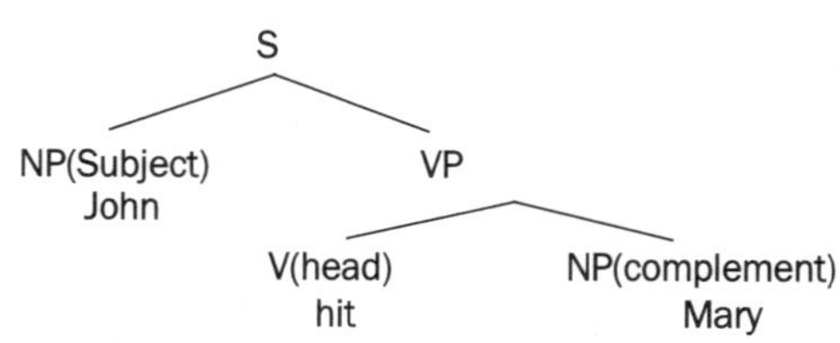

1 Case Theory(격 이론)

대개 정형절(시제가 있는 절: finite clause)의 주어는 주격(nominative Case)을 갖고 동사와 전치사의 목적어는 목적격(accusative Case)을 갖는다. 이런 현상을 이론적으로 진술하면 다음과 같다.

〈Case Filter〉
Every overt NP must be assigned abstract Case.

'모든 NP는 각기 하나의 격(Case)을 가져야 한다'는 원리를 구체적으로 말하면 정형절의 시제(finite tense), 타동사, 전치사와 같은 3가지 격 할당자(case assigner)에 의해 NP가 격을 할당받아야 한다는 것이다. 다음 문장을 살펴보자.

a. It is likely that Mary is innocent.
b. Mary is likely to be innocent.
c. *It is likely Mary to be innocent.

a의 NP인 Mary는 종속절의 'is' 속에 담겨 있는 정형절의 시제(finite tense)에 의해 격을 할당받고, b의 Mary도 주절의 'is' 속에 담겨 있는 정형절의 시제(finite tense)에 의해 격을 할당받고 있어서 a와 b는 둘 다 정문인데 반해, c의 Mary는 격을 할당받지 못해서 비문이다. 앞서 언급한 3가지 격 할당자가 Mary의 앞 혹은 뒤에 없기 때문이다.

2010 31번
기출문제 2.5점

Read <A> and <B> and follow the directions.

<A>

Consider the sentences in (1).
(1) a. John is sure that he will succeed.
 b. John is sure to succeed.
 c. *John is sure his success.

The example (1c) is ungrammatical, though its underlined complement is legitimate. The ungrammaticality of (1c) is attributable to the following constraint on NPs : NPs in sentences should have a case either inherently or through being assigned by finite inflection, a transitive verb, or a preposition. Sentences with a caseless NP are ruled out. In (1c) the underlined complement lacks its case assigner.

<B>

a. *The child is difficult to travel alone.
b. *The city's recent dumping the garbage made people upset.
c. *I was pleased my sister to be pregnant.
d. *Not surprisingly did they miss the train.
e. *It turned out the suspect to be innocent.
('*' indicates that the sentence is ungrammatical.)

Choose all the sentences in <B> which have a caseless overt NP.

① a, c, d ② a, c, e ③ b, c, e
④ b, e ⑤ d, e

2 Binding(결속 이론)

명사구에는 다른 대상과 결속(연결)되어야 비로소 가리키는 대상이 생겨 의미를 얻는 명사구들이 있는데 대용사(anaphora), 대명사(pronoun), 지시 표현(referring expression)이 이에 속한다. 대용사(anaphora)는 한 문장(절)에서 다른 명사(구)로부터 의미를 얻는 것들로 재귀대명사(herself, himself, myself, yourself 등)와 상호 대명사(each other) 등이 속한다. 한편, 대명사(pronoun)는 다른 문장(절)의 명사(구)에서 의미를 얻어야 하는 것이다. 또한 사람의 이름 같은 지시표현(referring expression)들은 실제 세계에서 존재하는 개체와의 연결을 통해 의미를 얻는다. 이런 명사구들의 해석을 문법적인 규칙으로 나타낸 것이 결속 이론(Binding Theory)이다.

[Binding(결속)의 정의]
A가 B를 성분통어(c-command)하고 A와 B가 동지표(coindex)를 가질 때, A가 B를 '결속'(bind)한다고 한다. 두 개의 명사구가 같은 지표(지시의미)를 갖는 것을 동지표를 갖는다고 한다.
➔ A binds B if A c-command B and A and B are coindexed.

e.g. a. John i said that he j played basketball in the dark.
b. John i said that he i played basketball in the dark.

문장 a에서 John과 he는 다른 지표(i와 j)를 가지고 있으므로 서로 다른 대상을 가리키고(he는 John이 아니다), 문장 b에서는 John과 he과 동지표를 가지므로 John과 he는 같은 대상을 가리키고 he는 John의 의미를 갖는다. 여기서 he에게 의미를 부여해주는 John을 선행사(antecedent)라고 한다. 문장 b에서 John은 he보다 수형도의 위치상 위에 있어 he를 성분통어하고 있고,

John과 he는 동지표를 가지므로 John은 he를 결속하고 있다. 이 결속 조건에 의하여 대용사와 대명사, 지시 표현의 분포를 제약하는 원리를 알아보자.

[1] Binding Principle A

결속원리 A(Binding Principle A)는 대용사에 관한 조건이다. 대용사는 결속영역(binding domain: 대개 clause이다) 안에서 선행사에 의해 결속되어야 한다. 다시 말해, 대용사는 자신에게 의미를 부여해주는, 즉 자신과 지시의미가 같은 선행사와 같은 절 안에 나타나야 하며, 선행사는 대용사를 성분통어(c-command)해야 되므로 수형도상 대용어보다 높은 위치에 있어야 한다.

➔ An anaphor must be bound in its binding domain.

a. Mary *i* hit herself *i* on the head with a racket.

b. *Mary *i* said that John hit herself *i*.

문장 a는 대용어 herself와 Mary가 같은 절 안에서 동지표를 갖게 되어 herself는 Mary의 의미를 갖는다. 선행사와 대용어가 같은 절 안에 있고 선행사 Mary는 대용어 herself를 성분통어하고 있다. herself는 Mary에 의해 같은 절 안에서 결속 받고 있어 결속원리 A를 만족시킨다. 그러나 문장 b에서는 선행사 Mary가 대용어 herself를 성분통어하고 있지만 같은 절 안에서 결속하고 있지 않기 때문에 결속원리 A를 위배해 비문이 된다.

[2] Binding Principle B

결속원리 B(Binding Principle B)는 대명사(pronoun)에 관한 조건이며, 대명사는 절 안에서 자기 선행사에 의해 결속당하면 안 된다. 즉, 대명사와 그것의 선행사가 같은 절 안에 나타나면 비문이다.

➔ A pronoun must be free in its binding domain.

a. *Mary ***i*** hit her ***i*** on the head with a racket.

b. Mary ***i*** said that John hit her ***i*** .

문장 a에서 대명사 her는 선행사 Mary에 의해 같은 절 안에서 결속 받고 있으므로 비문이고, 문장 b에서 대명사 she는 선행사 Mary에 의해 결속당하고 있으나(성분통어를 만족하지만) 자신이 속한 절인 that 절을 벗어나서 즉, 주절에서 결속 받고 있으므로 결속원리 B를 만족한다.

[3] Binding Principle C

결속이론 C(Binding Principle C)는 지시표현(referring expression)에 관한 조건이다. 지시표현은 어디에서나 결속당하지 말아야 한다. 부사절이 있는 경우에는 예외도 있지만 대개 선행사가 지시표현을 선행할 수 없다고 알아두자.

➔ An referring expression must be free everywhere.

a. She *i* kissed Mary *j*

b. *She *i* kissed Mary *i*.

c. *She *i* said that Mary *i* was honest.

문장 a는 지시 표현 Mary와 John은 선행사에 의해 결속당하고 있지 않으므로(동지표를 갖고 있지 않으므로) 결속이론 C를 만족시킨다. 문장 b에서 지시 표현인 Mary가 선행사 She에 의해서 결속 받고 있으므로 비문이고, 문장 c에서는 지시표현 Mary와 선행사 She가 다른 절에 있어도 Mary는 She에 의해 결속당하고 있으므로 비문이다. 지시 표현의 선행사는 대개 그 앞쪽에 존재하지 않아야 한다.

※ 통제 이론(Control theory)

흔히 비시제절(e.g. 부정사절)의 의미상의 주어로 설정되는 비실존적, 추상적 대명사(covert pronoun)인 **PRO의 선행사를 결정하는 이론**. 주어통제, 목적어통제, 임의통제(arbitrary control)로 나뉜다.

아래의 예문에서처럼, 비시제절에서 실존적(overt) 주어가 나타나지 않았지만 술어(동사) 혹은 술부(동사구)에 의해 의미역을 받는 의미상의 주어가 있어야 한다고 가정한다. 그것이 PRO라는 명사적 범주이고 발음은 하지 않으나 의미를 가지고 있는 요소이다. 이 PRO는 동사 혹은 동사구에게 의미역을 받으나 격을 받지는 않는다. PRO는 아래 예문에서처럼 격을 받지 못하는 곳 즉, 비시제절의 주어 자리에 나타난다(즉 시제절에서는 PRO는 나타날 수 없다). 이런 PRO의 의미를 결정해주는 이론(PRO의 선행사를 결정하는 이론)이 통제이론(Control Theory)이다.

e.g. a. To abandon the investigation would be regrettable.

b. [PRO to abandon the investigation] would be regrettable.

PRO는 필수적인 통제(Necessarily controlled PRO)와 자의적인 통제(Arbitrarily controlled PRO)로 나뉜다. 필수적인 통제는 문장 수준에서 PRO의 선행사가 밝혀지는 통제를 말하며 자의적인 통제는 담화층위나 화용론적인 상황에서 PRO의 선행사가 밝혀지는 통제를 말한다. 필수적인 통제에는 주어통제와 목적어통제가 있다.

(1) Subject Control & Object Control

주어통제(subject control)는 PRO가 주절의 주어와 같은 Index(i)를 가져 주어의 의미를 받게 되는 경우를 말하고, 목적어 통제는 PRO가 주절의 목적어와 같은 Index(i)를 가져 목적어의 의미를 갖는 경우를 말한다. 문장 a, b는 주어통제구문, c는 목적어통제구문이다.

e.g. (1) a. Poirot$_i$ decided finally [PRO$_i$ to go on his own].
　b. Poirot$_i$ was eager [PRO$_i$ to go on his own].
　c. Poirot$_i$ ordered Miss Marple$_j$ [PRO$_j$ to go on her own].
(2) a. [John's sister]$_i$ **promised** Bill [PRO$_i$ to behave herself / *himself].
　b. John **ordered** [Bill's sister]$_i$ [PRO$_i$ to behave herself / *himself].

→ (필수적인 통제의 경우) PRO는 통제자(선행사)에 의해서 성분통어되어야 한다. 위의 예문 (2a)와 (2b)에서 [John's sister]와 [Bill's sister] 즉, 이 두 NP가 각각 PRO를 성분통어하므로 PRO의 통제자(controller)가 된다. 그러나 'John's'와 'Bill's'는 모두 다 수형도상으로 NP속의 determiner(specifier)에 위치하므로 PRO를 성분통어할 수 없고 따라서 'John's'와 'Bill's'는 PRO의 통제자(선행사)가 되지 못한다. 이렇게 본다면 (2a)와 (2b)에서 himself는 불허될 수밖에 없다. (2a)에서의 PRO는 [John's sister]를 의미하며 (2b)에서의 PRO는 [Bill's sister]를 의미한다는 것을 고려하면 himself는 불허될 수밖에 없다.

(2) Arbitrary Control

임의통제(arbitrary control)는 PRO의 의미를 부여하는 선행사가 문장에 나타나지 않거나 혹은 나타나더라도 상위문의 주어나 목적어일 필요가 없다.

e.g. a. John thought that it was important [PRO to behave oneself / himself].
b. John asked [how [PRO to behave oneself / himself]].
c. John and Bill discussed [PRO to behave oneself / himself in public].
d. [PRO not to behave myself / himself / oneself] would be wrong.

2008 6월 평가원 34번
기출문제

Read the following and answer the question.

<A>

(1) Mary $_i$ believes she $_i$ is diligent.
(2) *Mary $_i$ believes her $_i$ to be diligent.
(3) Tom $_i$ wants Mary to help him $_i$
(4) *Tom $_i$ wants to prove him $_i$
(5) *Mary wants Tom $_i$ to prove him $_i$
(NPs with the subscript i refer to the same person.)
(*indicates ungrammaticality.)

<B>

Grammatical Rules

a. A pronoun must be in a reflexive form when it has an antecedent in the same clause.
b. A pronoun must not be in a reflexive form when it has no antecedent in the same clause.
c. A referring expression (e.g Mary, Tom) must not have an antecedent in the same sentence.
d. The subject of the infinitival clause embedded within the verb phrase headed by a raising verb is manifested as the object of the matrix clause.
e. To-infinitive with no overt subject may have an underlined subject agreeing with the matrix subject.
f. The subject must agree with the verb in person and number.

Choose the complete set of the rules from <B> that the students <u>need to know to correct the errors</u>.

① a, b ② a, c, d ③ a, d, e ④ a, c, e, f ⑤ b, d, e

2013 35번
기출문제

Read the following and answer the question.

<A>

A reflexive (e.g., himself) or a reciprocal (e.g., each other) in general meets both of the two constraints below.

The Binding Constraint (BC)
A reflexive or a reciprocal (Y) must be bound by its antecedent (X).
[X binds Y if and only if X c-commands Y and X and Y are co-indexed (thereby co-referring); a constituent X c-commands its sister constituent Y and any constituent Z that is contained within Y.]

The c-command relation is represented in the tree diagram below.

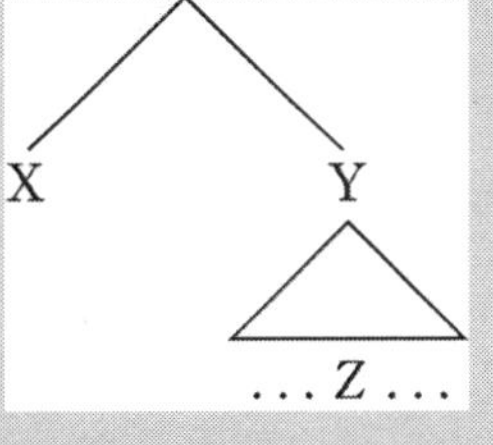

The Locality Constraint (LC)
A reflexive or a reciprocal must find its antecedent within the local binding domain.
[The local binding domain is the smallest clause containing a reflexive or a reciprocal.]

For example, in (1), the reflexive violates the BC, and in (2), it violates the LC.

(1) *Mary hopes Michael$_i$'s father represents himself$_i$.
(2) *John$_i$ thinks Mary should marry himself$_i$.

<B>

Cases	Types of constraints violated
a. *Mary expects each other's mothers will dance with the two boys.	LC only
b. *Their teacher thinks Bill hit each other's friends.	both BC and LC
c. *Each other persuaded their sons to leave.	BC only
d. *John wanted the girls to know that he would help with each other's homework.	both BC and LC

Which of the following lists all and only the cases in <B> that correctly illustrate the violation(s) of the constraint(s) described in <A>?

① a, b ② a, c ③ b, c ④ b, d ⑤ c, d

NOTE

1. Case theory

Adopting the concepts of traditional grammar, we can say that subjects of finite clauses have Nominative Case and that NPs that are complements of prepositions or verbs appear in the Accusative. Let us postulate that there is a universal requirement that all overt NPs must be assigned abstract Case to satisfy the Case filter.

(1) Case Filter
Every overt NP must be assigned abstract Case.

To pass the Case filter NPs must be assigned Case by Case assigners such as a finite Tense, a transitive verb, a preposition, or a prepositional complementizer *for*. (The prepositional complementizer can appear in the infinitival clause to assign Accusative Case, since infinitival to can't assign Case to the overt subject of an infinitival clause.)

(2) a. *He* likes *her*.
 b. *She* moved toward *him*.
 c. For *her* to like *him* is surprising.

2. Definition of Binding & Binding Conditions

a. If x has the same index(reference) as an argument(antecedent) that c-command x, antecedent must bind x(anaphors).
b. A binds B if A c-command B and A and B are coindexed)

Binding Conditions
① Condition A : Anaphor must be bound in the governing category(domain)
 (Anaphora means an NP that obligatorily gets its meaning from another NP)
② Condition B : Pronoun must not be bound in the governing category(domain)
③ Condition C : R-expression must be free anywhere.
 ※ The governing category(domain) is usually the clause within which the pronomial(anaphor & pronoun) is with its antecedent.

Chapter 5

Semantics

의미론(Semantics)이란 의미를 언어내적으로 파악할 수 있는 경우에서의 의미에 대한 연구를 말한다. 어떤 화자가 의미가 있는 발화를 하고 이 발화된 문장의 의미를 청자가 이해할 수 있는 지식으로 이론화한 것이다. 의미론의 연구대상은 의미론의 하위분야에서 연구하는 대상이다. 의미론의 하위분야인 어휘의 의미론(Lexical Semantics)과 문장의 의미론(Sentential Semantics)이 있다. 문장을 이해하기 위해서는 먼저 문장을 구성하는 단어의 의미를 알아야 하는데 이 '단어의 의미'의 바탕이 되는 '지시', '의미 속성', '단어 간의 의미관계'에 대한 연구는 어휘의 의미론에서 이루어지며 단어의 의미들이 구 혹은 문장의 의미로 어떻게 조합되는지에 대한 연구 및 문장들 사이의 의미관계에 대한 연구는 문장의 의미론에서 이루어진다.

※ **화용론**(pragmatics)은 언어의 실제 사용과 관련된 언어외적인 화맥(context)이 의미에 어떤 영향을 미치는지에 대한 연구이면서 언어표현이 문맥에 따라 다르게 해석되는 즉, 문맥 안에서의 의미에 대한 연구 분야이다. 화용론도 의미를 대상으로 연구하기 때문에 의미론의 하위분야로 보기도 한다.

UNIT 01

Lexical Semantics

1 Reference and Semantic feature

[1] 의미를 언어적 표현(Linguistic expressions)이 지시하는 대상(object, referent)으로 파악하려는 관점이 있다. 이런 관점에서 파악되는 의미를 **지시 의미(reference, extension, denotation)**라고 한다. 그러나 우리는 지시할 수 있는 대상(지시물, 대응물)으로 어떤 것을 표현하기도 하지만 여러 상황에 따른 내포적 의미인 의의(sense)로 어떤 것(언어표현)을 표현하기도 한다.

다음 예문을 살펴보자.

e.g. a. They like <u>Mary.</u>

b. They like <u>John's wife</u>.

c. They like <u>the principal of Play school</u>.

a, b, c가 동일한 내용이라면, b의 John's wife와 c의 the principal of Play school는 실제 지시물인 Mary를 의미한다고 볼 수 있다. 즉 John's wife와 the principal of Play school의 지시의미는 Mary이다. 그러나 이 두 표현은 지시적 의미(reference) 단계에선 동일하지만 두 표현이 전하는 내용(의미)은 의의(sense) 혹은 개념(concept)의 관점에서 보면 다르다. 즉 여러 상황에 따라 내포적 의미 즉 의의는 다를 수 있다. John's wife는 John의 아내로서의 의의(개념)가 중시되며 the principal of Play school는 Play school의 교장으로서의 의의(개념)가 중시된다.

※ 지시표현의 유형들

① 한정 지시 definite expression(reference)

a. 고유명사(proper noun)

b. 한정명사구(definite description) e.g. the President of Korea,

c. 대명사(pronoun)

② 비한정 지시(indefinite expression)

a. 특정 지시(specific reference)

e.g. Every man loves a woman. (모든 남자가 한 특정한 여자를 사랑한다.)

b. 비특정 지시(non-specific reference)

e.g. Every man loves a woman. (모든 남자 각각이 비특정한 여자 각각을 사랑한다.)

③ 총칭 지시(generic expression) & 특칭 지시(particular expression)

e.g. a. The tiger is a fierce beast. (집합적, 총징적 지시)

b. A tiger was lying on the grass. (특칭 지시, 특정 개체를 지시)

④ 집합적 지시(collective expression) & 분배적 지시(distributive expression)

e.g. These pens cost 5 dollars. (these pens를 전체적, 집합적으로 볼 수도 있고 각각 5달러씩이라는 분배적 해석도 가능)

[2] 어휘의 의미를 지시(reference)의 관점이 아닌 **의미자질(semantic feature, semantic property)** 혹은 의미자질 값(semantic feature value)으로 파악하려는 관점도 있다. 단어는 의미자질의 집합체이고 하나의 의미자질을 공유하는 단어들은 하나의 semantic class(natural class)를 이룬다. 의미자질에 입각하여 단어의 의미를 분석하는 이 접근법은 동의어나 반의어의 규정을 보다 조리 있게 설명해줄 수 있고 문법에서 일치, 모순(contradiction), 변칙(anomaly) 등을 자연스럽게 설명해줄 수 있다.

e.g.

a. 반의어의 경우 : grandfather = [+old, +human, +<u>male</u>]

grandmother = [+old, +human, − <u>male</u>]

b. 변칙의 경우 : 의미적 선택제약(semantic selection)이 위반될 때 의미적 변칙이 발생함. The rooster laid an egg는 비문이다. 이유는 lay an egg는 [−male]인 주어를 필요로 하지만 rooster는 [+male]이기 때문이다.

2 Lexical meaning relation

[1] 서로 상반되는 의미를 가지는 1쌍의 단어를 **반의어(antonymy)**라고 한다. 반의어에서 '반대된다'는 개념은 의미자질(의미성분)에 따라 규정되는데, 두 낱말이 여러 의미자질을 공유하면서 한 자질만 대립할 때 반의어가 된다. 예를 들면, 'grandfather'과 'grandmother'라는 1쌍의 낱말은 둘 다 [+human]이며 [+old]라는 공통의 의미자질을 가지고 있으면서 성별[±male]의 대립만으로 반의관계가 성립된다. 즉, 1가지 의미자질만이 대립관계를 이루고 나머지는 모두 공통될 때 반의관계가 성립되는 것이다.

다음은 의미가 어떤 관점에서 반대가 되는지에 따라 반의어를 4가지로 분류한 것이다.

① 상호배타적, 이원적 반의어(complementary antonym, binary antonyms)

a. 반의어의 의미들이 서로 상호배타적, 이원적인 관계를 이루는 경우를 상호배타적, 이원적 반의어라고 한다.

b. alive/dead와 같이 동시에 참이 될 수 없는 경우라고 보면 된다. alive를 부정한 말이 dead이므로 상호배타적 반의어를 확인하는 test는 negation(denial) test라고 보면 된다.

c. 때로는 un-이나 in-과 같은 접두어를 사용하기도 하는데 unloosen(loosen), inflammable (flammable), invaluable(valuable), priceless와 같은 예외적 단어들도 있으니 주의하여야 한다.

e.g. dead ↔ alive, married ↔ single, present ↔ absent, true ↔ false, legal ↔ illegal, asleep ↔ awake, pass ↔ fail

② 등급성 반의어(gradable antonyms)

a. 상대적이며 중간 등급이 존재한다. hot과 cold 사이에는 warm, tepid, cool같은 등급이 존재한다. 따라서 [-COLD]가 반드시 [+HOT]는 아니다.

b. 비교급, 최상급, very를 붙여보는 test가 등급성 반의어를 확인하는 test이다.

c. 맥락에 따라(or 비교대상에 따라) 등급형용사가 짝을 이루며 쓰이는 형식이 달라질 수 있다. 예를 들면 생물의 경우에는 young/old을 쓰지만 무생물의 경우에는 new/old를 쓰고, 맥주의 경우 bitter/sweet을 쓰지만 과일의 경우 sour/sweet을 쓴다.

e.g. hot↔cold, young↔old, tall↔short, rich↔poor, large↔small(a small elephant, a large mouse), high↔low, good↔bad, many↔few

※ 유표성(markedness)

등급성 반의어에서 고려해야 될 개념이 바로 유표성이다. 유표성은 등급성 반의어의 특징이다. 반의어의 쌍 중에서 하나는 무표적(unmarked)이고 다른 하나는 유표적(marked)이다. 무표적인 것은 대개 대표적이고, 일반적이고, 흔하고, 자연스러운 것이다. 예를 들어 How <u>old</u> is the teacher?에서 <u>unmarked</u> (general, common, natural, positive)에 해당하는 old의 경우 neutral question의 뜻으로 몇 살인지를 묻는 것이다. 하지만 How <u>young</u> is the teacher?에서 <u>marked</u>에 해당하는 young의 경우 선생님이 젊다는 의미를 강조하거나 전제하고 얼마나 젊은지를 물어보는 것이다. 또한 marked인 것은 문맥 의존적(context-dependent)이다. 여름에는 "how <u>hot</u> is it?"이지만 겨울에는 "how <u>cold</u> is it?"이라고 물어 볼 수 있는 것이 대표적인 예이다. 마지막으로 어떤 단어가 무표성(대표성)을 띠고 있는지를 알아보려면 그 단어의 명사를 살펴보면 된다. long/short, high/low, wide/narrow, deep/shallow 등과 같은 반의어에서 명사가 될 수 있는 표현은 long(length), high(height), wide(width), deep(depth)이다. 이들이 무표성을 띤다고 보면 된다.

③ 상대적 관계의 반의어(relative antonyms, relational opposites)

a. 두 단어는 서로 공통된 의미성분이 있으면서도 의미의 대립을 보인다. 대응, 대칭관계에 의한 반의어라고 볼 수 있다.

b. 두 문장은 서로 함의관계를 가지는 것으로 not의 관계가 아니다. 예를 들어 "John is Terry's son."이란 문장은 "Terry is John's father."이란 문장으로 역전시켜 말할 수 있고 두 문장은 서로 함의관계이다.

e.g. buy↔sell, give↔receive, lend↔borrow,
husband↔wife, teacher↔student, employer↔employee,
above↔below, under↔over, in front of↔behind, outside↔inside

④ 역행적 관계의 반의어

두 단어 중 하나가 다른 하나의 역행적 과정을 표현하는 말이다. 대표적인 예로 unfold는 fold의 역행적 과정을 묘사하는 단어이다.

e.g. enter–exit, tie–untie, cover–uncover, leash–unleash, pack–unpack

[2] 음운적으로 다른 두 어휘가 동일하거나 거의 비슷한 의미(동일한 의미자질들의 집합)를 갖고 있을 때 이 두 어휘를 **동의어(synonymy)**라 한다. 여러 문맥에 넣어 교체해 봄으로써 동의어 관계를 확인한다. 이런 동의어 관계는 문맥 의존적이다. 즉 특정문맥에서만 적용되어야 한다. 예를 들어 문장 'I love father/dad/daddy'에서 father/dad/daddy는 동의어인데 완벽히 동일한 관계는 아니다. 화자가 아버지와 맺는 관계 혹은 화자의 연령에 따라 쓰이는 환경이 다름을 알 수 있다. 따라서 동의어 관계는 문맥의존적이다. 또한 동의어 중에는 지역적 차이에서 나타나는 것들이 있다. 대표적인 예로 postman과 mailman은 동의어인데 전자는 영국에서 주로 쓰이고 후자는 미국에서 주로 쓰인다.

〈문맥의존적인 동의어 관계〉

1) pale–light, peel–skin은 동의어 관계이지만 다음과 같은 차이가 있다.

a. The shirt is 〈pale/light〉 in color.

a'. The book is 〈*pale/light〉 in weight.

b. The 〈peel/skin〉 of the orange is thick.

b'. The girl's 〈*peel/skin〉 is sunburned.

c. 〈profound thought/ deep thought〉

c'. 〈*profound water/ deep water〉

→ deep과 profound가 동의어 관계가 되려면 thought와 관계될 때 가능.

※ 보통은 반대의 의미를 가지지만 어떤 경우에는 동의어 관계.

e.g. fat chance = slim chance

※ 미국영어와 영국영어 사이의 어휘의미의 차이

a. 동일개념이지만 다른 어휘로 표현된다.

의미	미국영어	영국영어	의미	미국영어	영국영어
마침표	period	full stop	인도	sidewalk	pavement
유모차	stroller	pram	휴게소	rest area	lay-by
1층	first floor	ground floor	지하철	subway	underground
약국	drugstore	chemist's	자동차	automobile	motorcar
핫도그	hotdog	frank	영화	movie	cinema
승강기	elevator	lift	월급날	pay day	wage day
감자튀김	french fries	chips	여판매원	sales-girl	shop-girl
가을	fall	autumn	우편배달부	mailman	postman
가솔린	gas	petrol	매표소	ticket office	booking office
사탕	candy	sweets	고속도로	highway	motorway
출구	Exit	Way out	직업	job	employment

b. 동일한 어휘지만 다른 개념을 나타낸다.

의미	미국영어	영국영어	의미	미국영어	영국영어
alley	좁은 골목	뒷 골목	tax	세금	회비
billion	조	10억	continent	구라파 대륙	미대륙
block	덩어리	한 구획	timber	재목	재능, 재산
rock	바위	돌	shop	소매점	공작소
frontier	국경	신 개발지			

[3] 일반적이고 포괄적인 어휘는 상위어(superordinate)라 하고 의미적으로 보다 구체적이고 특수한 어휘는 **하위어(hyponym, subordinate)**라고 한다. 하위어는 상위어의 의미를 '함의'(entail)한다.

e.g. plant ⊃ flower ⊃ rose (flower는 plant의 하위어, rose는 flower의 하위어)

[4] **동음이의어(homonym)**는 두 단어가 발음이 동일하고 철자가 동일하지만(단, 철자의 경우 예외 존재) 서로 다른 의미를 가진 경우로 단어들이 서로 의미의 연관성이 없다(e.g. bark 짖는 소리/ 나무껍질).
동철이음이의어(heteronym)는 철자만 동일할 뿐 발음과 의미가 다른 경우이다(e.g. tear). 어쨌든 전부 형태는 유사하지만 의미는 다르다.

e.g. a. meat ⓝ the flesh of animal
meet ⓥ to come together in the same place.
b. swallow ⓥ to ingest
swallow ⓝ a type of bird

c. sound ⓝ 소리
  sound ⓐ(형용사) 건전한
d. swallow ⓥ 삼키다
  swallow ⓝ 제비
e. dove[dʌv] ⓝ a type of bird
  dove[douv] ⓥ past tense of dive

⇒ a~d는 동음이의어이고, e는 동철이음이의어이다.

※ 동음이의어와 다의어의 구분

mouth(사람의 입/ 강의 어귀)와 같이 다의어(polysemy)는 하나의 핵심적 의미 혹은 기저 의미를 지니므로 여러 의미들 간에 서로 밀접한 의미관계가 있다고 간주되므로 어휘부에서 하나의 어휘항목으로 분류되는 반면에, 'bark'(짖는 소리/나무껍질)와 같이 동음이의어는 어휘부에서 별개의 항목으로 취급되는데 형태는 같지만 두 단어 간의 상관관계가 거의 없고 우연히 같은 형태가 되었다고 간주하는 것이다.

확인문제 01

Read the passage and follow the directions.

> Words that are opposite in meaning are antonyms. The meanings of the members of each pair are presumably identical, except for opposite value(s) of some semantic feature. Once again, however, note the difficulty in determining the relevant semantic feature that distinguishes the members of each pair. Antonyms fall into at least three groups: binary(complementary) antonyms, gradable antonyms, and converse antonyms(relational opposites) and so on. However, there are some antonyms that are not fit for this classification.

Choose in the followings the underlined pair that doesn't show antonymy mentioned above.

① a. There was a vacant seat beside him.
  b. "Sir, is this seat occupied?" I said.

② a. They must have violated fire regulations.
  b. Fire regulations should be observed.

③ a. The agreement, not having been signed, was void.
  b. The ticket is invalid for off-peak travel only.

④ a. He destroyed the priceless personal things.
  b. This deal is worthless to us.

⑤ a. The terminal cancer patient begged a painless suicide.
  b. The two brothers have been charged with an attempted murder.

확인문제 2

Read the passage and choose the most <u>inappropriate</u> statement of the followings

> It is not always easy to classify a pair of antonyms as binary, gradable, or converse(relational). However, there are several useful tests. Converse antonyms fit into the following frame: *If x is ____ y, then y is ____ x, or If x is y's___, then y is x's____.* For example, *if the painting is above the sofa, then the sofa is below the painting.*
> Binary antonyms fit into the following frame: *If x is not ___, then x must be ___.* For example, *if that person is not dead, then he must be alive. Gradable antonyms fit into the following frame: X is very ___.* For example, *This soup is very hot/cold*

① *Over* and *Under* are Converse antonyms.

② *Liquid* and *solid* are Binary antonyms.

③ *Short* and *Tall* are Gradable antonyms.

④ *Present* and *Absent* are Binary antonyms.

⑤ *Teacher* and *Pupil* are Converse antonyms.

확인문제 3 Read the following and answer the question.

> A word is lexically ambiguous if it has more than one sense. In other words, when a word has different meanings that are conceptually and historically related, it is said to be polysemous(polly-seamus). For example. the word 'diamond' referring to a geometric shape and also to a baseball field that shape is polysemous.

The above passage shows one of lexical relations. Which of the following <u>doesn't</u> show the correct match between the word 'free' that is polysemous and its meaning in given contexts.

〈Sentences with the word 'free'〉	〈meanings of the word 'free'〉
① Do you have any rooms free?	without payment.
② The accused left the court a free man.	liberated
③ He is free with his money.	generous
④ He left one end of a rope free.	loose
⑤ You are free to go or stay as you please.	at liberty.

NOTE

1. Antonyms (2011년 기출문제 32번)

Typical examples of antonymy include complementary pairs and gradable pairs. The difference between them is whether there is a scale containing the ""opposites"" at either end, with a midpoint between them. There are other types of antonymy as well: relational opposites and reversives. Consider husband /wife. The relation between husband and wife is symmetrical in the respect that if X is Y''s husband, then Y is X''s wife. Pairs of words displaying such a symmetrical relationship are relational opposites, and (1) is another good example. Reversives, meanwhile, include pairs of verbs such as fold /unfold. As unfold depicts the reverse process of fold, and vice versa, one member of a reversive pair describes the reverse process of the other member. Another example of reversives is (2)

(1) trainer/trainee, nominator/nominee, teacher/student, parent/offspring
(2) tie/untie, fold/unfold, lock/unlock, enter/exit

다음은 반의어의 유형이다.

a. Complementary antonym: Complementary pairs is a relationship of contradiction, in which the denial of one term is the assertion of its complementary term. e.g. alive/dead, present/absent.
b. Gradable antonym: Gradable pairs represent opposite ends of a scale. e.g. young/old, tall/short.
c. Relational opposite(antonym): Relational opposite have the relationship between two items from opposite perspectives) or they display symmetry in their meaning. e.g. husband/wife, under/over.

2 Synonyms

Synonyms are different phonological words which have the same or very similar meanings. Two words are synonymous if they have the same sense or they entail each other. e.g. Our train [leaves/departs] at 7 a.m.

UNIT 02

Phrasal and Sentential meaning

1 문장의 의미

(1) Analytic Sentences

문장을 넘어서는 외부세상을 확인해 볼 필요 없이 문장 속에 있는 언어표현 때문에 필연적으로 참(linguistic truth)이 되는 문장이다. 항진명제, 동어반복, 동의반복 등을 의미하는 Tautology를 'Analytic Sentence'라고 한다.

e.g. a. A bachelor is an unmarried man.

b. Circles are round.

※ 한편, 외부세상을 확인해 볼 필요 없이 문장 속에 있는 언어표현 때문에 필연적으로 거짓(linguistic falsity)이 되는 문장도 있다. 이런 문장을 'Contradictory Sentences'이라고 한다.

e.g. a. A bachelor is a married man.

b. A blue gas is colorless.

c. A square has five equal sides.

(2) Synthetic Sentence

외부세상의 요인들을 확인해야만, 진리조건(truth condition)을 통해 참(empirical truth)혹은 거짓(empirical falsity)을 알 수 있는 문장이다.

e.g. My next door neighbor, Bud Brown, is married.

※ 두 문장 간의 의미관계와 진리조건

a. The earth is round.

b. The earth is oval.

c. *The earth is square.

→ 진리조건을 도입하여 두 문장 간의 의미관계를 파악한다. 즉, 두 문장의 진리조건이 같은 경우 (a와 b)를 일치라고 하고, 상반된 경우(a와 c)는 모순이라고 하며, 한 문장의 진리조건이 다른 문장의 진리조건을 보증하는 경우 (a와 b)를 함의(entailment)라고 한다. (b가 a를 함의한다)

2 Phrasal and Sentential meaning relation

[1] Paraphrase and Ambiguity

(1) 동의관계(paraphrase)

한 진술이 다른 진술과 동일한 의미를 가지고 있을 때 그 진술은 다른 진술의 동의관계라 한다.

e.g. a. John sold a house to Bill. = Bill bought a house from John.

b. John passed chemistry = What John passed was chemistry.

※ **양화사**(quantifier)가 있는 문장의 능동문과 그 능동문을 변형시킨 수동문의 진리조건이 항상 같은 것은 아니다. 즉 동의관계로서 볼 수 없다.

e.g. Every person in this room speaks two languages.

≠ Two languages are spoken by every person in this room.

(2) 중의성(ambiguity)

하나의 표현에 둘 이상의 의미가 존재할 때 중의성이 생긴다. 언어적 중의성에는 3가지가 있다.

① Lexical ambiguity : 한 단어가 문맥에서 두 개 이상의 의미를 허용한다.

e.g. a. an old friend의 경우, old가 가진 두 가지 의미로 인하여, 1)나이가 많은 친구를 의미할 수도 있고, 2)오랫동안 사귄 친구를 의미할 수도 있다.

b. a large bill의 경우, bill이 여러 가지 의미를 갖고 있어, 1)새의 큰 부리를 의미할 수도 있고, 2)액수가 큰 계산서를 의미할 수도 있다.

c. 'He lost his head'가 1)침착성을 잃었다는 은유적인 표현이 될 수도 있지만, 2)글자 그대로 머리가 잘렸다는 의미가 될 수도 있다.

d. 'He went to the bank'에서, bank가 1)은행과, 2)강둑의 의미를 지녀 중의성 발생한다.

e. 'John gave his hand to Mary'에서, hand 1)손, 2)도움.

② Structural ambiguity : 문장의 구조가 두 가지 이상으로 분석이 되어 두 가지 이상의 의미가 생기는 경우이다. (Chapter 4. Syntax에서(ambiguity에서) 이미 언급했다.)

③ Scope ambiguity : 둘 중에 어떤 quantifier(양화사)가 wider scope(더 큰, 더 넓은 작용력 혹은 영향권)을 갖느냐에 따라 의미가 달라진다.

e.g. Every boy loves a girl의 의미는 두 가지이다.

a. 모든 소년이 각기 자신이 사랑하는 소녀가 한 사람씩 있다.(For each boy, there

is a girl that he loves.) ⇒ every가 a보다 wider scope를 갖거나 혹은 every가 a보다 더 영향권(영향력, 작용력)이 크다.

b. 모든 소년들이 사랑하는 특정한 소녀가 한 명 있음(There is a certain girl that every boy loves.) ⇒ a가 every보다 wider scope를 가진다.

[2] 함의(entailment)

다른 문장(명제A)으로부터 필연적으로 뒤따라오는 명제B가 발생할 때 A는 B를 함의한다고 한다. 즉, 한 문장A가 참이면서 그 명제에 뒤따르는 결과B도 참인 경우에(A가 참이면 B도 반드시 참일 수밖에 없는 경우에) A가 B를 함의한다고 한다. 그러나 역은 성립하지 않는다(A가 B를 함의하면 B는 A를 함의하지 못한다는 일방성이 함의의 특징이다).

e.g. a. 'Bill owns a dog' <u>entails</u> 'Bill owns an animal'.

b. 'Alan lives in Toronto' <u>entails</u> 'Alan lives in Canada'.

c. 'This is a yellow hat' <u>entails</u> 'This is yellow'.

d. 'This is a big fly' <u>doesn't entail</u> 'It is big'. → 'big'은 상대적 개념이다.

[3] 전제(presupposition)

① '전제'의 의미

전제는 하나의 문장이 의미적 정당성을 가질 수 있는 근거가 되는 다른 문장을 말한다. 즉 하나의 발화가 성립될 수 있는 조건들이라고 볼 수 있다. 쉽게 말하면 어떤 발화에 의해 미리 가정된 것, 혹은 당연한 것으로 받아들여지는 것이다. 또한 다른 문장(명제)의 참 또는 거짓을 판별하기 위해서 반드시 참이어야 한다고 가정하는 명제이다.

e.g. a. If someone says "My brother is rich," we assume that person has a brother, even though that fact is not explicitly stated. The assumption in question is called presupposition.

b. Have another cup of coffee. → 청자는 이미 커피를 한잔 마셨음을 전제

c. They have a bigger house than we do. → 우리도 집을 소유하고 있음을 전제

② 전제임을 밝히는 TEST

문장이 부정문이 되더라도 의미의 불변성(constancy under negation)을 유지하면 전제라고 판단된다. 즉 주어진 발화를 부정할 때 전제된 것은 계속 참으로 남는다.

⇒ 이 test는 Entailment와 구별시켜주는 test이기도 하다

e.g. My teacher gave a boring lecture라는 발화에서는 "내 선생님이 존재한다."의 사실이 전제되어 있는데 이 문장의 부정인 My teacher didn't give a boring lecture에서도 "내

선생님이 존재한다."는 사실이 전제되어 있다.

→ 참인 전제는 여전히(부정이 되어도) 존속한다. 즉 전제는 여전히(부정이 되어도) 참이어야 한다.

③ 전제유발자(presupposition triggers)

a. 주로 동사의 의미적 특성 때문에 전제가 발생되는 경우

상태변화동사(stop, finish), Factive verb(regret, realize, acknowledge, be aware, be glad that), 그 외에 forget, remember, avoid, manage to, neglect, fail, criticize 등의 동사의 경우 전제를 유발시킨다.

e.g. "John regrets going there."는 "John went there."를 전제한다.

b. 한정 지시(기술) the, 소유격 등이 있는 경우는 보통 무언가의 존재를 전제한다.

e.g. a. "The dog is mean."은 "There is a dog."을 전제.

b "The king of France is bald."는 "There is a king of France."를 전제.

c. 양화사 all, not any more, more, another 등의 말은 무언가가 있음을 암시한다.

e.g. "All Mary's lovers are French."는 "Mary has her lovers."를 전제.

d. Cleft structure

e.g. "It was John who went there."는 "Someone went there."를 전제.

e. Wh-question

e.g. "When will you take out that trash?"는 "You will take out that trash."를 전제.

f. 반사실적 조건문(Counter-Factual Condition)

e.g. a. "If I were rich, ~."는 "I am not rich."를 전제.

b. "If we had gone in September, everything would have been even more beautiful."은 "We had not gone in September."를 전제

※ 전제와 함의의 차이

'John killed Bill'이 참인 'Bill was dead'라는 전제를 지니고 있다고 가정하면, 앞에서 언급한 전제임을 밝히는 Test를 통해 'John killed Bill'의 부정인 'John didn't kill Bill'의 전제도 여전히 동일하게 'Bill was dead'이어야 한다. 그러나 'John didn't kill Bill'을 통해서 'Bill was dead'는 거짓일 수도 있다. 결론적으로 'John killed Bill'은 'Bill was dead'를 전제하는 것이 아니라 함의한다.

2010 34번
기출문제 2.5점

Read <A> and <B> and follow the directions.

<A>

The two sentences below stand in a semantic relation.
(1) Mary sings arias beautifully.
(2) Mary sings arias.
Whenever sentence (1) is true, sentence (2) is also true ; whenever sentence (2) is false, (1) is also false. This relation is called entailment : sentence (1) entails sentence (2).

<B>

(a) X : John met with some of the delegates.
    Y : John did not meet with all of the delegates.
(b) X : John does not eat vegetables.
    Y : John does not eat broccoli.
(c) X : John regretted telling a lie.
    Y : John told a lie.
(d) X : John was not present at the reception.
    Y : John was absent from the reception.
(e) X : John bought a fake leather jacket.
    Y : John bought a leather jacket.

Based on <A>, choose all the pairs in <B> in which X entails Y.

① a, b　② a, b, d　③ b, c, d
④ b, d　⑤ c, d, e

확인 문제 4

Read the following and answer the question.

<A>

Subordinate clause is regarded as 'presupposition' in some case. The predicate that makes subordinate clause function as 'presupposition' is called 'Factive predicate'. The factive predicate relates to 'negation raising': rule that negation of subordinate clause is raised to matrix clause. The 'negation raising' of 'non-factive predicate' makes the meaning of the matrix clause remain constant while that of 'factive predicate' doesn't. The test that determines whether the subordinate clause functions as 'presupposition' or not is the following: adding negation to the predicate of the matrix clause and checking whether the meaning of the sentence remains the same.

<B>

List of Sentences

a. I assumed that she failed again.
b. I regret that she failed again.
c. It amuses me that he succeeded.
d. I supposed that he succeeded.
e. It is likely that he failed again.
f. It bothers me that he succeeded.
g. It is odd that he failed again.
h. We suggest that the system is superior.
i. It is exciting that he succeeded.
j. Bear in mind that he failed again.
k. I forget that he succeeded.
l. I resented that he failed again.

How many of the above sentences in <B> contain 'factive predicate'?

① 6　② 7　③ 8　④ 9　⑤ 10

NOTE

〈Entailment & Presupposition〉

The two major relations between sentences are "entailment" and "presupposition". **An entailment** is a proposition that follows necessarily from another sentence. For example 'John aced math' entails 'John passed math', because one cannot ace math without passing math. The test for entailment is as follows: sentence (a) entails sentence (b) if the truth of sentence (a) ensures the truth of sentence (b) and if the falsity of sentence (b) ensures the falsity of sentence (a). **A presupposition** is a proposition (expressed in a sentence) that must be assumed to be true in order to judge the truth or falsity of another sentence. For example, 'John aced math' presupposes 'John took math', because acing math assumes the person in question actually took math. The simplest test for presupposition depends upon the fact that a sentence and its denial have the same set of presuppositions. This test is known as constancy under negation. Thus, if sentence 'John aced math' presupposes 'John took math', then the denial of sentence 'John did not ace math' also presupposes sentence 'John took math'. If John did not take math, then 'John did not ace math' cannot be judged true or false.

4 Interface with Semantics and Syntax

구조의 차이가 의미의 차이를 낳고 의미의 차이가 구조의 차이를 낳는다.

Event(동작) vs State(상태)

문장은 동작 혹은 상태가 기술된 것인데 이 둘의 의미 차이는 구조에서 기인하는 것으로 Eventive sentence는 수동문과 진행문과 명령문이 자연스럽게 들리지만, Stative sentence는 그렇지 않다.

e.g.

Eventives(Dynamics)	Vs	Statives
a. Mary was kissed by John.		a'. *Mary was known by John.
b. John is kissing Mary.		b'. *John is knowing Mary.
c. Kiss Mary.		c'. *Know Mary.

2009년 2차 논술문제
기출문제 15점

When speaking or writing in English, Korean high school students frequently make mistakes with stative verbs like *know* and dynamic verbs like *wipe*. Your task is to explain how the two types of verbs differ in usage. First, explain the semantic difference between stative and dynamic verbs. Second, using your own examples, explain how and why the two types of verbs behave differently with respect to manner adverbs, progressives, and imperatives. Use approximately 200words (20 lines).

Chapter 6

Pragmatics

UNIT 01

Linguistic Context

화용론이란 특정한 실제 담화상황에서 해당 담화의 의미를 '화자'와 '담화주제(발화주제)'와 관련된 배경지식으로부터 알아내고 전체적인 문맥을 유추해 의도된 의미를 도출해 낼 수 있는 능력에 초점을 맞춘 분야이다. 이러한 과정에서 화자는 기존에 알고 있던 정보(old information)와 새로 들어온 정보(new information)를 동시에 고려하게 된다. 이것은 문맥(context)에 의존해야 한다.

문맥에는 언어적 문맥과 언어를 넘어서는 상황적 문맥이 있다.
1. 언어적 문맥(linguistic context) - 통사적 구조 및 이전의 담화 내용.
2. 상황적 문맥(situational context) - 실제 상황 및 각 상황에 대한 배경지식.

1 Discourse

담화(discourse)란 두 개 이상의 문장들이 결합되어 만들어진 좀 더 큰 언어단위이다. 구성적 측면에서는 단위를 구성하는 전반적인 문장들을 가리킬 수도 있으며, 내용적 측면에서는 대화내용 전체를 의미한다고도 볼 수 있다. 담화가 곧 문맥이 된다.

a. 'He loved her'의 의미 해석을 위해선 즉, He와 her의 지시(reference)를 알기 위해선 담화의 내용 즉, context를 알아야 한다. 대개 앞 문장(발화)에서 지시의미를 알 수 있다.
b. 'My brother washed the dishes, and my sister dried'의 문장에서 dried 뒤에 dishes가 생략되었다는 것을 담화내용에서 알 수 있다(통사규칙을 위반하는 것 같지만 의사소통상 문제없다).
c. Jane wants to marry a college professor. → specific reference(특정한 교수)일수도 있고 non-specific reference(불특정한 일반적 교수)일 수도 있다.
d. The terrorists are in (the) control of the government → the의 유무에 따라 의미가 달라진다. the가 없으면 정부를 제어한다는 의미이고 the가 있으면 정부의 통제 하에 있다는 의미이다.

a. b. c. d에서 언급한 문법규칙들이나 담화규칙들이 상황적 문맥과 결합되어 마치 전보문(telegram)과 같이 발화내용들의 의미 해석이 가능해지는 것이다. 이렇게 문맥이 없으면 지시체(지시의미)가 결정될 수 없는 단어들을 **직시어**라고 하고 그러한 현상을 **직시(deixis)**라고 한다. 직시에는 인칭직시, 시간직사, 장소직시 등이 있다.

※ 직시(deixis)

어떤 표현이 어떤 지시물을 가리키는데 그때의 context에 의존하는 화용론적 양상을 '직시'라고 한다. 직시와 관련된 표현의 의미를 정확하게 파악하기 위해서는 상황적 정보가 있어야 한다. 즉 화자와 청자 그리고 화-청자를 둘러싼 시공간적 배경을 알아야 한다.

① 인칭직시-누가 : 인칭대명사, this person, …

e.g. I love you.

② 시간직시-언제: now, then, tomorrow, …

e.g. John met Mary yesterday[then].

③ 장소직시-어디서: here, there, this, come, go…

e.g. John is here with me.

2009 34번
기출문제 2.5점

Read <A> and <B> and follow the directions.

<A>

The reference of certain expressions relies entirely on the context of the utterance and can only be understood in light of these circumstances. This aspect is known as deixis. The first and second person pronouns are always deictic because their reference is entirely dependent on context. You must know who the speaker and listener are to interpret them. Time and place adverbials can also serve as deictic expressions. They should sometimes undergo deictic shifting to fit into the speaker and listener perspective under a new situation.

<B>

The sentences in (2) are John's utterances. At 3 p.m. on the same day, you as the speaker are reporting to a third party what John said.

(1) This morning on the other side of the street, John told me that ___________.

(2) a. Mary met the man right here.
b. There was a big sale yesterday.
c. The car was parked on the other side of the street.
d. Tom met Mary five years ago.
e. Mary will come in an hour.
f. I met Mary several days ago.

Choose all the sentences in (2) that should undergo deictic shifting when they are put verbatim in the blank.

① a, c, e, f ② a, e, d ③ b, c, d, f ④ b, d, e ⑤ c, d, f

2 Principle of Discourse(End-focus)

대화참여자에게 이미 알려진 정보를 '구 정보(old information)'라 한다. 구 정보는 문맥이나 상황을 통해서 얻어질 수도 있고 문화적으로 이미 알고 있는 사실일 수도 있다. 일반적으로 지시표현이나 대용표현을 통해 나타나며, 구 정보의 일반적인 특징으로는 음성적으로 강세가 약한 것과 형태상으로 대용표현을 사용 및 생략하는 것, 수식어구를 거의 쓰지 않는다는 것 등을 들 수 있다. 그리고 담화 구성상 주로 문두 쪽에 오는 경향이 있다.

청자에게 알려지지 않은 정보를 '**신 정보**'라 한다. 보통 'a+명사'(완전한 명사구) 등으로 나타내며 수식어를 완전하게 사용한 채로 명시적으로 표현되어야 한다. 일반적인 특징은 음성적으로는 **강세가 강하며**(강세를 어디에 두느냐에 따라 신 정보의 초점이 달라짐) 문미 쪽에 오는 경향이 있다. 즉 신 정보와 같이 중요한 정보에는 강세가 오며 이런 중요한 정보가 문미 쪽에 오는 현상을 End-focus 현상이라고 한다.

※ 담화의 원리 2가지: End-focus and End-weight

1. End-focus (The given-new contract)

a. Give him a CD. / b. Give a CD to him.

→ End-focus(new information이 문미에 온다)원리 때문에 둘 중에 a가 더 선호된다.

2008년 평가원 모의고사에 나온 End-focus

The English sentence below shows that the subject follows the verb, while the other dependent of the verb is placed in front of the verb.

"*On the table was a cup of milk.*"

For the inversion to be appropriate, the preposed phrase must not represent information that is less familiar in the discourse than that represented by the postposed subject. On the basis of this constraint, consider the following examples:

a. Two students were hurt yesterday in a fire. Wounded were Richard and Jane.

b. I went to the manager's office. On his desk sat a large package that was sent to me.

2. End-Weight

a. The man bought a chair for his mother.

b. The man bought a lovely old rocking chair that Mary had spent all summer restoring for his mother.

→ b는 End-weight(긴 성분은 문미에 온다)원리를 위반하므로 비문이다

※ 화제(Topic)

topic은 발화가 무엇에 관한 것인가를 가리키며 **관심의 중심**이다. 내용의 출발점(자기의 말을 잘 이해하도록 하는 방향타)으로, **문두**에 온다. topic은 대개 **구 정보**이다.

e.g. a. John hit a dog. → As for John, John hit a dog.

b. A dog, John hit. → As for a dog, a dog, John hit.

UNIT 02

Situational Context

Romeo loved Juliet의 의미 해석을 위해서는 청자는 Romeo과 Juliet라는 실제 인물에 대해 알아야 하고, 이 말이 문자적 의미를 넘어서 무엇을 의미하는지를 알아야 한다. 즉, 특정한 상황들에 맞게 Romeo loved Juliet라는 말은 다양하게 해석될 수 있다.(Romeo loved Juliet = John was in trouble) 결국 **실제 상황(기본배경지식)**을 알지 못하면 의미 해석은 불가능하다고 볼 수 있겠다. 또한 이렇게 발화에서 추론될 수 있는 의미를 포착하려면 **함축(implicature)**을 알아야 한다.

1 Implicature & Maxims(함축과 격률)

[1] 함축의 3가지 특징

(1) 함축된 내용은 발화내용의 일부가 아니다. 즉 직접적으로 언급되지 않는 내용이다.

(2) 함축된 내용은 함의(entailment)와 전제(presupposition)처럼 발화의 필연적인 결과물로 따라 나오는 것이 아니다.

(3) 발화된 내용은 한 가지 이상의 함축의미를 가질 수 있고 다양한 상황들에서 다양한 함축이 생길 수 있다.

[2] Conversational Maxims

대화 함축은 대화자 상호간의 협력을 전제로 이루어져야 한다는 대화 협력의 원리(cooperative principle)에 의해 야기된다. 먼저 대화협력의 원리를 알아보자. 이 협력의 원리는 4가지 대화 격률(maxim)로 구성된다.

(1) Maxim of Quantity : 정보의 양에 관한 것. 발화는 informative해야 한다. 필요한 양만큼의 정보를 제공하라.

(2) Maxim of Quality : 진실을 말하는 것에 관한 것. 거짓이라고 생각하는 것을 참인 것처럼 말하지 말라.

(3) Maxim of Relation : 말이 문맥에 맞게 관련성이 있어야 한다. 발화는 relevant해야 한다. 동문서답 금지.

(4) Maxim of Manner : 말의 내용을 어떤 방식으로 해야 하는가. 발화는 clear해야 한다. 애매하거나 중의적인 태도는 피하라.

[3] Maxim flouting and implicature

대화격률(maxims)이 의도적으로 위반(flouting)될 때 함축(implicature)이 발생한다.

(1) Quantity Flouting & Implicature

① a. War is war.

b. Terrible things always happen in war.

→ a는 war가 반복되어 잉여적이므로 **양의 격률**을 위배한 것이다. 그러나 이런 의도적 위배를 통해 a는 b라는 간접의미를 드러내고 있다.

② Kenny: What are you reading?

Tom: A book.

→ Kenny reasons as follow: I asked Tom what he was reading, and my question required him to tell me either the title of its book or at least its subject matter. Instead, he told me what I could already see for myself. He appears to be flouting the **Maxim of Quantity**. There must be a reason that he gave less information than the situation requires. The inference that I draw is that he does not want to be disturbed, and thus is trying to end the conversation.

(2) Quality Flouting & Implicature

① A: London is the capital of Brazil, isn't it?

B: And Tokyo is the capital of England.

⇒ What A has in mind is absolutely incorrect.

→ B는 A의 말에 대한 대답을 위해 의도적으로 **질의 격률**을 위배하고 있다.

② Susie: Paris is the capital of England.

Mr. Smith: Yeah, and Seoul is the capital of Tokyo.

→ Susie reasons as follows: Mr. Smith said that Seoul is the capital of Tokyo; he knows that is not true. He appears to be flouting the **Maxim of Quality**; there must be a reason for him saying something patently false. The inference I(Susie) draw is that my answer is false (Reno is not the capital of Nevada).

(3) Relevance Flouting & Implicature

① A : Jane is a very dirty woman, isn't she?

B : Oh, the weather is fine, isn't it?

→ B는 **관련성의 격률**을 의도적으로 위배하여 A에게 어떤 함축의미를 전한다.

② Husband : What time is it?

Wife : Well, the paper's already come.

→ The husband reasons as follows: I asked about the time, and she mentioned something seemingly unrelated–the arrival of the newspaper. She appears to be flouting the **Maxim of Relation**; there must be some reason for her seemingly irrelevant comment. The inference I draw is that she doesn't know the exact time, but the arrival of the newspaper has something to do with the time, namely that it is now past the time of day that the newspaper usually comes (7:00 a.m.).

(4) Manner Flouting & Implicature

Mr. Jones : Let's stop and get something to eat.

Mrs. Jones : Okay, but not M–c–D–o–n–a–l–d–s.

→ Mr. Jones reasons as follows: She spelled out the word McDonald's, which is certainly not the clearest way of saying it. She appears to be flouting the **Maxim of Manner**; there must be a reason for her lack of clarity. Since the kids cannot spell, the inference I draw is that she does not want the children to understand that part of her statement.

2009 35번

기출문제 1.5점

Read the following and answer the question.

It has been argued that there are three kinds of speech acts: locutionary act, illocutionary act, and perlocutionary act. A(n) ___(1)___ act is performed to convey the speaker's intent in uttering a sentence (e.g. to praise, to criticize, to warn, to threaten, etc.). In the dialogue below, the speaker can express his/her intention in the given situation without manifesting it literally.

W: Isn't it too cold in here?
M: (Near a stove) I'll turn on the stove.
W: Thank you.
M: A pleasure of mine.

Information that is conveyed implicitly in a conversation is referred to as conversational implicature. This can be accounted for in terms of a conversational principle called the Co-operative Principle. In relation to this principle, there are maxims assumed to ensure the facilitation of conversational interactions between hearer and speaker: the maxim of quantity, the maxim of quality, the maxim of relation, and the maxim of manner. In the above dialogue the woman didn't make a request explicitly, but the man understood her words as a request and turned on the stove. How this was possible can be accounted for in terms of the maxim of ___(2)___.

Which of the following best fits in the blanks above?

	(1)	(2)
①	illocutionary	quantity
②	illocutionary	relation
③	locutionary	manner
④	perlocutionary	quality
⑤	perlocutionary	manner

2013 33번
기출문제

Read the following and answer the question.

<A>

The Maxim of Informativeness, also called the Maxim of Quantity, has two clauses: "Make your contribution as informative as is required (for the current purposes of the exchange)," and "Do not make your contribution more informative than is required." The first clause, requiring the speaker to give enough information, is identified as the basis of a wide range of implicatures, known as scalar implicatures. Scalar implicatures typically arise with terms denoting quantities or degrees of attributes which can be graded on some scale of informative strength. With a scalar implicature, it is assumed that the speaker obeys the Maxim of Informativeness and makes the strongest statement consistent with what he or she knows or believes to be the case. The speaker's use of an expression on an information strength scale implicates the negation of any higher term on the same scale.

<B>

Cases	Implicatures
a. The light in Peter's office is on.	Peter is in his office.
b. Two or three did very well.	Not more than two or three did very well.
c. Some of the faculty left yesterday's guest lecture before it ended.	The lecture didn't go well.
d. It's fairly warm outside.	It isn't hot outside.

Which of the following lists all and only the cases in <B> that correctly show the scalar implicatures described in <A>?

① a, b ② a, d ③ b, c ④ b, d ⑤ c, d

확인 문제 | 1

Read the passage and follow the directions.

> The Maxim of 'Relation' states that each participant's contribution should be relevant to the subject of the conversation. Suppose a man wakes up in the morning and asks his wife "What time is it?" She responds with *Well, the paper's already come*. Her statement raises an implicature. The husband reasons as followings: I asked about the time, and she mentioned something seemingly unrelated, and I inferred that she doesn't know the exact time, but the arrival of the newspaper has something to do with time. This means violation of a maxim causes implicature.

Choose the sentence that is not appropriate for a substitute for the underlined content(part) in terms of violation of the maxim mentioned above.

① I don't know exactly.

② John just went to school.

③ You had better hurry up.

④ Time is money.

⑤ You need more sleep.

NOTE

<Maxims>

A general co-operative principle is that participants in a conversation are cooperating with each other. This co-operative principle consists of conversational maxims. The maxims are general principles which are thought to underlie the efficient use of language, and which together identify the co-operative principle. The followings are four basic maxims: The maxim of quality states that speakers' contributions ought to be true - specifically, that they should not say what they believe to be false, nor should they say anything for which they lack adequate evidence. The maxim of quantity states that the contribution should be as informative as is required for the current purposes of the exchange, and should not be unnecessarily informative. The maxim of relevance states that contributions should be relevant to the purpose of the exchange. The maxim of manner states that the contribution should be perspicuous - in particular, that it should be orderly and brief, avoiding obscurity and ambiguity.

2 Speech Acts

[1] Types of Speech Acts

발화의 목적은 단순히 무언가를 말하기 위해서 뿐만 아니라 어떤 행위를 수행하기 위해서이다. 이런 발화를 수행발화(performative utterance) 혹은 화행(speech act)이라고 한다.

e.g. a. Please close the door. → not just saying something but also making request.
b. I'm sorry for the way I acted. → not just saying something but also apologizing.

아래 문장들을 발화함으로서 화자가 이름 짓기, 거절, 약속 등의 행위를 하게 되며 이때 쓰이는 동사를 수행동사(performative verb)라고 한다. 발화를 함으로써 어떤 행동을 야기하게 하는 동사이다.

e.g. a. I **name** this ship the "Queen Elizabeth".
b. I **refuse** to answer the question.
c. I **promise** it.
d. I **bet** you a quarter.

(1) Locutionary act(발화행위: 언표적 행위)

발화 그 자체(what the speaker says)를 의미한다. 그 이외에 다른 어떤 행위를 수반하거나 상대방의 행위에 영향을 주는 행위는 아니다.

e.g. It's cold here.
→ 단순한 speaker의 의사표현인 경우이다. 즉, 의미 있는 문장을 발화하는 그 자체를 말함.

(2) Illocutionary act (발화수반행위: 언표내적 행위 = illocutionary force)

발화가 행위를 수반하고 있는 것(what the speaker does in uttering a sentence)을 의미한다. 즉 문장의 발화가 명령, 약속, 경고 등 행위를 수반하는 경우이다. 구체적인 예는 stating, requesting, warning, promising, apologizing, appointing, ordering 등이 있다.

e.g. a. It's cold here. → 요청, 명령 혹은 경고와 같은 행위가 수반되는 경우.
b. I warn ~. → 수행동사를 통한 발화행위가 바로 "경고"라는 수반행위가 되는 경우.

다음은 화행 또는 발화수반행위의 구체적인 종류이다.

a. Representative : stating, asserting, denying, confessing, admitting, notifying, concluding, predicting
b. Directive : requesting, ordering, forbidding, warning, advising, suggesting, insisting, recommending

c. Question : asking, inquiring

d. Commissive : promising, vowing, volunteering, offering, guaranteeing, pledging, betting

e. Expressive : apologizing, thanking, congratulating, condoling, welcoming, deploring, objecting

f. Declaration : appointing, naming, resigning, arresting

※ Indirect illocutionary acts

통사구조형태(syntactic form)와 발화수반행위의 관련성 여부에 따라 direct illocutionary act와 Indirect illocutionary act로 분류된다. 문장의 통사구조형태들이 직접적으로 관련성이 있으면 direct illocutionary acts라고 하며 직접 연결(관련)되지 않고 불일치하는 경우를 indirect illocutionary acts라고 한다.

⇒ 이렇게 indirect illocutionary acts와 함께 언어사용을 하는 이유는 softness와 politeness 때문이다. 평서문이 제일 공손한 이유는 선택권을 상대방에게 주기 때문이다.

① Direct illocutionary acts

e.g.

UTTERANCE	SYNTACTIC FORM	ILLOCUTIONARY ACT
Keep quiet	Imperative	Directive
Do you know Mary?	Yes-No interrogative	Yes-No question
What time is it?	Wh-interrogative	Wh-question
How nice you are!	Exclamatory	Expressive
It's raining.	Declarative	Representative

② Indirect illocutionary acts

UTTERANCE	SYNTACTIC FORM	ILLOCUTIONARY FORCE
And you are … (Who are you?)	Declarative	Wh-Question
Why don't you be quiet? (Be quiet.)	Wh-interrogative	Directive
Could you keep quiet? (keep quiet.)	Yes-No interrogative	Directive
Do you have the time? (What time is it?)	Yes-No interrogative	Wh-Question

(3) Perlocutionary act(발화효과행위: 언향적 행위)

어떤 발화가 청자에게 설득, 강압, 놀람 등의 영향을 끼치는 경우와 같이, 발화의 결과로 의도한 효과를 달성하는 행위를 말한다. 'It is cold here.'라는 발화를 통해 청자로 하여금 실제로 문을 닫게 만드는 것이 한 예이다.

e.g. Brown: I wonder if you could show me the picture.
Judy: Sure, here you are.
ⓐ Locutionary act : 발화 그 자체 - 내게 사진을 보여줄 수 있는지 궁금하다.
ⓑ Illocutionary act : 의도 내포 - 내게 사진을 보여줬으면 좋겠다.
ⓒ Perlocutionary act : 반응, 행동 - Judy가 사진을 보여준다.

[2] Performative Verb

수행동사의 특징은 "hereby" 수반 가능성이다. (즉 hereby와 함께 사용될 수 있다.)

e.g. *I hereby know such and such.
→ 'hereby'와 함께 사용될 수 없으므로 know는 수행동사가 아니다

※ 수행동사가 수행적 의미를 지니기 위한 조건

a. be positive(긍정문과 함께 사용되어야 한다)
  – *I can't promise to bring beans.
b. be present tense(현재시제와 함께 사용되어야 한다)
  – *I promised I would bring beans.
c. have a first person agent(1인칭 주어와 함께 사용되어야 한다)
  – *John promises that he will bring beans.
d. refer to a specific event(특정한 사건에서 사용되어야 한다)
  – *I promise people things from time to time.

[3] Felicity Condition 적정조건(Deixis도 고려)

발화수반행위들이 주어진 상황 속에서 적절하게 쓰이기 위해서는 발화가 "언어외적"인 요인들(의도, 기대, 믿음, 신분, 시간, 장소 등)에 따라 적절하게 수행되어야만 한다. 모든 발화는 진리치(진리조건)로 설명될 수 없고 적정조건으로 설명된다.

(1) **참여자와 환경**(circumstance)
(2) 행위는 모든 참여자의 **동참**에 의해 이뤄진다.
(3) 참여자들은 적절한 **수행의 의지**가 있어야 한다.

e.g. requesting과 ordering의 공유하는 적정조건은 "청자가 어떤 행위를 할 수 있다고 믿는 것"

이며 변별적인 적정조건은 "화자의 권위의 여부"이다(ordering은 화자는 청자보다 권위가 있어야 한다). → 이렇게 적정조건은 두 발화수반행위(requesting, ordering)의 관계(차이)를 알게 해 준다.

확인 문제 2

Read the following and answer the question.

One test to see whether a verb is used performatively or not is the hereby test. We take hereby and insert it before the alleged performative verb.

(a) I *hereby* promise to take him to a bar tonight.
(b) John *hereby* promises to take me to a bar tonight.
(c) I will *hereby* promise to take him to a bar tonight.

If the sentence sounds fine with hereby, then the verb is being used performatively. <u>If the sentence sounds bad with *hereby*, then the verb is not being used performatively.</u>

Choose the one that shows the underlined part.(Your answer is from the sentence in which hereby isn't inserted yet.)

① I confess that I stole the family jewels.

② I warn you to stop teasing your sister.

③ I apologize for calling you a liar.

④ I name this "Good Ship Lollipop".

⑤ I know that John went there.

2012년 34번
기출문제

Read the following and answer the question.

〈A〉

If I utter the clause 'Tom has arrived' with the intention of thereby committing myself to the truth of the proposition "Tom has arrived", I have uttered it with illocutionary force of a statement. If I say 'Sit down' with the intention of telling you to sit down, my utterance has the illocutionary force of a directive. A natural utterance of (1) would be both a statement and a promise, though the promise is of course more important, more salient than the statement.

(1) I promise to return the key tomorrow.

The promise force is called primary, and the statement second. Making the statement can be regarded as simply the means of making the promise. I make a promise by stating that I do, and the statement is true simply by virtue of my uttering the clause with the intention of making a promise. Illocutionary force is very often conveyed indirectly rather than directly. Consider (2).

(2) Do you know what time it is?

A likely context for this (not the only possible one of course) is where I don't know the time, want to know the time, and believe you may well be able to tell me. In this context it would indirectly convey "What time is it?" This is why it would be thoroughly uncooperative in such a context for you to respond merely with 'Yes'. 'Yes' would answer the question that is actually asked, but not the one that I in fact want to have answered.

<B>

a. I declare the meeting open. (uttered to people present in the meeting)
b. I'll declare the meeting open soon. (uttered to people chatting before the meeting begins)
c. Can you turn the light on? (uttered to someone who is close to the light)
d. Get well soon. (uttered to someone who is in the hospital)

Which of the following lists all and only utterance in <B> that most probably have primary, indirect illocutionary force?

① a, b, d ② a, c ③ b, c ④ b, c, d ⑤ c, d

확인 문제 3

Read the following and answer the question.

<A>

Context is a crucial factor in the valid performance of an illocutionary act that is what the speaker does in uttering a sentence. For example, participants(speakers and hearers) and the circumstances must be appropriate. An umpire at a baseball game can cause a player to be out by uttering *You're out*! but an excited fan in bleachers cannot. Likewise, the act must be executed completely and correctly by all participants. If during a game of hide-and-seek, Mary says to John *You're it*, and John responds with *I'm not playing*, then the act of naming is not valid. Finally, the participants must have the appropriate intentions. If a friend says to you *I promise I'll meet you at the movies at 8:00 at p.m.*, but actually plans to be home watching television at that time, the act of promising is not valid. These conditions are called felicity conditions that must be satisfied if a speech act is to be correctly performed.

<B>

John and Mary are having an argument in a restaurant, and John throws a glass of water on Mary's shirt. Mary responds with *Thanks a lot*.

What felicity condition on thanking does Mary's utterance(response) in <B> violate? (Your answer is from <A> and <B>)

① The act for which one is thanked must be in the hearer's best interest.

② The act for which one is thanked must be a past act.

③ The act for which one is thanked must be witnessed by the speaker.

④ The act for which one is thanked must be in the speaker's best interest.

⑤ Both ② and ④

NOTE

〈Indirect Speech Act〉

Imagine that someone at dinner is watching you use the pepper grinder and then utters when you are finished: *Can you pass the pepper?* In this context, the literal question about your ability to pass the pepper is bypassed, because the intended request is so salient. As this example illustrates, many indirect requests are idiomatic. Given the frequent cooccurrence of their surface form and implied meaning, it is not surprising that people activate the implied meaning automatically.

People do not always ignore literal meaning, however. Imagine that someone calls a merchant on the telephone and asks: *Would you mind telling me what time you close tonight?* The merchant could provide two kinds of information in response: First, she could respond to the literal question and state whether she minds providing the information. Second, she could respond to the indirect request and state what time her business closes. If she bypasses the literal meaning and only processes the intended message, then she should not begin her utterance by saying 'yes' or 'no' in response to the literal question. Instead, she should only provide the closing time. If she also processes the literal meaning, though, she may preface the closing time by stating whether she minds providing it.

To test this, H. H. Clark had a research assistant call local merchants and ask them their closing times. He found that the merchants often responded to the literal meaning of the request, as well as to the indirect request. Whether they compute both the literal and implied meaning depends on current circumstances and the nature of the utterance.

Chapter 7

Language Change

(영어의 언어학적 변화)

UNIT 01

Language Change

영어 변천사에 따른 문법, 발음, 어휘, 의미 측면에서의 변화와 그 특성을 알아보자.

1 Old English - Period of Full Inflection

[1] 문법

① 문법관계가 굴절어미에 의해 표현되었다. 다시 말해 어순이 중요하지 않은 종합언어였다.

※ 종합언어와 대조되는 분석언어는 문법관계가 어순에 의해 표현이 된다. 즉 어순이 굉장히 중요하게 여겨진다. 현대영어는 거의 분석언어적인 성격을 띤다.

② 고대영어의 명사는 세 개(남성, 여성, 중성)의 문법성(grammatical gender)이 있었다. 이 문법성은 자연성(sex)와 다르다(반드시 서로 일치하는 것은 아니다).

③ 복잡한 어미변화(굴절: Inflection)가 있었다.

A. 명사, 대명사, 지시대명사의 성, 수, 격의 변화(Declension)에는 강변화(strong declension)와 약변화(weak declension)가 있다.

e.g. 강변화 ('stān' means 'stone')

case	OE singular	OE plural
Nominative(주격)	stān	stān<u>as</u>
Genitive(속격)	stān<u>es</u>	stān<u>a</u>
Dative(여격)	stāne	stān<u>um</u>
Accusative(대격)	stān	stān<u>as</u>

→ 격변화 중에서 강변화의 특징은 위의 예처럼 성, 수, 격에 따라 특정한 어미를 가진다는 것이다.

B. **활용(conjugation)** : 동사의 활용에는 강변화(strong conjugation)와 약변화(weak conjugation)가 있다. 강변화동사는 어간의 모음이 모음변이(ablaut, mutation)에 의해 달라지는 경우이며(bind-band-bunden) 약변화동사는 어간의 모음변이는 일어나지 않으며 과거와 과거분사를 형성하기 위해 어간에 -d, -t가 붙는다.

C. 형용사의 굴절(Inflection)에도 강변화(strong declension)와 약변화(weak declension)가 있다. 자기가 수식하는 명사의 성, 수, 격에 따른 굴절을 강변화라고 하고 어간에 -an같은 어미가 붙는 굴절을 약변화라고 한다.

[2] 발음

A. 철자 그대로 발음하였다.(발음과 철자의 괴리가 없었다) e.g. 묵음이 없었다.

B. 강세는 어두강세였다.(대부분 첫째음절에 강세가 있었다. 이것은 게르만어의 특징이다)

[3] 어휘

어휘는 다른 외래어에 의해 크게 영향을 받지 않았다. 즉 Anglo-Saxon어(Anglian)가 잘 유지되었다.

2 Middle English - Period of Levelled Inflection or Reduction of Inflection

(1) 문법 - 굴절형의 축소

고대영어에 존재했던 복잡한 굴절어미가 사라지는 현상인 'leveling' (또는 reduction of inflection)을 거치면서 **종합언어(synthetic language)**에서 **분석언어(analytic language)**로 점차 바뀌었다. 현대영어도 이런 면을 이어간다. 약모음(a, o. u)들이 비강세음절에서 e로 변화하여 결국 schwa [ə]로 되어버리는 현상이 **평준화현상(levelling)**의 일종이다. 중요한 것은 굴절어미의 평준화 또는 생략의 영향으로 기능어(전치사, 접속사, 조동사)가 발달하고 (e.g. earth's salt → salt of earth) 문법성이 소실되어 소수의 명사를 제외하고는 모든 명사의 복수형 어미가 -es 형태 하나로 바뀌었다는 것이다.

(2) 발음

프랑스어 차용(유입)이 영어강세에 영향을 주었다. 영어는 원래 게르만어 전통에 맞게 어두강세(word initial stress)였으나 강세가 뒤에도 올 수 있는 프랑스어의 영향을 받았다.

(3) 어휘

고대영어의 어휘가 대부분 사라지고 불어(Anglo-French)나 라틴어로 대체되었다.

3 Modern English - Period of Lost Inflection

(1) 문법 -굴절형의 소실

① 굴절어미(e.g. 격어미)의 상실에 의해 어순이 고정화되면서 굴절의 역할을 기능어(전치사, 접속사, 조동사...)가 대신하게 됨. (역할이 커진 기능어의 활성화)

e.g. a. 서법(mood)을 나타내는 굴절어미의 상실에 따른 조동사의 활성화

He spoke not.(Shakespeare) → He did not speak.

b. 격어미 소실에 따른 분명한 격 표시를 위한 전치사의 활성화

I sent the man a boy.(어순에 의한 격 표시) → I sent a boy to the man.

⇒ 여격(dative)과 대격(accusative)을 구별하기위해 to 사용

c. 어순의 고정화에 의한 변화

Whom is he talking to? → Who is he talking to?

⇒ Whom이 Who로 바뀐 것은 문두에 주격이 온다는 심리가 반영된 것.

② 굴절형 소실에 따른 **품사의 자유로운 전환** → 어휘의 품사가 형태보다는 위치(어순)에 의해 결정됨.

(2) 발음과 철자

① 굴절형 소실에 따른 강세 및 억양의 발달 → 어순이 고정되면서 어순으로는 화자가 어떤 말을 강조하기 어려워졌기 때문에 강세(억양)가 필요하게 되었다.

② **대모음 변이**(Great Vowel Shift)의 결과로 **발음과 철자의 괴리현상** 발생

Great Vowel Shift9Phonological change)

→ 중세영어의 7개의 장모음 혹은 긴장모음이 push되는 것과 같은 변화를 한다.

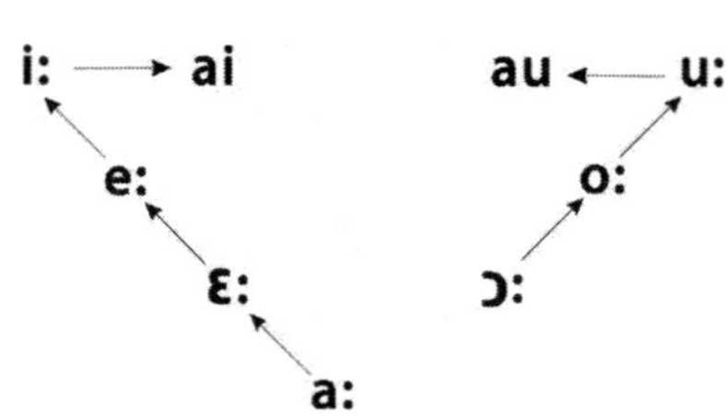

〈Shift〉

Middle English		Modern English	
[i:]	→	[aj]	mice
[u:]	→	[aw]	mouse
[e:]	→	[i:]	geese

[oː]	→	[uː]	goose
[ɛː]	→	[eː]	break
[ɔː]	→	[oː]	broke
[aː]	→	[eː] (→[ej])	name

Early Middle English Vowel Shortening Rule과 함께 위의 Great Vowel Shift의 예를 영어 형태소의 교체형 내에서도 찾을 수 있다.

e.g. divine–divinity, serene–serenity

ME Vowel	Shifted Vowel	Short Vowel	Word with Shifted Vowel	Word with Short Vowel
[ī]	[aj]	[I]	divine	divinity
[ē]	[i]	[ɛ]	serene	serenity

③ 발음과 철자의 괴리가 거의 없었던 Old English의 표음문자적 철자법(phonetic spelling)이 발음과 철자의 괴리가 있는 비표음적(unphonetic, ideographic) 철자법으로 변하였다.

(3) 어휘

여러 나라에서 다양한 어휘 수용(영어의 로망스어화)하게 되었다.

※ 대개 어휘의 변화는 신조어의 추가, 차용어의 유입, 기존 어휘의 상실 등에 의해 일어난다.

(4) 의미의 변화

① Semantic Extention(= Generalization = Broadening)

의미변화 중에서 시간이 흘러가면서 단어가 지시하는 대상이 넓어진 경우를 일반화(generalization, broadening)라고 한다. 다시 말해, 자신이 가리키는 의미 영역이 확대되어 한 단어가 더 많은 대상에 적용되는 것이다. 예를 들어 '비둘기'인 pigeon은 예전에는 'a young dove'를 의미했으나 지금은 비둘기 종 전체를 나타내는 뜻으로 확대되었다. '공장'인 명사 mill도 원래는 곡식을 갈아서 음식을 만드는 장소인 '방앗간' 정도를 나타내었으나, 지금은 '갈다'라는 제한적인 요소가 빠져서 물건을 만드는 곳이면 어디나 mill을 사용할 수 있게 되었다. barn은 형태상으로 고대영어의 barley를 의미하는 명사에서 나온 단어로 '보리를 저장하는 창고'만을 의미했었으나, 현재는 어떤 곡식이 들어 있어도 이 단어를 쓸 수 있고 심지어 가축을 넣어 두는 축사에까지 사용된다. 동사의 경우, go는 원래(초서시대에) 'walk'로 한정된 의미였으나 지금은 한 장소에서 다른 장소로 이동하는 어떤 움직임에 적용된다. 또한 in the first place, on the other hand, at any rate와 같은 관용구에서 각 단어의 의미가 정확성을 잃고 확장된 의미를 나타내는 경우도 일반화로 간주되기도 한다.

② Semantic Reduction(= Specialization = Narrowing)

이것은 위의 일반화와 정반대의 의미변화이다. **특수화(specialization, narrowing)**는 어의 지시 영역이 넓어지는 것이 아니라, 정반대로 의미를 한정하는 자질이 추가되어 범위가 좁아지는 변화이다. 우리는 사전을 찾을 때 하나의 단어가 여러 뜻을 지니게 되는 경우 특수화의 예를 쉽게 발견할 수 있다. '쇠'인 iron은 지금 골퍼와 주부에게 각각 다른 의미를 가지고, 'stone'의 의미도 석수, 보석상, 의사 등의 사용자에 따라 다양한 의미를 가지게 되었다. 이해하기 가장 수월한 예로 deer가 있다. 이 단어의 원래 의미로는 '네발 달린 동물(any four-legged beast)'이면 무엇이나 가리킬 수 있었으나, 지금은 원 의미의 범위에서 상당히 축소된 사슴만을 의미하고 있다. meat는 원래 음식 일반 'food in general'을 의미했으나 지금은 고기를 의미한다. '사냥 개'인 hound는 현대영어에서 특별한 종류의 개를 의미하지만, 옛날에는 일반적인 개를 의미했고 이것은 독일어인 Hund (개)에서 드러난다. 이처럼 어원이 같은 동족어는 단어의 이전 의미를 파악하는데 매우 유용하다. 동사 starve는 원래는 보통의 '죽음'을 의미했으나 지금은 특수 방언을 제외하고는 배고픔과 연관된 죽음만을 일컫는다.

③ Semantic Elevation(= Amelioration = Betterment)

의미변화 중에서 뜻이 나아지거나 고상해지는(positive적인) **양화(elevation, amelioration)**의 예에는 fond가 있다. fond는 과거에는 foolish의 의미였으므로 이 낱말의 의미는 과거에 비해 월등히 좋아졌다. 그리고 현재는 좋은 의미로 사용되는 nice는 라틴어인 nescius(무식한)에서 유래된 말이다. 또한 지금은 지위가 높은 '시종관'을 뜻하는 chamberlain은 원래 '집안일을 돌보는 하인'(chamber = house)의 의미였다.

④ Semantic Degradation(= Pejoration = Worsening)

의미가 추락하거나 negative해지는 **악화(pejoration, degradation)**는 양화보다 더 빈번하다. 단어가 사용되다 보면 감정적인 요소가 개입하여 나쁜 쪽으로의 의미 변화가 이루어지기 십상이다. 고대영어시대에 silly의 의미는 'happy'였다. politician도 원래의 의미에 경멸의 의미의 색채가 추가된 경우이다. 우리에게 다소 비속한 말처럼 들리는 madam은 결코 나쁜 의미의 단어가 아니다.

2006 서울 6번

기출문제 3점

Read the passage and follow the directions.

The meanings of words change over time. There are some general directions in which word meanings change. They may undergo extensions in meaning when their denotation covers more than it did. For example, the word *barn* used to denote a storage place for barley but its denotation generalized to cover any kind of farm-based storage shed. Semantic reductions, on the other hand, occur when the denotation of a word shrinks. The word starve used to denote dying in general but now denotes dying of hunger.

The connotations of words can also change. Degradations in meaning occur when a word acquires a worse connotation, while semantic elevations come about when a word takes on somewhat grander connotations over time. *Lewd* started out meaning those who were lay people as opposed to clergy. It then narrowed to mean those who were ignorant, and from there narrowed to obscene. *Chivalrous*, by contrast, was at one time synonymous with warlike; it now refers to more refined properties such as fairness, generosity, and honor.

The table below shows how the meanings of *villain*, *ledger*, and *manufacture* have changed over time. Fill in each cell with ONE word from the passage.

Words	Meaning Changes	Types of Change
villain	Middle English : a humble serf Current English : a scoundrel	(1)
ledger	Middle English : any book Current English : an account book	(2)
manufacture	Latin : to make by hand Current English : to make by hand or by machinery	(3)

(1) ______________________________

(2) ______________________________

(3) ______________________________

4 Genealogy of English

영어는 인도-유럽어(인구어)족(Indo-European Family)에 속하는 언어이다(영어의 계보는 인구어→게르만어→서게르만어→저지독일어→영어). 이렇게 영어가 인도-유럽어족이라고 알게 된 근거는 동족어 cognate간의 음의 **대응(sound correspondence)**을 알아냈기 때문이다. 특히 그림(Grimm)은 게르만어 계통의 언어와 산스크리스트어, 희랍어, 라틴어의 자음들 사이에 어떤 일정한 대응관계가 존재하고 있음을 파악하고 게르만 자음변화 규칙을 설정하게 된다. 예를 들면 "father"의 의미를 나타내는 단어는 다음과 같았다. 고대페르시아어(산스크리스트어) pitar, 그리스어(희랍어) patēr, 라틴어 pater, 고트어 fadar가 있다. (고트어는 게르만어에 속함.) 여기서 게르만어파의 'f'와 인구제어의 'p'의 대응관계를 알 수 있다. 또한 분화되기 이전의 음을 밝혀나가는 과정을 재구(Reconstruction)라고 하고 이 분화되기 이전의 음이나 언어를 조어(Parent language)라고 한다. 여기서는 이런 대응과 재구를 통해 아버지를 의미하는 게르만어와 인구제어의 조어형으로 "*pətēr"가 재구된 바 있다(*표시는 재구성된형태).

[1] 그림의 법칙(Grimm's Law) : 초기 게르만 자음변화

기원전 2~6세기경에 게르만어가 겪은 1차 **자음전환**(First Consonant Shift)

인구어 단계 :	bh	dh	gh	b	d	g	p	t	k
	↓	↓	↓	↓	↓	↓	↓	↓	↓
변화된 게르만어 :	b	d	g	p	t	k	f	θ	x(or h)

위와 같이 인구어와 변화된 게르만어 사이에 일정한 규칙성이 있는데 그 규칙성을 자세히 말하면, 무성폐쇄음 (p, t, k)의 마찰음화(spirantization) 현상과 유성폐쇄음 (b, d, g)의 무성음화(devoicing) 현상과 유성기식폐쇄음(bh, dh, gh)의 비대기음화(unaspiration) 현상이며, 이러한 현상은 게르만어와 비게르만어의 차이를 알려주며 인구어가 게르만어로 분화된 것을 증명해 주고 있다.

[2] 베르너의 법칙(Verner's Law)

그림의 법칙에도 예외가 있다. 이 그림의 법칙의 예외를 설명 혹은 보완하는 법칙이 베르너의 법칙이다(When the preceding vowel was unstressed, 'f, θ, and x' underwent a further change to 'b, d, g').

e.g. ⓐ '*pθtēr'가 인구어이므로 그림의 법칙에 의해 게르만어에서는 'faθar'로 나타나야 하지만 그렇지 않고 'fadar(faðar)'로 나타난다. ⇒ 앞의 무강세모음과 뒤의 유성음으로 인해 무성마찰음 θ가 유성마찰음 d(ð)로 변한다

ⓑ 현대영어에서의 예로는 exist, exit가 있다. ⇒ 앞 음절 강세의 유무에 따라 s 혹은 z로 나타난다.

	Grim's Law		Verner's Law	
p	→	f	→	β(OE:b)
t	→	θ	→	ð (OE:d)
k	→	x	→	ɣ(OE:g)
s	→	s	→	z

확인 문제 1

Read the following and answer the question.

> The Great Vowel Shift, the change(s) that the seven long, or tense, vowels of Middle English underwent, is among the most dramatic examples of regular sound shift. The phonemic representation of many thousands of words changed. Today some reflection of this vowel shift is seen in the alternating forms of morphemes in English: (Note the underlined parts of the following word pairs) sane-sanity; serene-serenity; divine-divinity; fool-folly; profound- profundity. In detail, /a:/ of 'sanity' changed to /e/ of 'sane'; /e:/ of 'serenity' (changed) to /i:/ of 'serene'; /i:/ of 'divinity' to /aj/ of 'divine'; /o:/ of 'folly' to /u:/ of 'fool'; /u:/ of 'profundity' to /aw/ of 'profound'. Before the shift, the vowels in each pair were the same. Then the vowels in the second of each pair were shortened by Early Middle English Vowel Shortening rule. For example, /a:/ of 'sanity' was shortened to /æ/; /e:/ of 'serenity' (was shortened) to /ɛ/; /i:/ of 'divinity' to /I /; /o:/ of 'folly' to /a/; /u:/ of 'profundity' to [ʊ].

Choose the word pair that doesn't reflect the underlined part in the above passage. (Your answer is from the underlined parts.)

① line–linear　　② please–pleasant

③ crime–criminal　　④ sign–signal

⑤ repeat–repetition

기출문제 및 확인문제

정답과 해설

문제(확인문제, 기출문제 등)의 정답 및 해설

Chapter 1

기출문제 2008년 전국 13번

정답 : ① semantics, ② b, ③ c, ④ a

확인문제 1

정답 : 2

(A)는 음성-음운론이고 (B)는 형태론, (C)는 통사론 (D)는 의미론이다. 이 이외의 분야는 화용론이므로 화용론에서 연구하는 대상을 찾으면 그 것이 답이다. 2번은 화행(Speech Act)을 나타내므로 화용론과 관계 있다.

확인문제 2

답은 본문에 있음

확인문제 3

정답 : 1

linguistic competence는 발음, 형태론, 통사론과 같은 지식을 갖고 있는 것을 의미하며 communicative competence는 실제 발화를 원하는 목적에 맞게 사용하는 것을 의미한다.

Chapter 2

확인문제 1

정답 : 3

rouge가 틀림. 나머지는 사전의 발음을 참고.

확인문제 2

정답 : 5

blow는 /blo/ 혹은 [blou], brow는 /braw/ 혹은 [brau]. 나머지는 사전발음을 참고

확인문제 3

정답 :

(A) / t / begins a syllable and is directly followed by a stressed vowel
(B) / t / is directly followed by a vowel, but does not begin a syllable
(C) / t / occurs at the end of an utterance
(D) / t / follows a stressed vowel and precedes an unstressed vowel
(E) /t/ follows a vowel and precedes a syllabic nasal

기출문제 2012년 31번

정답: 5

(a)는 complementary distribution이다(style의 'unaspirated'인 t는 s의 뒤이고 latter의 'flap'인 t는 강세모음과 비강세모음사이이므로 서로 다른 환경에 놓여 있다) (b)는 overlapping distribution이면서 contrastive distribution이다. 또한 allophones of different phonemes이다(서로 다른 음소들은 allophones of different phonemes라고 볼 수 있다) (c)는 free variation이다(서로 다른 두 음소가 자연스럽게 교체되더라도 의미차이가 발생되지 않는다) (d)는 complementary distribution이다(feel의 l은 어말이고 lake의 l은 어두이므로 서로 다른 환경에 놓여 있다). (e)는 complementary distribution이다(hit의 모음은 비음화가 되지 않고 hint의 모음은 비음화가 되는 이유는 hit의 t는 비음이 아니고 hint의 n은 비음이기 때문이다. 서로 다른 환경에 놓여 있다고 볼 수 있다). (f)는 overlapping distribution이면서 contrastive distribution이다. 또한 allophones of different phonemes이다. (g)는 free variation이다.

확인문제 4

정답 : 3

voiced palatal affricate으로 바꾸어야 올바르다.

확인문제 5

정답 : 3

labiodental articulation을 interdental articulation으로 바꾸어야 올바르다.

확인문제 6

①, ④, ⑦은 high back rounded tense vowel([uː]) 나머지는 high back rounded lax vowel

확인문제 7

정답 : 4

(A)가 나타내는 음은 /aj 혹은 ai/이고 (B)는 /ɔj 혹은 ɔi/이다. 그리고 (C)가 나타내는 음은 /aw 혹은 au/인데 bowl은 /bol/이다.

확인문제 8

정답 : 4

man [mæn]에서 밑줄 친 소리는 혀가 구강 아래쪽에 위치하며 입술이 둥글지 않고 긴장되지 않게 발음되는 소리이다. sen [sen]에서 밑줄 친 소리는 혀가 구강 중간에 위치하며 입술이 둥글지 않고 긴장되게 발음되는 소리이다. 4번의 not을 빼면 올바르다.

확인문제 9

정답 : 4

Congo의 발음은 /kɑŋgo/이므로 4번을 보면 alveolar nasal을 velar nasal로 바꾸어야 올바르다.

확인문제 10

정답 : b

liquids, c. glides, d. voiced, e. fricatives, f. interdental fricatives, g. the strident sounds, h. [ŋ], i. alveolars, j. glottals, k. Dentals, l. velars, m. High, n. Low, o. Back, p. round, q. tense

확인문제 11

정답 : 5

(e)의 [ʤ]음은 [+strident]자질을 가지고 있다.

확인문제 12

정답 : 5

(e)에서 [o]는 [−high]이다. (e)에서 [o]가 빠져야 올바른 진술이 된다.

기출문제 2013년 30번

정답 : 4

다양한 소리들이 하나의 동일한 소리로 단일화되는 현상이 '중화'이다. 〈B〉에서 a의 밑줄 친 소리들은 하나의 동일한 소리로 단일화되지 않는다. 나머지는 중화를 보여준다.

기출문제 2009년 34번

정답 : 3

규칙(1)의 예시는 a에는 middle, e에는 channel, 규칙(2)의 예시는 b에서는 pet cat, g에서는 good boy이다.

기출문제 2010년 30번

정답 : 4

조음위치면에서의 동화(place assimilation)가 발생되는 예시는 b, d, e이다.

기출문제 2008년 전국17번

정답 : (a)

(a)는 (1), (b)는 (3), (c)는 (2), (d)는 (1)

확인문제 13

정답 : 2

[+nasal] → [+syllabic] / C ___ # 가 올바르다.

확인문제 14

정답 : 3

button의 /n/은 syllabic liquid가 아니라 syllabic nasal이다.

확인문제 15

정답 : 4

ignorant와 ignorance는 둘 다 1음절에 강세가 있고 모음들의 발음도 다 똑 같다.

확인문제 16

정답 : 5

subtle의 /t/는 deletion이 발생하지 않는다.

확인문제 17

정답 : 2

nasal sound 앞에서 /g/ deletion이 일어나는 경우를 고르는 문제이다.

확인문제 18

정답 : 2

2번에서는 plate의 끝음 /t/는 sibilant가 아니라서 [ə]의 삽입이 발생되지 않는다.

확인문제 19

정답 : 3

/r/이 두 모음사이에 삽입되는 내용을 규칙으로 잘 기술된 것을 찾으면 된다. 두 모음 중 뒷 모음은 모두 /ʌ/로서 [−tense]이다.

기출문제 서울/인천 2007년 17번

정답 : a long vowel, a diphthong, multiple consonants.

확인문제 20

정답 : 4

⟨A⟩의 제시된 단어들의 마지막 모음이 short or lax인 경우 전부다 끝에서 두 번째 모음에 강세가 오는 것은 아니다. Column C의 elephant만 보아도 끝에서 세 번째 모음에 강세가 오는 경우도 있다.

기출문제 2010년 33번

정답 : 5

지문B에 있는 왼쪽 예시들(접사가 붙기 전의 형태)은 마지막 음절이 전부 heavy syllable이므로 지문A의 (1)이 적용된다. 이런 상황에서, 오른쪽 예시들(접사가 붙은 후의 형태)의 강세(primary stress)가 접사를 바로 앞에서 선행하는 음절(즉, 왼쪽 예시들의 마지막음절)에 있는 경우를 (1)의 예로 고르면 된다.

기출문제 2003년 전국 15번

정답 : 합성어의 강세는 앞단어(English)에 있고 명사구의 강세는 뒷단어(teacher)에 있다.

(1)에서의 English teacher는 English에 강세가 있는 합성어이며 (2)에서의 English teacher는 teacher에 강세가 있는 명사구이다. 합성어인 경우는 영어선생님의 의미를 가지며 명사구의 경우는 영국인 선생의 의미를 가진다.

확인문제 21

정답 : 4

4번만이 강세가 1-3-2이다. (1 means primary stress and 2 means secondary stress) 나머지는 2-1-3이다.

확인문제 22

정답 : 2

문장 강세는 마지막 내용어(content word) 그리고 신 정보(new information)에 온다.

확인문제 23

정답 : 3

지문의 내용에 의하여(부인하거나 정정하는 내용이 나올 때는 기능어에도 강세가 온다) 'is not'의 내용을 부인하거나 정정하므로 'is'에 강세가 온다.

기출문제 2012년 36번

정답: 4

(a)에서는 B가 A에게 A가 했던 말을 반복해달라고 요청하고 있다고 볼 수 없고 B가 이미 그를 알고 있다고 확인시켜주고 있다. (b)에서는 B가 단순히 곧 수업이 시작된다는 진술을 하고 있는 것이 아니라 벌써 수업이 시작할 시간인지에 대한 놀라움과 확인을 나타낸다. (c)에서는 B가 A에게 런던 혹은 파리 둘 중에 하나를 고르기를 원한다기보다는 런던이나 파리나 또 다른 장소 등의 option들을 생각해볼 것을 A에게 말하고 있다. (e)에서는 B가 A에게 시간을 물어보는 게 아니라 B는 A가 이미 지금 몇 시인지 알고 있는 상황이라고 판단하여 '지금이 몇 시긴? 왜 묻니?', '왜 지금 시간에 대해서 물어보는 거니?', '도대체 무슨 시간?' 등과 같은 반응을 보이고 있다고 볼 수 있다.

기출문제 2008년 서울/인천 6번

정답 : 3

Lisa의 마지막 발화에서 Tom은 요리를 하지 않는다고 언급되었으므로 놀라움을 표현해야 한다.

확인문제 24

정답 : 5

'문장 끊어서 읽기'에 관한 문제로서 통사적 구조에 의거하여 문장을 끊어서 읽어야 한다. the jealous는 jealous people을 의미하므로 to the jealous는 be동사의 보어인 proofs 앞에 온 것이다. be동사의 뒤에는 바로 보어가 오는데 그렇지 않기 때문에 문장을 끊어 읽을 때 그런 점을 고려해야 하는 것이다

확인문제 25

정답 : 5

지문에는 연음에 관한 3가지 규칙이 기술되어 있다. 5번은 어떤 규칙과도 관련없다. corps(군단)의 발음이 /kɔːr/인 것에 주의한다. 2, 4번은 중복음탈락과 관련된다.

기출문제 2013년 29번

정답 : 2

sonorant hierarchy(그림)가 표현된 그림의 line의 좌에서 우로 그다음에 우에서 좌로 이어지는 순서를 고려하여, 이런 순서에 맞게 단어의 첫소리에서 끝소리로 이어지면 된다. 2번 speed는 s(fricative) - p(stop) - i (vowel) - d(stop)로 이어지므로(fricative-stop의 순서가 바뀌어야 올바르다) 배제되어야 한다.

기출문제 2009년 31번

정답 : 2

〈B〉의 a는 〈A〉의 (1) tip과 (2)의 *[tɪ]의 현상(대조현상)을 기술해주며 〈B〉의 c는 〈A〉의 (1) limp와 (2)의 *[lɪmk]의 현상을 기술해주며 〈B〉의 d는 〈A〉의 (1) mend과 (2)*[mɛnb]의 현상을 기술해준다.

Chapter 3

기출문제 2013년 31번

정답 :4

a에서 affix인 -ation은 derivational affix이며 d에서 in-과 -ity는 derivational affix이다.

기출문제 2008년 전국19번

정답 : (1) ① adjective ② verb 단어의 의미: not able to be buttoned
(2) ③ verb ④ verb 단어의 의미: able to be unbuttoned

확인문제 1

정답 : 1

확인문제 2

정답 : 3

㉠은 blending, ㉡은 clipping, ㉢은 acronym.

확인문제 3

정답 : 5

ashtray는 합성어이다.

Chapter 4

기출문제 2006년 서울21번

정답 : (A) complement, (B) adjunct

기출문제 2009년 32번

정답 : 2

〈B〉에서 밑줄 친 부분들의 바로 앞 명사와 밑줄 친 부분들의 관계를 동사와 목적어의 관계로 전환하여 고려하면 된다. 동사와 목적어의 관계가 성립되면 밑줄 친 부분들은 바로 앞 명사의 complement가 된다. 예를 들어 ⓑ는 단순히 명사(observation)와 소유격(of our students)관계이므로 밑줄 친 부분이 adjunct가 되며 ⓒ는 flowers(목적어 혹은 complement)를 observe한다고 파악되므로 밑줄 친 부분이 complement가 된다.

기출문제 2008년 6월 모의평가 31번

정답 : 4

주어진 문장 속에서 명사구로 간주되는 부분을 대명사 it으로 대치한 후 그 뒤에 수식어구(전치사구 혹은 관계절)가 없는 예시를 선택하면 된다. (대명사는 수식어구의 수식을 받을 수가 없기 때문이다.)

기출문제 2010년 28번

정답 : 2

(1)a, b에서 take care of는 한 덩어리의 타동사역할을 하여 Mary가 수동문에서 수동문의 주어위치로 이동될 수 있지만 (2)a, b에서 deprive Jenny of는 한 덩어리의 타동사역할을 하지 못하므로 the land가 수동문에서의 주어위치로 이동될 수 없다.

확인문제 1

정답 : 5

5번의 'and'는 문장전체들을 등위접속하고 있으므로 company 앞에 the가 있어야 한다.

기출문제 2006년 전국7번

① the sculpture와 into the museum은 각각 별도의 성분이므로 별도로 이동(전치)될 수 있는 반면에 전체 'the sculpture into the museum'은 이동될 수 없다. 따라서 전체 the sculpture into the museum은 하나의 성분이 될 수 없다. ② 전체 'the sculpture from the museum'이 함께 이동될 수 있으므로 그 전체는 하나의 성분이 될 수 있다.

확인문제 2

정답 : 4

explain은 D type에서의 a문장과 b문장의 ⓓ에 적합하지 않다. ⓓ에는 tell동사가 적합하다.

기출문제 2009년 29번

정답 : 2

say가 있는 문장이 수동문이면 그 수동문의 주어는 selectional restriction(선택제약)을 고려할 필요가 없지만 tell이 있는 문장이 수동문이면 그 수동문의 주어는 [+human]자질이 있는 대상이 선택되어야 한다. 즉 selectional restriction을 고려해야 한다. 요컨대 say유형은 수동문의 주어가 선택제약을 받지 않고 tell유형은 수동문의 주어가 선택제약을 받는다. 대개 사고, 전달, 인식동사가 say유형에 속하며, 요청, 조언, 제안 등의 의미가 있는 동사가 tell유형에 속한다.

기출문제 2013년 34번

정답 : 2

동사 long + Type three이며 d는 동사 arrange + Type three이며 e는 동사 expect + Type two이다.

기출문제 2008년 서울 17번

정답 : ① mourn, prefer, envy ② worry, bother, disgust

기출문제 2010년 36번

정답 : 4

보충어는 핵(여기서는 N)과 자매관계이고 부가어는 N'와 자매관계이다. b의 경우 with letters와 from friends가 부가어이므로 N'와 자매관계이어야 하고 e의 경우도 with books와 in the store가 부가어이므로 N'와 자매관계이어야 한다. a의 경우는 두 PP들이 순서를 바꾸어야 올바르고 c는 with a paper는 N이 아닌 N'와 자매관계이어야 하고, d의 경우 두 PP들은 보충어이다.

기출문제 2009년 27번

정답 : 5

one은 N'를 대치한다. ⓓ는 N'가 아닌 N만 대치하고 있고 ⓔ는 one이 specifier('the')를 포함하여 함께 대치하고 있으므로 N'를 대치하고 있지 못하다.

기출문제 2008년 전국15번

정답 : (C)

비문법적인 이유는 서로 유형이 다른 complement와 adjunct가 등위접속이 되어 있기 때문이다.
(complement와 adjunct는 등위접속이 되지 못한다.)

확인문제 3

정답 : 3

c~g에서 밑줄 친 부분 바로 뒤에 나오는 전치사구 혹은 부사는 모두 adjunct가 아니라 complement이다. do-so는 V'를 대치하므로 밑줄 친 부분 바로 뒤에 나오는 어구는 adjunct이어야 한다. (수형도 참조.)

기출문제 2011년 34번

정답 : 5

지문에 나오는 look into와 같은 유형(Inseparable Phrasal verb)을 찾아내는 문제인데 먼저 Multiword Verb를 크게 두 가지로 분류하면 Phrasal verb과 Prepositional verb(look at유형-전치사가 문두에 오는 것이 가능한 (1)의 유형)로 나뉘고 또한 Phrasal verb는 Separable Phrasal verb(look it up과 같이 it에 의해 look과 up이 separable될 수 있음-(3)의 유형)와 Inseparable Phrasal verb로 나뉜다. 결국 Prepositional verb(〈B〉의 a. agree with)도 아니어야 하고 Separable Phrasal verb((〈B〉의 b와 d 즉 put off, check out)도 아니어야 한다.

확인문제4

정답 : 5

'run up the hill'에서 'run up'은 particle+object 즉 up the hill 전체가 문두로 이동될 수 있는 반면 verb와 particle사이에는 object가 올 수 없다. 이런 유형을 고르면 된다.

기출문제 2010년 31번

정답 : 3

'명사구는 격을 반드시 가져야 한다'는 격이론을 만족하지 못하는 예시를 고르는 문제이다. b의 경우 the garbage가 격을 못 받고, c의 경우 my sister가 격을 못 받고, e의 경우 the suspect가 격을 못 받는다.

기출문제 2008년 6월 평가원 30번

정답 : 3

〈B〉의 a는 〈A〉의 (5)의 error(him→himself)를 설명해주는 규칙이고 〈B〉의 a와 d는 〈A〉의 (2)의 error(her →herself)를 설명해주고 〈B〉의 e는 〈A〉의 (4)의 error(him→himself)를 설명해주는 규칙이다.

기출문제 2013년 35번

정답 : 3

a는 LC only가 아니라 BC only로 변경되어야 하고 d는 both BC and LC가 아니라 LC only로 변경되어야 한다.

Chapter 5

확인문제 1

정답 : 3

void와 invalid는 반의어가 아니라 동의어에 가깝다.

확인문제 2

정답 : 2

Binary antonym은 대개 부정('not' 붙이기)을 통해서 확인된다. 액체가 아니면 고체이어야 되지만 액체가 아니면 반드시 고체인 것은 아니므로 Binary antonym이 아니다.

기출문제 2010년 35번

정답 : 4

지문A에 언급된 진리조건(참 or 거짓)을 이용하여 함의인지 아닌지 식별하는 문제이다. (b)의 경우 야채를 먹지 않는다면 브로컬리도 먹지 않은 것이며 브로컬리를 먹는다면 야채를 먹는 것이므로 X가 Y를 함의한다. (d)의 경우 환영회에 참석하지 못했다면 환영회에 결석했다는 것이며 환영회에 결석하지 않았다면 환영회에 참석했던 것이므로 X가 Y를 함의한다.

확인문제 3

정답 : 1

보기1번에서 free는 문맥상 'vacant'의 의미를 가진다.

기출문제 2010년 34번

정답 : 4

확인문제 4

정답 : 3

b, c, f, g, I, j, k, l이 factive verb를 가지고 있는 문장이다.

기출문제 2009년 2차논술 모범 답안

정답 : Stative verbs and dynamic verbs differ with respect to semantic quality. That is, the semantic difference between stative and dynamic verbs is described with the quality the two types of verbs have. Stative verbs like know have more or less unchangeable quality because they usually have stative meaning. On the other hand, dynamic verbs like wipe usually have changeable or temporary quality because they generally denote activity or event. Also, the two types of verbs behave differently with respect to manner adverbs, progressives, and imperatives. First, stative verbs are usually not used with a manner verb as seen in this unacceptable sentence I deliberately know Mary, but dynamic verbs are as seen in this acceptable sentence I deliberately wipe dishes. Second, stative verbs are usually not used with progressives as seen in this unacceptable sentence I am knowing John, but dynamic verbs are as seen in this acceptable sentence I am wiping dishes. Finally, stative verbs are usually not used with imperatives as seen in this unacceptable sentence Know John, but dynamic verbs are as seen in this acceptable sentence Wipe dishes.

Chapter 6

기출문제 2010년 34번

정답 : 1

직시적 변화(deictic shifting)가 발생되는 예시를 고르는 문제이다. (직접-간접화법을 고려해도 좋다.) (2)의 a에서는 'right here'이 직시의 변화를 야기시키고 c에서는 'on the other side', e에서는 'in an hour', f에서는 'I'가 직시의 변화를 야기시킨다.

기출문제 2009년 35번

정답 : 2

기출문제 2013년 33번

정답 : 4

단서는 두개의 문장속의 정보이다. 하나는 Scalar implication으로 시작하는 문장속의 quantities or degrees of attributes which can be graded ~ 또 하나는 마지막문장속의 negation of any higher term on the same scale인데 이것을 포함한 예는 B에서 b와 d이다. b에 Cases에는 quantities를 표현하는 two or three가 있고 Implicatures에는 negation(not과 같은 부정어)이 있다. d에 Cases에는 degrees of attributes which can be graded를 표현하는 warm이란 형용사가 있고 Implicatures에는 negation(not과 같은 부정어)과 'hot'이 있다.

확인문제 1

정답 : 1

I don't know exactly는 Relation Maxim을 위배한 발화가 아니다. 충분히 시간을 모르면 가능한 답변이다.

확인문제 2

정답 : 5

know는 수행동사가 아니므로 'hereby'를 문장에 삽입하여 해석하면 어색하다.

기출문제 2012년 34번

정답 : 4

어떤 발화된 문장은 대개 한 개 이상의 force(말힘)를 가질 수 있다. 예를 들어 지문 〈A〉에 있는 문장 (1)에서처럼 어떤 문장은 단순한 진술(statement)의 force도 가질 수 있고 약속의 force를 가질 수도 있다. 여기서 화자의 의도와 관련된 좀 더 중요하고 두드러진 force가 primary force가 되고 - (1)에서는 '약속'이 primary force이고 - '진술'은 second force가 된다. 그리고 illocutionary force는 (2)의 예에서처럼 화자의 의도(intention)가 직접적(directly)이기보다는 간접적으로(indirectly) 전달된다. a만이 primary, direct illocutionary force를 가진다(a의 진술 그 자체가 화자의 의도인 '선언'을 직접적으로 나타내고 있다). b는 화자의 의도(조용히 해 달라는 '요청')가 직접 드러나지 않고 즉 indirect하고(직접 드러나 있는 force는 '언질'의 force이다), c는 화자의 의도(불 좀 켜 달라는 '지시', '부탁')가 indirect하며(직접 드러나 있는 force는 '질문'이다), d는 화자의 의도(바램)가 indiect하다(직접 드러나 있는 force는 '지시, 요청'이다).

확인문제 3

정답 : 4

'고맙다'는 Mary의 말은 어떤 적정조건을 어기는가를 물어보는 문제이다. 자기(화자)에게 최선의 이익이 되어야 그런 감사하다란 말을 할 수 있지만 Mary에게 어떤 이익이 있다기보다 오히려 손해를 보고 있기 때문에 4번과 같은 적정조건을 어기는 것이다.

Chapter 7

기출문제 2006년 서울 6번

정답 : (1) degradation, (2) reduction, (3) extension

확인문제 1

정답 : 5

The Great Vowel Shift에 의한 음운의 변천) 관련 문제로서 보기 1번, 3번, 4번은 'divine-divinity'유형의 음운의 변천의 예와 같고 2번은 'serene-serenity'유형, 그러나 5번은 어떤 특정한 유형의 음운의 (시대적) 변천의 흔적을 보여주는 예시가 아니다.

부 록

영어학 필수 개념 및 용어 정리

전공영어의 서답형 문제 모음

발음에 주의할 단어

주요 반의어

STRESS에 주의할 단어

동음이의어(Homonym)

동철이음이의어(Heteronym)

Glossary

영어학 필수 개념 및 용어 정리

1 Language and Linguistics

언어에 대한 우리의 지식과 언어학에서 다루는 대상은 결국 동일한 것

① Knowledge of Language : 말소리에 대한 지식, 단어에 대한 지식, 문장에 대한 지식, 단어와 문장의 의미에 대한 지식, 언어형태를 넘어서는 문맥에 대한 지식 (pragmatics).

② Grammar : 언어형태 전반에 관한 지식의 총체

2 Phonetics and Phonology

말소리에 대한 연구. 실제 음(actual sound)을 연구하거나 우리가 인식하는 음(perceived sound)을 연구한다.

① Phoneme & Allophone : 우리가 인식하는 음(phoneme)과 실제 음(allophone)은 다르다.

② Phonetic alphabets & Features : 자음과 모음의 특성을 일정한 기준에 따라 파악할 수 있고 이런 자음과 모음은 변별자질의 집합체로 구성되어 있다.

- Consonants : 대개 4가지 기준에 따라 자음을 분류한다.
- Vowels : 대개 4가지 기준에 따라 모음을 분류한다.
- Distinctive Features(변별자질) : the smallest unit in the study of sound.
- Natural Class : 변별자질(들)의 모임; 동일한 변별자질(들)을 공유하는 소리들의 집합

③ Levels of representation : 음의 표현형이 기저형(인식되는 추상적인 음: 음소)과 표면형(실제 음: 이음)으로 나뉜다.

- Phoneme(음소) & Allophone(이음) : minimal pair(최소변별쌍)를 이루면 음소이며 이런 음소의 환경에 따른 변이음들이 이음이다.
- Complementary distribution(상호배타적 분포) & Free variation(자유변이) : 이음들의 고유한 환경에 따른 분포(상호배타적 분포), 그리고 이음들의 자유로운 교체현상(자유변이)은 이음의 특성을 잘 설명해 준다.

④ Phonological rules : 위에서 언급된 내용을 규칙화할 수 있다. 기저형(음소)과 표면형(실제 음: 이음)의 관계를 알기 쉽게 설명해주는 것이 음운규칙이다.

- Assimilation & Dissimilation : 동화, 이화, 중화 규칙 ex) nasal assimilation, nasalization, voicing assimilation, palatalization, flapping, vowel reduction, etc.
- other rules : 중화(flapping, vowel reduction), 자질첨가규칙(aspiration), 분절음 삭제(deletion)-삽입(insertion) 규칙, 연구개음화(velarization), 음절성 자음(syllabic consonant), 모음의 장음화(vowel lengthening)

⑤ Supra-Segmental phoneme(초분절음소) : 분절음 이외에도 강세, 억양, 장단, 휴지와 같은 의미에 영향을 주는 요소인 초분절음소가 있다.

- Stress : 단어강세, 구강세, 문장 강세가 있다. 강세에 따라 의미가 달라지기도 한다.
- Intonation : 억양에 따라 의미가 달라지기도 한다.
- Length, Pause(Juncture), etc. : 장단, 휴지에 따라 의미가 달라지기도 한다.

⑥ Syllabic structure & Phonotactics : 음절의 구조는 'onset' + 'rhyme(nucleus+coda)'으로 구성되어 있다. 음소배열제약은 음들의 배열에 대한 제약이다.

e.g. Lexical gap Vs Systematic gap

3 Morphology : 단어의 형성(구성)에 대한 연구

① Morpheme & Types of morphemes : 의미를 전달하는 더 이상 쪼갤 수 없는 단위를 형태소라고 한다. 단어는 여러 유형의 형태소로 구성되어 있다.

- Free & Bound morpheme : 자립형태소와 의존형태소
- Lexical & Grammatical(Functional) morpheme : 실질(내용) 형태소와 문법(기능)형태소
- Derivational & Inflectional morpheme : 파생 접사와 굴절 접사

② Word formation Rule

- Derivation : 가장 흔한 어형 규칙으로 Zero-derivation(ex. water: verb)도 한 예이다.
- Compounding : 기존의 두 free morphemes을 결합하여 새로운 단어를 만들어낸다.
- Blending : 기존의 두 (free) morphemes(의 일부분)을 결합하여 만든다.
- Acronym : 단어의 첫 글자들로 이루어진 단어
- Abbreviation : 기존의 morpheme 혹은 단어를 축약 혹은 생략한 것
- Back formation : 접사, 특히 접미사가 붙어 있었던 것으로 착각하여 그 접미사 형태를 제거한 나머지로 단어를 만들어낸 것.
- Proper name & Coinage : 기존의 고유명사가 새로운 단어가 되거나(proper name) 기존에 없던 새로운 단어를 창조해낸 것(coinage).

4 Syntax

문장을 이루는 성분에 대한 연구와 그 성분들이 문장을 형성하는 규칙에 대한 연구

① Constituent : 문장의 기본 단위: 통사론의 기본 단위
- Constituent & Category : 성분과 통사범주(ex. N, V, NP, VP)의 관계
- Head & Complement & Adjunct : 성분의 종류
- Argument Structure & Subcategorization : 문장의 성분(e.g. 보충어)의 분포 관계
- Constituency Tests : 성분임을 판별하게 해주는 Tests. (e.g. 이동, 대치 등)

② Phrasal Structure & Constituent Structure : 성분들이 문장을 형성하는 규칙에 대한 연구
- Phrasal Structure & Tree diagram : 구를 형성해주는 규칙과 계층구조를 알려주는 수형도
- Ambiguity & Constituent Structure : 문장의 중의성을 해결해주는 성분구조
- X-bar Syntax : 좀 더 많은 통사적, 의미적 현상을 설명 및 해결해주는 성분구조. 'one'/'do-so' replacement 등

③ Levels of representation & Transformation : 문장의 표현형이 기저형과 표면형(음성형)으로 나뉜다. 이 두 표현형을 이어주는 규칙이 '변형규칙'(Transformation)이다.
- Deep Structure & Surface Structure : 기저형(근간이 되는 표현형)과 표면형(실제 음성형)
- Types of Transformation rules(변형규칙의 유형) : 이동의 일종인 Raising(인상), Passivization(수동화), Extraposition(외치)가 있고 Substitution(대치), Reflexivization(재귀대명사화) 등도 변형규칙의 일종이다.

④ Movement & Constraints on Movement : 이동에 대한 여러 제약들.
ex) 하위인접조건(Subjacency condition), etc

⑤ Binding Theory (결속이론) : 명사류(특히 재귀대명사와 인칭대명사)에 대한 해석규칙으로 C-command와 Domain에 의해 그 명사류의 출현가능성여부를 판별할 수 있다.

5 Semantics

단어와 문장의 의미 해석에 대한 연구(Semantics)

① Lexical Semantics : 단어의 의미에 대한 연구. 의미에는 reference(지시의미)와 sense(의의)가 있고, 의미자질을 통해 단어 간의 관계(반의어, 하위어 등)를 파악할 수 있다.
- Sense relation and ambiguity : 동의어, 이의어, 반의어, 상하위어, etc., 어휘적 중의성

② Phrasal(Sentential) Semantics : 두 문장의 의미 관계에는 동의, 함의, 전제가 있다.

- Paraphrase : 두 문장의 의미가 동일하다.
- Entailment : 한 문장이 다른 한 문장을 함의한다. 한 명제가 참이면 수반적으로 다른 명제도 참인 경우
- Presupposition : 어떤 명제(의 참)가 다른 명제(의 참)를 전제한다. 어떤 명제가 참인지 거짓인지 판별하기 위해서 반드시 참이어야 한다고 가정하는 명제. 전에 성립되어 있는 명제
- Ambiguity in sentences : 문장의 중의성

6 Pragmatics

의미 해석에 영향을 끼치는 언어형태외적인 화맥을 파악하게 해 주는 연구. 즉 상황 속에서의 언어의 의미에 대한 연구.

① Implicature & Conversational Cooperative principle : 화맥에 따른 함축의 발생, 그리고 대화 협력의 법칙, 즉 Maxims(격률)의 위배에 따른 함축의 발생.

- Implicature & Maxims(quality, quantity, relevance, manner): 격률이 위배되어 함축을 발생시킨다.

② Speech Act : 발화자체를 행위로 간주하는 데서 비롯되는 화맥(context)이 중요하다. 화맥이 적절하기도 해야 하지만 특정 화맥(상황)에 따라 의미(주의; 경고; 위협; 약속)가 달라지기도 한다.

- Performative verb(수행동사) : 화행(speech act)을 발동시키는 동사
  pronounce, bequeath, etc. → 'hereby' Test
- Felicity condition(적정조건) : 어떤 수행발화가 적절하기 위해서 필요한 조건.

7 Language change (English history) and Language in society.

① Language change (English history)

- Old & Middle English. : 고대 영어(Full inflections)와 중세 영어(Reduction of inflections)
- The Great Vowel Shift. : 현대 영어의 시발점
- Ancestral language & Grimm's Law. : 영어의 조어와 그림/베르너의 법칙

전공영어의 서답형 문제 모음

Phonology(& Phonetics)

1. Read the passage 〈A〉 and follow the directions.

〈A〉

Words that contain salient information in a sentence are called content words. They include nouns, verbs, adjectives, and adverbs. The less prominent words in a sentence are called function words. Examples of function words are pronouns, articles, prepositions, and conjunctions. In connected speech, function words are pronounced differently than when they are spoken in isolation. Here are some examples:

Written Form	Spoken Form
(A) Tom watched her last night.	['tɑm 'wɑʧt ər 'læst 'nayt]
(B) A cup of tea.	[ə 'kʌp ə 'tiy]
(C) Give them a break.	['gɪv əm ə 'breyk]
(D) Now and then.	['naw ən 'ðɛn]

위 글의 예에 나타난 영어 기능어의 발음상 특징을 세 가지로 구분하여 각각 10자 내외의 우리말로 쓰시오(단, 발음기호의 사용은 가능하나 강세에 관한 내용은 제외).

2. Read the passage and follow the directions.

> The plural suffix *-s* is pronounced as [əz] in words like benches, taxes. These words, strictly the roots, end with particular consonants. The particular sounds differ with respect to voicing as well as place and manner of articulation. That is, they do not share any articulatory feature. They do, however, have an auditory property in common: they all have a high-pitched hissing sound quality. The high-pitched hissing sound quality is described by using the feature, sibilant. These sounds form the natural class of sibilant in English. Using this feature makes it possible to state a generalization. If we state that [əz] occurs in six different situations, we treat the six consonants as if they were a random collection of sounds with no relation to each other. By referring to the natural class, however, we can state the generalization like this: ______________________________.

Fill in the blank with about 12 words .

3. Read 〈A〉 and 〈B〉 and answer the question.

〈A〉

When neighboring sounds mutually affect each other to merge into a third sound, the process is called coalescent assimilation, which can be found in palatalization in English. This coalescent assimilation or palatalization occurs when ________________________. For example, within a word as in 'architecture', the underlying /t/ in the morpheme final position of 'architect-' and the initial /j/ in the suffix '-ure' affect each other to merge into the palatalized affricate [ʧ]. This process can also be found across words as in the phrase 'kiss you' in fast, casual speech of North American English.

〈B〉

a. You don't accept your failure easily, do you?
b. You seem to be under the delusion that he follows you.
c. The old class divisions has begun to melt down.
d. We should cut down on our spending next year.
e. He checked his yacht before his departure for Australia.
f. After six years, her gracious demeanor became known to everybody.

Each sentence of 〈B〉 contains the expressions which can undergo the coalescent assimilation described in 〈A〉 either within a word or across words. Using the words 'obstruent', 'glide', and 'palatalized', fill in the blank in 〈A〉.

4. Read the passage and fill in the blanks (A), (B).

The rules of word stress placement in English are complex and have exceptions, but some information such as the grammatical category of the word, the number of syllables the word has, and the phonological structure of those syllables is important in stress placement. Consider the following stress placement rules:

(1) In three-syllable verbs,

① if the final syllable is strong, then it is stressed;

e.g. resurrect, entertain

② if the final syllable is weak, then ____________(A)________________.

e.g. remember, embroider

(2) In three-syllable nouns,

① if the final syllable is weak, or ends with [ə], then it is unstressed; if the syllable preceding this final syllable is strong, then that middle syllable is stressed;

e.g. bonanza, aroma

② if the second and third syllables are both weak, then ______(B)_____.

e.g. cinema, algebra

Note : A strong syllable has a rhyme which either has a syllable peak which is a long vowel or diphthong, or a vowel followed by a coda (i.e., one or more consonants). Weak syllables have a syllable peak which is a short vowel, and no coda unless the syllable peak is [ə].

5. 다음 물음에 우리말이나 영어로 답하시오.

> Inho has just begun to learn English, and you hear him pronounce the word 'spike' as (b) rather than as (a).
>
> (a) [spayk]
> (b) [sɨ · p^ha · i · kɨ], where [ɨ] stands for the vowel written as '으' in the Korean alphabet.

Identify the three differences between the correct pronunciation in (a) and Inho's one in (b), and then give at least two phonetic/phonological reasons for these differences.

6. 다음 짝지어진 단어들의 밑줄 친 부분은 서로 다르게 발음된다.

compete – competition	analysis – analytic
medicinal – medicine	solid – solidity
maintain – maintenance	phone – phonetic
telegraph – telegraphy	Talmudic – Talmud

기저표시(underlying representation)에서 각 형태소들이 단일한 음운표시(phonological representation)를 지닌다고 가정하자. 그러면 위 단어 쌍들의 밑줄 친 부분에 나타난 상이한 발음을 기술하기 위하여 어떤 음운규칙이 설정되어야 하는가? 그 음운규칙이 다음 〈보기〉에서 Sue의 응답에서 조동사 'can'의 발음과 어떤 관련이 있는지 설명하시오.

〈보기〉

> Tom: Can you read this book?
>
> Sue: Yes, I can.

(1) 설정될 음운규칙 ______________________

(2) Sue의 응답에서 조동사 can의 발음에 대한 설명 _______________

Morphology

7. Read the passage and follow the directions.

> Century after century, English speaker have added thousand of new words, borrowing many of them from other languages and constructing others from elements already available. The following are example sentences that contain the words formed by some common word-formation processes.
>
> a. Can I get a <u>raincheck</u> for this?
> b. Who will <u>typewrite</u> this article for me?
> c. I usually have <u>brunch</u> on Sundays.
> d. Could you <u>empty</u> the box for me?
> e. Will Ms. Brown be our <u>sub</u> again today?

Describe how each underlined word in 〈B〉 are formed.

8. 다음 글을 읽고 지시에 따라 답하시오.

〈A〉

(1) unfair, unhappy, unfriendly, unnatural

(2) undo, untie, undress, unhook

〈B〉

A word is not a simple sequence of morphemes. It has an internal structure. For example, the word *unsystematic* is composed of three morphemes: un-, *system,* and -atic. The root is *system,* a noun, to which we add the suffix -atic resulting in an adjective, *systematic.* To this adjective, we add the prefix un- forming a new adjective, *unsystematic.*

The hierarchical organization of words is most clearly shown by structurally ambiguous words. Consider the word *unlockable.* The ambiguity of the word arises because the prefix un- can combine with different grammatical categories.

First, in 〈A〉, identify the two meanings(uses) of the affix 'un-'. Second, explain how the word ***unlockable*** in 〈B〉 is structurally ambiguous.

Syntax & Grammar

9. Read 〈A〉 and choose ALL the ungrammatical examples in 〈B〉, and then, using the term in 〈A〉, explain why the example(s) are UNGRAMMATICAL. ※ Write all answers in English.

<A>

X-bar theory is a very simple and general theory of phrase structure. Using only three rules, this theory accounts for the distinction between adjuncts, complements, and specifiers.

(1) a. Specifier rule : XP → (YP) X'
  b. Adjunct rule : X' → X' (ZP) or X' → (ZP) X'
  c. Complement rule : X' → X (WP)

X is a head, WP is a complement, ZP is an adjunct, and YP is a specifier. Let us think, here, about differences between the complement and adjunct rules. Because the complement rule introduces the head, the complement will always be adjacent to the head. Or more particularly, it will always be closer to the head than an adjunct. This is seen in the following tree:

(2)

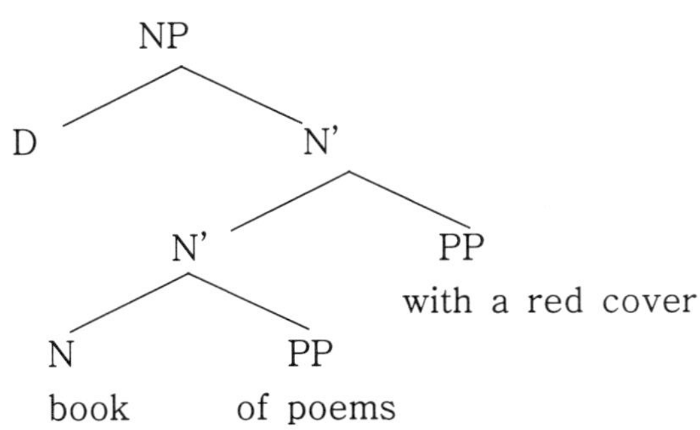

Since the adjunct rule takes an X' level category and generates another X' category, it will always be higher in the tree than the output of the complement rule. Since lines can't cross, this means that complements will always be lower in the tree than adjuncts, and will always be closer to the head than adjuncts.

〈B〉

(a) It is very interesting and of great help.
(b) The flower moved of itself and with elegance.
(c) She likes the book of poems and from The MIT Press.
(d) I read the book of poems with a red cover and with a blue spine.

10. Read 〈A〉 and 〈B〉 and follow the directions.

〈A〉

A group of verbs occurring in main verb position followed by infinitive complements may be described as involving some kind of commitment to future action. From a structural perspective, a commitment can be either SELF-DIRECTED (e.g., decide) or OTHER-DIRECTED(e.g., order). That is, you yourself (self-directed) can *decide to go* (**Structure Ⅰ**: *V to-V*), or someone else (other-directed) can *order you to go* (**Structure Ⅱ**: *V NP to-V*). When the commitment is self-directed, there is usually no need for an object NP, as in (1). When the commitment is other-directed, the structure will include an object NP, as in (2).

(1) I decided (*me) to go.
(2) He ordered us to get out.

Other-directed verbs also occur with 'for NP' followed by infinitive complements (**Structure Ⅲ**: *V for NP to-V*), as in (3).

(3) She prayed for him to return.

〈B〉

a. Can you <u>allow (we come in)</u>?
b. She <u>longed (he would visit her)</u>.
c. I <u>threatened (I would leave)</u>.
d. We <u>arranged (he would leave at once)</u>.
e. They <u>expect (we will come early)</u>.

Change each sentence in 〈B〉 to a verb plus infinitive clause sequence, based on the types of structures described in 〈A〉

11. Read the following and follow the directions.

> Sentences (1) seems to have the same structure as sentence (2).
>
> (1) The researchers appeared to start their project.
> (2) The researchers planned to start their project.
>
> A close analysis, however, would show sentence (1) is different from sentence (2) in the source of the thematic role of the subject 'the researchers'.
>
> a. The manager preferred to please his staff.
> b. The man was relieved to see his son safe.
> c. The angry crowd is unlikely to leave the plaza.
> d. The candidate was keen to resign and support his opponent.
> e. The supervisors turned out to be under investigation.
> f. The children were found to have rashes.

First, explain the contrast between (1) and (2) in terms of the source of thematic role of the subject 'researchers'. Then, choose in a~f all and only sentences which show the same pattern as sentence (1)?

12. Read 〈A〉 and identify in 〈B〉 all and only the sentences that contain an ill-formed NP, and then explain why the NP are ill-formed.

〈A〉

Noun phrases are maximally comprised of four parts: determiner, pre-modifier, head, and post-modifier. The head noun is obligatory, but the other parts can be optional or multiple. In example (1), the head 'student' combines with the determiner 'a' and the pre-modifier 'serious' on its left side. On its right side, it combines with the post-modifiers 'of music' and 'from Monaco'.

(1) a serious student of music from Monaco.

There are many rules and constraints English learners should know to produce well-formed noun phrases. Some of them are concerned with the category of the modifier. the relative order of modifiers, the type of determiner, and the contribution of the modifier to narrowing down the set of what the head refers to.

〈B〉

a. We found the boy's notebooks under the table.
b. The ladies didn't like the detergent glass container.
c. John gave me a book you might be interested in.
d. He wouldn't admit his wife's high standing in the office.
e. Josh Gorban who had achieved fame and fortune didn't need anything.

13. Read ⟨A⟩ and ⟨B⟩ and follow the directions.

⟨A⟩

A noun phrase can have one or multiple modifiers. The modifiers can precede or follow the noun, and the modification can be restrictive or nonrestrictive. Restrictive modifiers serve to identify the entity that the noun phrase refers to by providing information to narrow down the reference. On the other hand, nonrestrictive modifiers do not serve for identification, since their head noun is viewed as unique or as a member of a class that has been independently identified. The modifiers simply provide additional information about the head. The relative clauses in (1a) and (1b) are restrictive and nonrestrictive, respectively. In formal writing, (1b) is slightly unacceptable, and it is indicated with " # ".

(1) a. John introduced me to the writer who sat behind me.
    b. #John introduced me to his mother who sat behind me.

(2) Picture-A

Picture-B

〈B〉

Ted Baker ① who explored many remote places wrote a lot of travel books. In his ② brilliant last book, he described the lifestyle of the people on an islet ③ he visited with his beautiful wife. The islet has an active volcano, and the people deify it. Every year they sacrifice a ④ young girl to this volcano ⑤ of great value to them. In addition to the cherished volcano, since chimpanzees ⑥ who share 99 percent of our DNA exhibit behaviors similar to humans, the islanders consider them special creatures. Holding the belief ⑦ that the creatures are their guardians sent from God, the people revere the chief of the island ⑧ who can communicate with chimpanzees.

Note: Some punctuation marks have intentionally been left out of this passage.

Write one paragraph for each of the following three questions. First, explain how restrictive and nonrestrictive relative clauses are distinguished in terms of punctuation and prosodic features. Second, write a sentence to describe each picture with five girls in (2). Each sentence should be about who is dancing and begin with 'The girls' followed by a relative clause about what they are wearing. Then, explain why each sentence corresponds to its picture. Third, identify all and only the nonrestrictive modifications from the underlined modifiers in 〈B〉, and specify why each of those modifiers is nonrestrictive.

14. 글 〈A〉를 읽고 〈B〉에서 비문법적인 문장을 모두 찾아 기호를 쓰고, 비문법적인 이유를 〈A〉의 설명을 바탕으로 15 단어 이내로 쓰시오. (단, 영어와 우리말 혼용 가능)

〈A〉

Adopting the concepts of traditional grammar, we can say that subjects of finite clauses have Nominative Case and that NPs that are complements of prepositions or verbs appear in the Accusative. Let us postulate that there is a universal requirement that all overt NPs must be assigned abstract Case to satisfy the Case filter.

(1) Case Filter
Every overt NP must be assigned abstract Case.

To pass the Case filter NPs must be assigned Case by Case assigners such as a finite Tense, a transitive verb, a preposition, or a prepositional complementizer *for*. (The prepositional complementizer can appear in the infinitival clause to assign Accusative Case, since infinitival to can't assign Case to the overt subject of an infinitival clause.)

(2) a. ***He*** likes ***her***.
b. ***She*** moved toward ***him***.
c. For ***her*** to like ***him*** is surprising.

〈B〉

(a) It is likely Mary to be innocent.
(b) I persuaded him to go to college.
(c) She believes sincerely that he is smart.
(d) I don't know whether John to go to the party.
(e) She seems to me to be intelligent.

답 : 비문법적인 문장의 기호 : (   )

비문법적인 이유 :

15. 다음을 읽고, 지시에 따라 답하시오.

Consider the sentences:

① Max believed that there was a rose in the garden.
② Max believed Mary to have chocolate.

① and ②show that the verb believe can take as its complement a finite clause, in which the verb contains the information of tense and/or __(A)__, or a non-finite clause, in which the verb does not. Consider further the following sentences:

③ Max told Mary that there was a rose in the garden.
④ Max told Mary to have chocolate.

The verb tell can take two complements, as in ③, where the NP Mary functions as the object of the main clause. Given ② and ④, it appears that the verbs believe and tell behave alike. But, a sharp contrast arises between ⑤ and ⑥ when the NP is replaced by the expletive there.

⑤ Max believed there to be a rose in the garden.
⑥ *Max told there to be a rose in the garden.

Traditionally, the ungrammaticality of ⑥ is due to (B) <u>the constraint on the type of object</u> that the verb *tell* takes, as shown in ④ and ⑦.

④ Max told Mary to have chocolate.
⑦ *Max told the tree to have chocolate.

Another way of accounting for the difference in ⑤ and ⑥ is to rely on the distribution of the expletives. The sentences in ⑧ and ⑨ indicate that expletives always occupy the subject position.

⑧ a. There is a rose in the garden, isn't there?
   b. It is raining, isn't it?
⑨ a. *I talked about there. (expletive there)
   b. *I saw it. (expletive it)

Given both the difference of the number of complements that the verb can take and the constraint on the distribution of expletives, it can be concluded that the difference in grammaticality between ⑤ and ⑥ is based on the fact that ______(C)______.

• 빈칸 (A)에 들어갈 말을 한 단어로 쓰시오.
• 밑줄 친 (B)에서 말하는 제약(constraint)의 내용을 10자 내외의 우리말로 쓰시오.
• 빈칸 (C)에 들어갈 내용을 50자 이내의 우리말로 쓰시오.

16. Read the passage and follow the directions.

Examples (1) and (2) show that the verb 'believe' may take as its complement a finite clause, as in (1), or a non-finite clause, as in (2).

(1) John believes [that Bill is taller than him].
(2) John believes [Bill to be taller than him].

Complement-taking gets more complicated with the adjective 'likely'. It can take a finite clause as its complement, as in (3). But, can it take a non-finite clause complement?

(3) It is likely [that Bill is taller than him].
(4) It is likely [Bill to be taller than him].
(5) Bill is likely [to be taller than him].

Since (4) is ungrammatical, we are tempted to say that the adjective cannot take a (A) as its complement. We can't do so, however, because (5) is acceptable. Hence, let us say that likely can take a non-finite clause complement, but it cannot allow an NP like Bill to immediately follow it. Then, what about the verb believe in (2)? Well, we have to say that the verb allows an NP to immediately follow it. At this point, let us think about the passive past participle of the verb believe. Compare (6) and (7) with (1) and (2), respectively.

(6) It is believed [that Bill is taller than him].
(7) It is believed [Bill to be taller than him].

It is interesting to see that it is not the case that both (6) and (7) are okay.
...

•ⓐ Fill in the blank (A) with two words from the passage.

•ⓑ Write down the correct version of any ungrammatical sentence in (6) and (7), preserving their (non-)finiteness.

•ⓒ How can you characterize believed in (6) and (7) in comparison with believes in (1) and (2)? Complete the following sentence with words from the passage.
Believe in (6) and (7) ______________________________.

Semantics

17. Read 〈A〉 and 〈B〉 and follow the directions.

〈A〉

The two sentences below stand in a semantic relation.

(1) Mary sings arias beautifully.
(2) Mary sings arias.

Whenever sentence (1) is true, sentence (2) is also true ; whenever sentence (2) is false, (1) is also false. This relation is called entailment : sentence (1) entails sentence (2).

〈B〉

(a) X : John met with some of the delegates.
    Y : John did not meet with all of the delegates.
(b) X : John does not eat vegetables.
    Y : John does not eat broccoli.
(c) X : John regretted telling a lie.
    Y : John told a lie.
(d) X : John was not present at the reception.
    Y : John was absent from the reception.
(e) X : John bought a fake leather jacket.
    Y : John bought a leather jacket.

Based on 〈A〉, choose all the pairs in 〈B〉 in which X entails Y, and then, explain how they are in *entailment*.

18. 다음 (a)~(f) 중에서 종속절의 의미가 사실로 전제되어 있는 문장을 모두 찾아 기호를 쓰고, 어떻게 전제(presupposition)가 발생하는지 설명하시오.

(a) Mary is angry that Jeff failed the exam.
(b) Mary is sure that Jeff failed the exam.
(c) Mary was hopeful that she convinced the principal.
(d) Mary was surprised that she convinced the principal.
(e) It is significant that Mary defended her dissertation successfully.
(f) It is possible that Mary defended her dissertation successfully.

19. 다음 문장 (a)와 (b)에서 밑줄 친 long과 short을 유표성(markedness)과 관련하여 30자 내외의 우리말로 설명하시오.

(a) How long is the train?

(b) How short is the train?

20. Read the passage and follow the directions.

> The following two sentences have different meanings or implications:
>
> (1) Jane managed to talk with the Dean.
> (2) Jane tried to talk with the Dean.
>
> To observe the meaning difference, we can add some expressions to the sentences:
>
> (3) Jane managed to talk with the Dean, but she couldn't talk with him.
> (4) Jane tried to talk with the Dean, but she couldn't talk with him.
>
> Sentence (3) is contradictory in meaning, but sentence (4) is not. The reason for the contradiction is that the first clause implies that the complement proposition (i.e., Jane's talking with the Dean) is true, but the second clause denies it.

위 글의 내용에 근거하여 아래 문장이 의미상 자연스럽지 않은 이유를 25자 내외의 우리말로 쓰시오.

[Laura managed to answer the question, and finally she answered it.]

Pragmatics

21. Read passages 〈A〉 and 〈B〉. Given the rough characterization of speech acts in passage 〈B〉, fill in the blanks with the most appropriate information taken from passage 〈A〉.

〈A〉

Suppose that I am an American soldier in the Second World War and that I am captured by Italian troops. And suppose also that I wish to get these troops to believe that I am a German officer in order to get them to release me. What I would like to do is to tell them in German or Italian that I am a German officer. But let us suppose I don't know enough German or Italian to do that. So I, as it were, attempt to put on a show of telling them that I am a German officer by reciting those few bits of German that I know, trusting that they don't know enough German to see through my plan. Let us suppose I know only one line of German, which I remember from a poem I had to memorize in a high-school German course. Therefore I, a captured American, address my Italian captors with the following sentence: 'Kennst du das Land, wo die Zitromen blüen?' In saying this sentence, I intend my captors to believe that what I mean is 'I am a German officer,' and I intend to produce this effect by means of their recognition of my intention. Nonetheless, the words I utter mean 'Do you know the land where the lemon trees bloom?'

〈B〉

An utterance act is simply an act of uttering sounds, syllables, words, phrases, and sentences from a language. A locutionary act is an act of saying the propositional content of an utterance, while an illocutionary act is characterized as an act performed in saying something.

Utterance Act: The author utters to his Italian captors, "Kennst du das Land, wo die Zitromen blüen?"
Locutionary Act: He says to them, "_____①_____"
Illocutionary Act: He suggests that _____②_____.

22. Read 〈A〉 and 〈B〉 and answer the question.

〈A〉

If I utter the clause 'Tom has arrived' with the intention of thereby committing myself to the truth of the proposition "Tom has arrived," I have uttered it with illocutionary force of a statement. If I say 'Sit down' with the intention of telling you to sit down, my utterance has the illocutionary force of a directive. A natural utterance of (1) would be both a statement and a promise, though the promise is of course more important, more salient than the statement.

(1) I promise to return the key tomorrow.

The promise force is called primary, and the statement second. Making the statement can be regarded as simply the means of making the promise. I make a promise by stating that I do, and the statement is true simply by virtue of my uttering the clause with the intention of making a promise. Illocutionary force is very often conveyed indirectly rather than directly. Consider (2).

(2) Do you know what time it is?

A likely context for this (not the only possible one of course) is where I don't know the time, want to know the time, and believe you may well be able to tell me. In this context it would indirectly convey "What time is it?" This is why it would be thoroughly uncooperative in such a context for you to respond merely with 'Yes'. 'Yes' would answer the question that is actually asked, but not the one that I in fact want to have answered.

〈B〉

a. I declare the meeting open. (uttered to people present in the meeting)
b. I'll declare the meeting open soon. (uttered to people chatting before the meeting begins)
c. Can you turn the light on? (uttered to someone who is close to the light)
d. Get well soon. (uttered to someone who is in the hospital)

First, choose in 〈B〉 all and only utterances that most probably have primary, indirect illocutionary force, and then explain why they do so.

23. 다음 대화에서 왜 Susan이 Jane의 말을 '차를 태워줄 수 없다'는 의미로 이해했는지 Grice의 대화공리(Maxims of conversation)를 이용해서 우리말로 설명하시오.

Susan : Can I get a ride with you?

Jane : My car is not working.

〈 전공영어 서답형 문제의 정답 〉

1. a. 기능어의 첫 자음이 그 앞 단어의 자음과 겹치면 그 첫 자음을 deletion.
   b. 기능어의 끝 자음이 다음 단어의 첫 자음과 겹치면 그 끝 자음을 deletion.
   c. 단어 사이에 오는 기능어의 모음은 축약(reduced).

2. The plural morpheme(suffix) -s is pronounced as [əz] in words ending with the sibilants.

3. 'a morpheme-final or word-final alveolar obstruent' is followed by 'the palatal glide' in English, merging the two sounds into 'a palatalized fricative or affricate'

4. (A) it is unstressed, and stress is placed on the preceding syllable if that syllable is strong
   (B) the first syllable is stressed

5. 세 가지 차이가 있다. 첫 번째는, 한 음절로 발음하는 것이 올바르지만 인호는 네 음절로 발음한다. 이런 차이의 원인은 영어와 한국어사이의 음절구조가 다르기 때문이다(한국어는 CVC 혹은 (C)V의 음절구조를 갖는 것을 고려하면, 영어의 CCVC(spayk)의 음절구조를 재음절화(resyllabification)하여 즉 [ɨ]가 삽입되어 CV CV V CV로 발음하게 되는 것이다) 두번째는 영어에서 s 다음에 p는 unaspirated stop인데 인호는 aspirated stop으로 발음한다. 이런 차이의 원인은 위에서 설명했듯이 영어의 sp가 한국어의 sɨ · p^h로 재음절화되기 때문이다. 세 번째는 /ay/는 영어의 이중모음인데 한국어에는 이런 이중모음이 없다고 간주된다. 따라서 한국어의 [p^ha · i]에서 보여지듯이 재음절화로 인해 두 개의 모음으로 분리하여 발음된다.

※ 한국어에서는 기음(aspirated: 예를 들어 ㅍ)와 무기음(unaspirated: 예를 들어 ㅃ)이 서로 음소(phoneme)이지만(각기 변별되지만) 영어에서 기음(aspirated)와 무기음(unaspirated)은 한 음소의 이음(allophone)들이다(변별자질이 아니다).

6. (1) 원래 강세가 놓인 모음이 강세가 잃어버리게 되는 현상을 모음축약현상(vowel reduction)이라고 한다. (2) Tom이 말한 can은 기능어이므로 대개 강세가 주어지지 않지만 Sue가 말한 can은 비록 기능어이지만 화자가 강조할 때는 강세가 주어진다.

7. a의 밑줄은 Compounding에 의해 형성됨(rain+check), b는 Back formation에 의해 형성됨(typewriter → typewrite), c는 Blending에 의해 형성됨(br~~eakfast~~ +

~~l~~unch), d는 Conversion(Functional Shift)에 의해 형성됨(형용사 empty → 동사 empty), e는 Clipping에 의해 형성됨(sub~~stitute~~ → sub)

8. (1)은 'un-'이 부정(not)의 의미이고 (2)는 '원상태로 돌아가다'(원상회복)를 의미한다.(reverse process를 보여준다) 그리고 형용사 unlockable은 두 가지 의미가 있다. 하나는 '잠글 수 없는'이며 또 하나는 '열 수 있는'이다. '잠글 수 없는'의 의미인 경우에는 lock이 able과 결합한 형용사인 lockable에 un이 결합하는 구조를 가지는 반면, '열 수 있는'의 의미인 경우에는 un이 lock과 결합한 동사인 unlock에 able이 결합하는 구조를 가진다.

9. (c)가 비문인데, 그 이유는 등위접속(coordination)이 잘못되었기 때문이다. 보충어(complement)는 보충어와 등위접속이 되어야 하고 부가어(adjunct)는 부가어와 등위접속이 되어야 한다. 보충어 'of poems'가 부가어 'from The MIT Press'와 등위접속되고(coordinated) 있으므로 잘못된 것이다.

10.

a. Can you allow us to come in?
b. She longed for him to visit her
c. I threatened to leave
d. We arranged for him to leave at once
e. They expect us to come early

11. The subject acquires its thematic role from the predicate of the complement clause 'start' in sentence (1), but from the predicate of the main clause 'planned' in sentence (2). The sentences c, e, f show the same pattern of assigning a thematic role to the subject as sentence (1).

12. b의 the detergent glass container는 the glass detergent container로 정정해야 하고(complement는 head에 인접해야 하는데 detergent가 head인 container의 complement이다) e는 Josh Gorban과 같은 고유명사는 관계절에 의해 수식을 받을 수 없으므로 비문이다.

13. 해법

First ☞ a. In writing(written language), there is no comma before restrictive relative clauses while there is a comma before nonrestrictive relative clauses. Also, in utterance of sentences with relative clauses, there is no pause, prosodic feature, before restrictive relative clauses while there is pause before nonrestrictive relative clauses.

b. Nonrestrictive relative clauses have commas around them as in "The girls, who are wearing skirts, are dancing" while restrictive relative clauses must not be separated by commas as in "The girls who are wearing skirts are dancing"
c. Nonrestrictive relative clauses are marked by pauses and by a falling intonation pattern at the end of the clause while restrictive relative clauses do not have this special intonation pattern.
(Teachers' Grammar 437쪽 참고)

Second ☞ In Picture-A, the girls, who are wearing skirts, are dancing. (the girls are dancing, who are wearing skirts.) In this sentence, the clause headed by 'who' is a nonrestrictive relative clause since there is a comma before the relative clause and the head noun of the relative clause, 'the girls', is viewed as members of a class that have been independently identified. In Picture-B, the girls who are wearing skirts are dancing. In this sentence, the clause headed by 'who' is a restrictive relative clause since there is no comma before the relative clause and the restrictive relative clause narrows down the reference of the noun phrase 'the girls' .

Third ☞ Ted Baker ① who explored many remote places wrote a lot of travel books. 'Ted Baker'가 고유명사인데 이런 고유명사의 의미적 속성은 unique한 것이므로 제한적 수식어가 수식을 하지 않는다. 그런 nonrestrictive modifiers는 피수식어를 제한하기보다는 추가적인 정보를 제공한다. 따라서 nonrestricitve 이다. 나머지 2번, 5번, 6번, 8번도 nonrestrictive modifiers로 간주된다. → 근거: nonrestrictive modifiers do not serve for identification, since their head noun is viewed as unique or as a member of a class that has been independently identified.

14. 비문법적인 문장의 기호 : (a, d)
비문법적인 이유: a, d가 비문인 이유는 a의 'Mary'와 d의 'John'는 격할당자 (case assigner: a finite Tense, a transitive verb, a preposition, or a prepositional complementizer *for*)에 의해 격을 받지 못하기 때문이다.

15. (A) agreement
(B) tell은 자기의 바로 뒤에 NP Object(Indirect object)를 취하는데, 이 NP(object)는 [+human]의 의미자질을 가져야 한다.
(C) there과 같은 expletive(허사)는 주어자리에만 오는데, 5번의 believe는 자기의 하나뿐인 complement를 종속절(부정사절, non-finite clause)의 형태로 취하여 'there'은 그 종속절의 주어자리로 간주되는 반면에 6번의 tell은 자기의 두 개의 complement로 NP object(Indirect object)와 종속절(부정사절, non-finite clause)을 연속적으로 취하는데 tell의 바로 뒤의 NP자리는 tell의 목적어자리이지 종속절의 주어자리가 아니다.

16. ⓐ non-finite clause ⓑ Bill is believed to be taller than him
ⓒ cannot allow an NP to immediately follow it

17. b의 경우, 야채를 먹지 않는다면 브로컬리도 먹지 않는 것이며, 브로컬리를 먹는다면 야채를 먹는 것이므로 함의관계가 성립, d의 경우도 마찬가지로 환영회에 참석하지 못했다면 환영회에 결석했다는 것이며 환영회에 결석하지 않았다면 환영회에 참석했던 것이므로 함의관계가 성립.

18. (a), (d), (e) 속에는 전제를 유발하는 단어(술어)가 존재한다. (a)는 angry, (d)는 surprised, (e)는 significant가 그것이다.

19. long과 short에서처럼 대립을 이루는 표현(어구)가 있을 때, 대개 일반적으로 흔히 사용되는 중립적인 표현으로서 'How short is it?'보다는 'How long is it?을 사용하는 것처럼 long과 같은 표현은 무표적(unmarked)이라 하고 그와 대립되는 short와 같은 표현은 유표적(marked)라고 한다.

20. managed to 에는 '어떤 일을 이미 실행했다', '어떤 일에 성공했다'는 의미가 들어 있다(함의되어 있다). 'Laura managed to answer the question'에는 'Laura already answered the question'이라는 의미가 함의되어 있다. 따라서 'and finally she answered it'이라는 문장과는 의미상으로 중복되어서(잉여적이어서) 이상하게 들린다.

21. ① Do you know the land where the lemon trees bloom?
② He is a German officer.

22. b, c, d가 전부 primary, indirect함. a는 primary, direct(화자의 의도=선언). b는 화자의 의도(=조용히 해 달라는 요청)가 indirect(직접 드러나 있는 force는 진술). c는 화자의 의도(=light 좀 켜달라는 요청)가 indirect(직접 드러나 있는 force는 질문). d는 화자의 의도(=바램)가 indirect(직접 드러나 있는 force는 요청 혹은 지시)

23. Jane의 답변은 Susan의 질문의 내용과 밀접한 관련이 없다고 간주되기 때문에 Maxims of conversation 중에서 Relevance(관련성)의 격률을 위반하고 있다. 이렇게 격률을 위반하게 되면 함축이 발생한다. 여기서는 차가 고장이 나서 결국 '차를 태워줄 수 없다'는 함축이 발생한다.

발음에 주의할 단어

ache [eik]
allow [əláu]
ancient [éinʃənt]
arrow [ǽrou]
beard [biərd]
blood [blʌd]
bomber [bámər]
bosom [búzəm]
bough [bau]
bowl [boul]
breath [breθ]
breathe [bri:ð]
brooch [broutʃ,bru:tʃ]
brow [brau]
bury [béri]
career [kəríər]
castle [kǽsl]
ceiling [sí:liŋ]
cleanse [klenz]
colonel [kə:nl]
comb [koum]
comfort [kʌmfərt]
corps [kɔər,kɔərz]
cough [kɔ:f]
cousin [kʌzn]
crow [krou]
debt [det]
decease [disí:s]
depot [dépou]
dessert [dizə:rt]
disease [dizí:z]
draught [drǽft]
drought [draut]
drown [draun]
exhibit [igzíbit]
fatigue [fətí:g]
flood [flʌd]
flour [fláuər]
food [fu:d]
foot [fut]
fowl [faul]
gauge [geidʒ]
globe [gloub]
glove [glʌv]
heart [há:rt]
height [hait]
heir [ɛər]
houses [háuziz]
indict [indáit]
iron [áiərn]
island [áilənd]
leisure [léʒər]
leopard [lépərd]
loose [lu:s]
lose [lu:z]
meadow [médou]
meant [ment]
measure [méʒər]
mustache [məstǽ:ʃ]
naked [néikid]
oven [ʌvn]
owl [aul]
pear [pɛər]
pleasure [pléʒər]
plough [plau]
pour [pɔ:r]
prove [pru:v]
quay [ki:]
receipt [risí:t]
route [ru:t]
said [sed]
says [sez]
seize [si:z]
sew [sou]
shepherd [ʃépərd]
smooth [smu:ð]
soup [su:p]
sour [sáuər]
southern [sʌðərn]
steak [steik]
stomach [stʌmək]
subtle [sʌtl]
sweat [swet]
sword [sɔ:rd]
Thames [temz]
thorough [θʌrə]
tomb [tu:m]
tongue [tʌŋ]
tough [tʌf]
tour [tuər]
vague [veig]
victual [vítl]
walk [wɔ:k]
warm [wɔ:rm]
weapon [wépən]
wicked [wíkid]
women [wímin]
wood [wud]
work [wə:rk]
worm [wə:rm]
worthy [wə:rði]
wound [wu:nd]

주요 반의어

abolish	establish	internal	external
absolute	relative	lass	lad
abstract	concrete	loose	tight
active	passive	lyric	epic
add	subtract	maximum	minimum
amateur	professional	mental	physical
ancestor	descendant	natural	artificial
ascend	descend	negative	positive
chaos	order	nominal	substantial
comic	tragic	normal	abnormal
complex	simple	objective	subjective
conquer	surrender	obscure	obvious
conservative	progressive	Occident	Orient
consume	produce	odd	even
creditor	debtor	optimist	pessimist
defense	offense	particular	general
deficient	sufficient	permanent	temporary
deflation	inflation	permit	prohibit
demand	supply	plenty	scarcityh
destroy	construct	practice	theory
domestic	foreign, wild	precede	follow
dynamic	reserved	private	public
emigration	immigration	prose	verse
epilogue	prologue	quality	quantity
exit	entrance	rear	front
expert	layman	reward	punishment
extreme	moderate	rough	smooth
fault	merit	rural	urban
female	male	shorten	lengthen
fertile	sterile, barren	sober	drunken
gather	scatter	tame	wild
guest	host	tiny	huge
guilty	innocent	vice	virtue
horizontal	vertical		
import	export		

STRESS에 주의할 단어

ábsolute
accéssory
ádmirable
ágriculture
altérnative
áncestor
árchitect
artifícial
átmosphere
authórity
barómeter
biógraphy
canál
certíficate
círcumstance
characterístic
cómfortable
cómmerce
cómparable
cónsequence
contémporary
contríbute
démonstrate
diámeter
díplomat
distríbute
económical
ecónomy
electrícity
energétic
enthusiástic
éssence
Européan
famíliar
geómetry
habítual
harmónious
hýpocrite
ígnorant
indívidual
índustry
indústrial
ínfamous
ínfinite
ínfluence
ínstrument
íntellect
intelléctual
ínteresting
intérpret
ínterval
lámentable
mathemátics
méchanism
mélancholy
miráculous
míschievous
mómentary
monótonous
nécessary
necéssity
neverthelés
occúr
opportúnity
ópposite
órigin
oríginal
originálity
Pacífic
partícular
peculiárity
phótograph
photógraphy
picturésque
polítícian
propagánda
prefér
préferable
psychólogy
psycholό gical
récognize
recomménd
represént
represéntative
ridículous
responsibílity
sátisfy
scientífic
simultáneous
signíficant
súbstitute
superfícial
techníque
thermómeter
triúmphant
últimate
úniverse

동음이의어(Homonym)

[ɛər]···air, heir, ere
[əláud]···allowed, aloud
[ɔ:ltər]···altar, alter
[əsént]···ascent, assent
[bæd]···bad, bade
[beis]···base, bass
[bə:rθ]···berth, birth
[bɛər]···bear, bare
[béri]···berry, bury
[blu:]···blew, blue
[bau]···bow, bough
[breik]···break, brake
[sait]···cite, site
[klaim]···clime, climb
[kɔ:rs]···coarse, course
[kɔ:r]···core, corps
[diər]···dear, deer
[dju:]···dew, due
[dai]···die,, dye
[ə:rn]···earn, urn
[feint]···faint, feint
[fɛər]···fair, fare
[fi:t]···feat, feet
[fláuər]···flour, flower
[fɔ:rθ]···forth, fourth
[faul]···fowl, foul
[groun]···grown, groan
[gest]···guest, guessed
[hɛər]···hair, hare
[hɔ:l]···hall, haul
[hiər]···hear, here
[hi:l]···heal, heel
[hju:]···hew, hue
[háiər]···hire, higher
[him]···him, hymn
[houl]···hole, whole
[áidl]···idle, idol
[ail]···isle, aisle
[ki:]···key, quay
[kə:rnəl]···kernel, colonel
[nju:]···knew, new
[lésn]···lesson, lessen
[meid]···made, maid
[meil]···male, mail
[máinər]···minor, miner
[nʌn]···nun, none
[ɔ:r]···oar, or
[ɔ:t]···ought, aught
[auər]···our, hour
[peil]···pail, pale
[pɛər]···pear, pair
[pi:l]···peal, peel
[plein]···plain, plane
[pi:s]···peace, piece
[piər]···pier, peer
[poul]···pole, poll
[prei]···pray, prey
[reiz]···raise, raze
[rein]···rain, rein
[rait]···right, rite, write
[ru:t]···root, route
[seil]···sail, sale
[sent]···scent, cent
[sou]···sew, sow
[said]···side, sighed
[slei]···slay, sleigh
[soul]···sole, soul
[steik]···stake, steak
[stɛər]···stare, stair
[sti:l]···steal, steel
[streit]···strait, straight
[swi:t]···sweet, suite
[sʌm]···sum, some
[sɔ:rd]···sword, soared
[teil]···tail, tale
[ti:m]···team, teem
[θru:]···threw, through
[θroun]···thrown, throne
[taid]···tide, tied
[tou]···tow, toe
[veil]···vale, veil
[vein]···vane, vein
[wɛər]···ware, wear
[weist]···waste, waist
[wei]···weigh, way
[weit]···weight, wait
[jouk]···yoke, yolk

동철이음이의어(Heteronym)

-발음에 따라 의미가 변하는 단어-

	단어	발음 및 의미
A.	abuse	[əbjúːs] n. 남용
		[əbjúːz] v. 남용하다
	attribute	[ǽtribjuːt] n.속성, 성질
		[ətríbuːt] v. ~으로 돌리다
	bow	[bou] n. 활
		[bau] v. 인사하다
	conduct	[kándʌkt] n. 행위
		[kəndʌkt]] v. 행동하다
	desert	[dézərt] n. 사막
		[dizəːrt] v. 도망치다, 버리다
	digest	[dáidʒest] n. 요약
		[daidʒést] v. 소화하다
	excuse	[ikskjúːs] n. 구실
		[ikskjúːz] v. 변명하다
	extract	[ékstrӕkt] n. 발췌
		[ikstrǽkt] v. 발췌하다
	lead	[led] n. 납
		[liːd] v. 인도하다
	mouth	[mouθ] n. 입
		[mouð] v. 입에 넣다
	object	[ábdʒikt] n. 물건
		[əbdʒékt] v. 반대하다
	project	[prádʒekt] n. 계획
		[prədʒékt] v. 계획하다
	protest	[próutest] n. 항의
		[prətést] v. 항의하다
	rebel	[rébl] n. 반역자
		[ribél] v. 반역하다
	record	[rékɔːrd] n. 기록
		[rikɔːrd]] v. 기록하다
	sow	[sau] n. 암퇘지
		[sou] v. 종자를 뿌리다
	tear	[tiər] n. 눈물
		[tɛər] v. 찢다
	wind	[wind] n. 바람
		[waind] v. 감다
	use	[juːs] n. 사용
		[juːz] v. 사용하다
B.	absent	[ǽbsnt] a. 부재의
		[æbsént] v. 결석하다
	close	[klous] a. 밀접한
		[klouz] v. 닫다. n. 끝
	converse	[kánvəːrs] a. 반대의
		[kənvəːrs] v. 담화하다
	frequent	[fríkwənt] a. 빈번한
		[frikwént] v. 자주 가다
	intimate	[íntəmit] a. 친근한
		[íntəmeit] v. 암시하다
	live	[laiv] a. 살아 있는
		[liv] v. 살다
	minute	[mínit] n. 분,잠시
		[mainjúːt] a. 세밀한
	moderate	[mádərit] a. 적당한
		[mádəreit] v. 조절하다
	perfect	[pəːrfikt] a. 완전한
		[pərfékt] v. 완성하다
	present	[préznt] a. 현재의 n. 선물
		[prizént] v. 선물하다
	separate	[sépərit] a. 분리된
		[sépəreit] v. 분리하다
	subject	[sʌbdʒikt] n. 주제 a. 종속의
		[səbdʒékt] v. 종속시키다
C.	drawer	[drɔːər] n. 끄는 사람
		[drɔːr] n. 서랍
	mankind	[mænkáind] n. 인류
		[mǽnkaind] n. 남성
	prayer	[prɛər] n. 기도
		[préiər] n. 기도하는 사람
	recollect	[rekəlékt] v. 회상하다
	re-colloect	[ríːkəlékt] v. 다시 모으다
	row	[rou] n. 열 v. 노젓다
		[rau] n.v. 소동(을 피우다)
	sewer	[sóuər] n. 재봉사
		[sjúər] n. 하수구
	shower	[ʃóuər] n. 보여주는것(사람)
		[ʃáuər] n. 소나기

Glossary

A

- **Abbreviation** 약어: Word-formation process used to create words by means of combining the initial of multi-word combinations. (e.g., *UN* and *NATO*) It is also called initialism or acronyms. Initial letters of (some or all) words in a phrase or title are contracted and pronounced as a word or letters.⇒ abbreviation, initialism, acronyms는 동일한 용어로 사용되기도 하지만 약간의 차이점이 있다고 언급하는 원서 혹은 지문이 있다는 점에 유념한다. NATO와 UN의 공통점은 단어들의 앞 글자들만 모아 단어를 형성한다는 것이며 둘의 차이점은 NATO는 한 단어로 발음되는 단어인 반면에 UN은 글자 하나하나를 발음(spell out)해야 하는 단어이다..
- **Abstract noun** 추상명사: Noun that denotes a mental object, an idea, or concept (e.g., *love, truth, honesty, hate*).
- **Accent** 강세: Characteristics of pronunciation inherent in every person's speech.
- **Accusative case** 대격: = case typically assigned to direct object noun phrase. 대개 목적격을 말한다. Dative case(여격)와 다르다.
- **Acoustic phonetics** 음향 음성학: Subfield of phonetics that is concerned with the physical characteristics of the sounds of speech.
- **Acronym** 두문자어: Abbreviations formed by taking the initial sounds (or letters) of the words of a phrase and uniting them to form a pronounceable word (e.g., *Radar*: *r*adio *d*etecting *a*nd *r*anging; *Scuba*: *s*elf-*c*ontained *u*nderwater *b*reathing *a*pparatus).
- **Addressee** 청자: = listener
- **Adjacent** 인접하는: Complement must always be adjacent to its Head.
- **Adjunct** 부가어: A modifier in clause structure (The meeting ended <u>on Sunday</u>) or a supplement attached to a clause (It was, <u>on Sunday</u>, already too late). complement와 상대되는 개념으로 대개 핵(head)와 인접하지 않는 요소이다. complement참조
- **Affix** 접사: root(어근)나 base(어기)에 붙는 요소로서 prefix(접두사) or suffix(접미사)가 있다.
- **Affixation** 접사붙이기
- **Affixation order** 접사를 붙이는 순서: 접사들 간에도 root(어근)에 붙는 순서가 있다. 예를 들어 *unfearful*의 경우 *fear*에 *-ful*이 먼저 붙고 *fearful*에 *un*이 붙는다.
- **Affricates** 파찰음: Sounds produced by complete obstruction of airflow followed by slight release of the articulators, allowing frication. An affricate can be thought of as a combination of a stop and a fricative (e.g.,[ʧ]and[ʤ]).
- **Agent** 행위자역: A role borne by a noun phrase in a sentence, which intentionally initiates some action.
- **Allomorph** 이형태: One of a set of nondistinctive realization of a particular morpheme that have

the same function and are phonetically similar(e.g., English past tense -ed can appear as [-əd],[-t],or[-d], as in started[stardəd], picked[pɪkt], loved[lʌvd]).

- **Allophone** 이음: One of a set of nondistinctive realizations of the same phoneme.
- **Alternations** 모음교체: Using morpheme-internal modifications to make new words or make morphological distinctions. Note that these alternations have to do with the sounds in a particular word pair or larger word set, as well as marking morphological distinctions (e.g., *man-men, ring-rang-rung*)
- **Alveolar** 치경음: Description of sounds produced by making contact between the tongue and the alveolar ridge.
- **Alveolar lateral** 치경설측음: Alveolar lateral is [l] sound. ⇒ Dark [l] 참조
- **Alveolar ridge** 치경: Bony structure located just behind the upper front teeth.
- **Ambiguity** 중의성: Structural Ambiguity(구조적 중의성)와 Lexical Ambiguity(어휘적 중의성)이 있다.
- **Analytic languages** 분석적 언어: Type of language in which words consist mainly of one morpheme and sentences are composed of sequences of these free morphemes. Grammatical relationships are often indicated by word order.
- **Anaphora** 대용사 or 조응사: 재귀대명사(reflexives)와 상호대명사(reciprocal pronoun)를 일컫는다. ⇒ anaphora는 동일절(the same clause) 안에서 선행사를 가져야 하는 규칙을 지켜야 한다.
- **Antecedent** 선행사: Pronoun must not be bound by its antecedent in the same clause.
- **Antonyms** 반의어: Words that are in some sense opposite in meaning.
- **Approximant** 접근음: Manner of articulation of consonants produced without audible friction. In lateral approximants, the air escapes along the sides of the tongue, in central approximants down the centre of the mouth.
- **Argument** 논항: = set of phrases that occur with a verb and are assigned certain semantic roles by the verb. 술어(동사)가 필요로 하는 요소(대개 주어, 목적어)를 말한다.
- **Articulation** 조음: 조음에는 place of articulation과 manner of articulation이 있다.
- **Articulator** 조음기관 or 조음자: 혀 그리고 입술, 이, 치경, 경구개, 연구개 등
- **Aspect** 상: 진행상(incomplete or progressive or habitual)과 완료상(complete)에서 사용되는 용어. 즉 진행과 완료를 상이라고 표현한다.
- **Aspirated** 기음의: = having puff of air that accompanies the initial voiceless consonants. 대개 pot의 /p/처럼 어두에 오는 voiceless stop은 aspirated된다.
- **Aspiration** 기음: A puff of air that follows the release of a consonant when there is a delay in the onset of voicing. Symbolized by a superscript h (e.g.,[p^h]).
- **Assimilation** 동화: A process by which a sound becomes more like a nearby sound in terms of some features (e.g., nasals may assimilate to a following consonant's place of articulation: *phonebook* /foʊnbʊk/ becomes [fombʊk] by assimilation).
- **Attributive** 한정적인: Applies to an adjective or other pre-head internal modifier in NP structure: *a hot day* illustrates attributive use of *hot*
  ⇒ predicative(서술적인)과 상대되는 개념이다. (e.g. It is hot.)
- **Auditory phonetics** 청각 음성학: Subfield of phonetics concerned with the perception of speech

sounds.

- **Auxiliary verb** 조동사: Verb whose function is primarily to add grammatical information to an utterance, usually indication tense, aspect, or other grammatical information that is not conveyed by the main verbs of the sentence.

B

- **Back (Vowels)** 후설모음: An articulation where the highest point of the tongue is held at the back of the oral cavity, as with [u] and [ɔ].
- **Back formation** 역성법: Word formation process in which a new base form is created from an apparently similar form (e.g., *to burgle* is a back formation from *burglar*).
- **Base** 어기: one of the two main kinds of unit found in the structure of words; contrasts with affix. root(어근)과는 다른 접사가 붙기 전의 기저형태
- **Bilabial** 양순음: Sound produced by bringing both lips together (*bi* = 'two'; *labial* = 'lips').
- **Blend** 혼합어(portmanteau): word made from putting parts of two words together.
- **Bound morpheme** 의존형태소: free morpheme과 상대되는 개념이다.
- **Bound root** 의존적 어근: Morphemes of this sort do seem to have some associated basic meaning, but they are unable to stand alone as words in their own right. For example, *-ceive* (as in *conceive, receive, deceive*) and *-sist* (as in *resist, desist, consist, subsist*).
- **Broadening** 확대: = Generalization: change in words' meanings over time to more general or inclusive. 대개 의미의 역사적 변화에서 등장하는 용어이다. Generalization

C

- **Case** 격: Inflectional category which marks the grammatical function of noun phrases in a sentence or phrase (e.g., nominative for subjects).
- **Categorisation** 범주화: The classification of entities into mental categories.
- **Category** 범주(품사): = syntactic or grammatical category: 영어학에서는 품사(word class)를 의미하는 경우가 많다. essay를 쓸 때는 lexical category(like noun, verb, etc.)와 phrasal category (like noun phrase, verb phrase, etc.)를 고려하면서 작성한다.
- **Causative** 사역형: A form of the verb indicating that the actor is making or causing an action on the part of someone or something else.
- **Clear [l]** Produced with the tongue body down and the tongue-tip up, as in Lee [li] in English.
- **Clipping** 절단: Process of creating new words by shortening parts of a longer word (e.g., *phone* from *telephone*; *exam* from *examination*).
- **Cognates** 동족어: Words that descend from the same source. Usually similar in form and meaning.
- **Coinage** 어형성: Process of creating new words without employing any other word of word part

already in existence. Words created "out of thin air"(e.g., *Kodak* or *Pepsi*)

- **Commissive** 약속의 화행: Type of speech act by which a speaker commits herself to some future action.
- **Communicative competence** 의사소통적 능력: By communicative competence, we mean the ability to use language to achieve a particular purpose.
- **Competence** 언어능력: What we know when we know a speaker of a language has about her or his native language.
- **Complement** 보충어: 술어(predicate)가 자기의 하위범주(subcategory)로 필요로 하는 요소를 보충어라고 하며 대개 목적어(object)가 보충어가 된다. 보충어는 핵(Head)과 인접해야 한다는 원칙에 유념해야 한다.
- **Complementary** 상호배타적인(exclusive): 음운론에서는 Complementary distribution(상호배타적인 분포)가 있고(Allophones of a phoneme are in complementary distribution.) 의미론에서는 반의어(antonym)의 종류 중에 배타적 혹은 이분법적 반의어(Complementary antonyms = binary antonyms; e.g., dead-alive)가 있다.
- **Complementary distribution** 상호배타적 분포: The occurrence of sounds in a language such that they are never found in the same phonetic environment. Sounds that are in complementary distribution are allophones of the same phoneme.
- **Compounding** 합성법: Word formation process by which new words are formed by combining two or more independent words (e.g., *basketball*)
- **Concepts** 개념: Ideas in our mind, which may or may not correspond to physical things, properties and relationships.
- **Conditional (construction)** 조건의 (조건절): Prototypically, one containing an adjunct introduced by *if*.
- **Conditioning environment** 환경: Neighboring sounds of a given sound that cause it to undergo a change (e.g., the conditioning environment for the devoicing of a liquid is a preceding voiceless obstruent in syllable-initial position).
- **Conjunction** 접속사: Function word that joins words and phrases of the same category (e.g., *and, or, but*).
- **Connotation** 내포: Personal affective or emotive associations connected with a particular word (in contrast to the conceptual meaning of that word). For example, 'swimming pool' or 'beach parties' may be connotations evoked by *summer*.
- **Constituent** 성분: Groupings of words that form a coherent syntactic or semantic unit.
- **Constituent structure** 성분구조: The relationship between constituents in a sentence.
- **Constriction** 협착: A narrowing in the vocal tract caused by articulator movement.
- **Content** 내용이 있는(lexical, substantial): Content word(=lexical word: 내용어)와 상대되는 것은 Function word(기능어)이다.
- **Content morphemes** 내용 형태소: Morphemes that carry a semantic content as opposed to performing a grammatical function.
- **Context** 문맥: The real-world facts that fill in the details not necessarily present in the discourse but useful or necessary in interpreting what is said.

- **Contradictory pairs** 이원적 반의어: Pairs of words that are opposites such that when one is applicable the other is not (e.g., *alive* and *dead*).
- **Contrastive** 변별적인 or 대조적인: ⇒ Distinctive와 Feature 참조
- **Contrastive distribution** 대조적 분포: The occurrence of sounds in a language such that their use distinguishes between the meanings of the words in which they appear, indicating that those sounds are phonemes of the language in question.
- **Conversion** 품사전환: Word-formation process used to create lexemes without any change in form (e.g. *(the) water 〉 (to) water*).
- **Cooperative principle** 대화협력 원리: Principle formulated by the philosopher H. P. Grice that says that underlying a conversation is the understanding that what one says is intended to contribute to the purposes of the conversation. Certain rules of maxims of conversation are said to enforce compliance with this principle.
- **Coordination test** 등위 구조 테스트: Syntactic test used to determine the constituent status of a syntactic string by combining the string with another string and linking both strings with a conjunction (e.g. *and*).
- **Corpus linguistics** 코퍼스 언어학: A linguistic corpus is a strategic collection of linguistic materials (written, spoken, visual, or different combinations of the above three) appropriate for specific purposes of research. Corpus linguistics, thus, involves the design and the annotation of corpus materials that are required for specific purposes.
- **Count noun** 가산명사: Nouns denoting objects that are discrete, countable units (e.g., *cat, house, human, tree*).
- **Cleft construction** It~that 강조구문 or 분열문 ⇒ Pseudo-cleft 구문은 what~be Focus 구조이다 (e.g., What John made was a ball.)
- **Closed class** 폐쇄어: category of words that doesn't accept new members. e.g. determiners, auxiliaries, conjunction, etc ⇒ Open class와 상대적인 개념.
- **Closed question** 폐쇄의문문: Question with a closed set of answers. e.g. Is it raining? ⇒ Open question과 상대적인 개념.

D

- **Dark L** (Velarized l): [l] is velarized(becomes the dark [ł]) after a vowel and a consonant, or word-finally. e.g., golf, milk, mill... ⇒ Clear [l](e.g., live의 [l])과 상대적인 개념.
- **Dative case** 여격: = case typically assigned to indirect object noun phrase
- **Dative noun** 여격 명사: 간접목적어(indirect object: ~에게)에 해당하는 명사로서 indirect object는 dative case(여격)을 가진다.
- **Definite article** 정관사: Indefinite article는 부정관사
- **Devoicing** 무성음화
- **Deep structure** 심층구조: Form(e.g., clause) in its base word order(in English, SVO) before syntactic rules such as movement and deletion apply. ⇒ Surface representation (Surface structure)

참조

- **Degradations** 악화: Semantic changes by which a word acquires a more pejorative meaning overt time (e.g., *hussy* used to mean 'housewife' but now means 'lewd or brazen woman').
- **Deictic expression** 직시 표현: Word or expressing that is relative to the time and place of the utterance; may be used to point to objects and indicate their distance from the speaker (e.g., *go!, come!, here, there, now, then, this*, or *that*).
- **Deletion** 탈락: Process by which a sound present in the phonemic form (=underlying form) is removed from the phonetic form in certain environments (e.g., *Columbus* /kəlʌmbəs/ [klʌmbəs]).
- **Denotation** 외연: The set of potential referents of a word.
- **Dental** 잇소리: Place of articulation of sounds produced with the tongue immediately behind the upper front teeth or protruding between the upper and lower front teeth. The latter place of articulation is sometimes referred to as inter-dental.
- **Derivation** 파생 or 도출: process by which an underlying form is changed as phonological, morphological, or syntactic rules act upon it.
- **Derivational Morphemes(affixes)** 파생접사: Morphemes that change the meaning or lexical category of the words to which they attach.
- **Descriptive grammar** 기술문법: set or grammatical rules based on what we say, not what we should say according to some language authority. ⇒ Prescriptive grammar 참조
- **Determiner** 한정사: 관사, 지시사(this, that 등), 수량사(all, some...) 등을 통칭하여 한정사라고 한다.
- **Dialect** 방언: A variety of a language defined by both geographical factors and social factors, such as class, religion, and ethnicity).
- **Diphthong** 이중모음: [ay], [aw], [Ɔy] 이 세 개만을 이중모음으로 간주하는 경우도 있다.
- **Direct object** 직접 목적어: In the sentence *Robin gave Terry a cake,* the verb *gave* is said to be dirtransitive - i.e., the verb takes two objects; a direct object and an indirect object. The direct object in the sentence is *a cake*, whereas the indirect object is *Terry*.
- **Direct speech act** 직접 화행: Utterances that perform their functions in a direct and literal manner.
- **Discourse** 담화: A continuous stretch of speech or written text, going beyond the size of a sentence.
- **Discourse analysis** 담화분석: The study of the use of language at a level usually above the sentence. Discourse analysts examine the structure of the information flow of speech, the interdependencies of sentences in speech, and other aspects of language use.
- **Dissimilation** 이화: Process by which two nearby sounds become less alike with respect to some feature.
- **Distinctive** 변별적인(contrastive): 영어학, 특히 음운론에서 '소리를 변별시키는 혹은 phonemic contrast(두 음소간의 차이)를 야기시키는'이란 의미를 가지고 있다. 예를 들어 distinctive feature는 소리(음소: phoneme)를 변별시켜주는 자질로서 [p]와 [m]의 distinctive feature는 [nasal]이다. 의미론에서 사용되면 '의미를 차이를 유발시키는'이란 의미를 가진다. ⇒ Feature 참조
- **Distribution** 분포: The set of phonetic environments in which a sound occurs.

- **Ditransitive verbs** 4형식 동사: Verbs that take both a direct object and an indirect object (e.g., in the sentence *Robin gave Pat a book, gave* is a ditransitive verb that takes the direct object *a book* and the indirect object *Pat*).
- **Do insertion** Do 삽입(= Do-support): insertion of pleonastic 'do' into empty Aux to form question, tags, or negative sentences.
- **Dummy** 의미가 없는: 비인칭주어 it, there be 존재구문의 there, 조동사로 쓰이는 do(Do you like me?) 등이 dummy element이다.

E

- **Elevation** 양화: Semantic change by which words take on a grander or more positive connotation over time (e.g., the word *knight* once meant 'youth' or 'military follower' but now has a more romantic and impressive connotation).
- **Entailment** 함의: A relationship between two words or sentences such that if the first is true, the second must be true (e.g., if something is a couch, then it is also a piece of furniture; therefore, *couch* entails *furniture*).
- **Eponym** 고유 명사에서 유래된 말: Words that come from the name of a person associated with it.
- **Etymology** 어원: historical origin of a word.
- **Experiencer** 경험자역: It refers to an animate (person or animal) that has some kind of perceptual or mental experience, such as seeing, hearing, knowing, and so on, in a sentence.
- **Extensions** 확대: Diachronic semantic changes by which the set of appropriate contexts or referents for a word increases (e.g., the word *Coke* used to refer to a particular brand but is now often used for any carbonated beverage).
- **Extralinguistic factors** 언어외적인 요인들: Factors influencing language variation not based in linguistic structure such as region, socioeconomic status, ethnicity, etc.
- **Extraposition** 외치: 절 밖으로 이동시키기 e.g. It is fortunate that you could come.

F

- **Feature** 자질: 음운론에서는 phonetic(phonological) distinctive feature가 있고 의미론에서는 semantic distinctive feature가 있다.(boy와 girl의 semantic distinctive feature는 [±male]이다)
- **Felicity conditions** 적정조건: A set of conditions that must be satisfied if a speech act is to be correctly and honestly performed.
- **Flap** Sound produced by the tongue tip hitting the alveolar ridge at a high speed. In English, the voiced alveolar flap can function as an allophone of the phoneme /t/ or /d/.
- **Folk etymology** 민간어원: The reanalysis of a word or phrase (usually an unfamiliar one) into a word or phrase composed of more commonly known words (e.g., *Alzheimer's*

disease〉*old-timer's disease*; *nepotism*〉 *nephew-tism*).

- **Form** 언어형태: Any particular linguistic items, ranging from individual segments to sentences.

formation The systematic relationships between one linguistic form and the others within a larger unit.

- **Free morphemes** 자립 형태소: Morphemes that can stand alone as a word.
- **Free variation** 자유교체: Term used to refer to two sounds that occur in overlapping environments but cause no distinction in the meaning of their respective words (e.g., the sounds [p] and [pʰ] are in free variation in the two pronunciations [lip] and [lipʰ] *leap*).
- **Frication** 마찰: A turbulent, hissing mouth noise that is produced by forming a nearly complete obstruction of the vocal tract. The opening through which the air escapes is very small and as a result a turbulent noise is produced (e.g., [ʃ] and [f]).
- **Fricatives** 마찰음: Sounds made by forming a nearly complete obstruction of the airstream so that when air passes through the small passage, turbulent airflow (i.e., frication) is produced.
- **Front (Vowels)** 전설모음: An articulation where the highest point of the tongue is held in the front of the oral cavity, as with [i] and [ɛ].
- **Fronting** 전설음화: A type of sound change (either diachronic or synchronic) in which a back sound (usually a vowel) becomes a front sound.
- **Function morphemes** 기능 형태소: Morphemes that provide information about the grammatical relationships between words in a sentence.
- **Function words** 기능어: Words that relate phrases of various types to other phrases but have little meaning outside of their grammatical purposes.
- **Function(al)** 기능(적인): Function(al) category(기능범주: e.g., 전치사, 접속사, 조동사, 한정사 등)와 Function(al) word(기능어=content word: e.g., 전치사, 접속사, 조동사, 한정사 등)등 에서 사용되며 대개 Function(al)과 상대되는 개념이다. ⇒ Grammatical Function 참조
- **Functional shift** 품사전환: Process of creating a new word by shifting grom one part of speech to another without changing the form of the word.

G

- **Gapping test** Syntactic test used to determine the constituent status of a syntactic string. In tag questions, for example, the VP is gapped.
- **Garden path** Phenomenon by which people are fooled into thinking a sentence has a different structure than it actually does because of an apparent ambiguity (e.g., in *The horse raced past the barn fell*, you expect the sentence to end on *barn*, but it can end on *fell* if you interpret *raced past the barn* as a passive participial phrase modifying *horse*).
- **Gender** 문법적 성: A grammatical category of the noun. English has three genders, masculine, feminine and neuter. The three genders are only distinguishable in the pronominal system. Semantically, masculine and feminine gender is mostly reserved for animate entities, while nouns demoting inanimate entities are usually neuter.

- **Generativity** 생성성: Property of human languages to use a finite set of rules and elements to produce an infinite set of grammatical sentence.
- **Genitive case** 소유격: = possessive case
- **Glides** 활음: Sounds produced with a closure in the vocal tract that is only slightly more constricted than that for vowels (e.g., in English the glides are [j] and [w]).
- **Glottal** 성문음: Sounds that are produced at the glottis.
- **Glottalized** 성문음화: Sounds that are produced with creaky voice, or sounds that are produced with a simultaneous glottal stop.
- **Glottis** 성문: The space between the vocal folds.
- **Gradable pairs** 등급적 반의어: Words that have opposing meanings because they represent opposite ends of a scale (e.g., *bright* and *dark*; *light* and *heavy*).
- **Grammar** 문법: A system of linguistic elements and rules.
- **Great vowel shift** 대모음 변이: A change that occurred in the English vowel system wherein the long high vowels diphthongized and the other long vowels rose to fill in the empty spaces created.

H

- **Head** 핵 or ~의 핵이 되다: word whose syntactic category determines the category of the phrase. 동사로 쓰이면 '~의 핵이 되다'의 의미를 지닌다. e.g. The attributive adjective, is the part of the noun phrase headed by the noun.
- **Head-final languages** 핵말 언어: A syntactic type of language in which the head word of a phrase appears at the end of the phrase.
- **Head-initial languages** A syntactic type of language in which the head word of a phrase appears at the beginning of the phrase.
- **Heavy syllable** 중음절: Rhyme(운)이 long(or tense) vowel 혹은 diphthong으로 구성되는 경우 혹은 모음+1개 이상의 자음(대개 2개)이 있는 경우의 음절을 말한다. 이것과 상대되는 개념이 Light syllable(경음절)이다. Heavy syllable을 Strong syllable이라고도 한다.
- **Hierarchical structure** 계층구조: Term used to describe the dominance relationship among elements in a word, phrase, or sentence.
- **Historical linguistics** 역사언어학: The study of how languages change through time; the study of how languages are historically related to one another.
- **Homorganic** 동일한 조음위치의: 'Homorganic' means 'having the same articulation place'. ⇒ Homorganic Nasal Assimilation
- **Homonyms** 동음이의어: Two or more distinct words with the same pronunciation and spelling but different meanings (e.g., *pool table* and *swimming pool*).
- **Homophones** 동음이철이의어: One of two or more distinct words with the same pronunciation but different meanings and spellings (e.g., two, too, to).
- **Hyponym** 하위어: Word that has a meaning which is subordinate to that of another word.

I

- **Idioms** 관용어: Fixed sequences of words with a fixed meaning that is not composed of the literal meanings of the individual words (e.g., *to kick the bucket* means 'to die', but this meaning cannot be obtained from the literal meanings of the individual words).
- **Illocution** 발화수반 행위: The component of a speech act that renders a speaker's communicative intention.
- **Implicature** 함축: Conclusions drawn in conversation that are based on warranted evidence though not necessarily logically valid.
- **Indirect speech act** 간접화행: utterance whose meaning depends on context rather than on literal meaning. 예를 들면 'Can you pass me the salt?'의 의미(의도)는 질문하는 것이 아니라 요청하는 것이다. 의문문이면 '질문'하는 의미가 되어야 하지만 '요청'과 같은 다른 화행(speech act)을 나타낸다면 이것이 바로 간접화행이다.
- **Inference** 추론: Result of the process of decoding the pragmatic meaning of an utterance.
- **Inflection** 굴절: 시제(tense)와 일치(agreement)를 합쳐서 Inflection이라고 한다. 예를 들어 cat(단수)과 cats(복수)는 cat(lexeme)의 inflectional form이다.
- **Inflectional morphemes** 굴절접사: Morphemes that serve a purely grammatical function, never creating a new word but only a different form of the same word.
- **Initial** 맨 처음의: word-initial, phrase-initial, sentence-initial 등과 같은 어휘에서 사용되기도 한다.
- **Initialism** 두자어(Acronym): = word formed from the initial letters of a group of words.
- **Insertion** 삽입: Phonological process by which a segment not present in the phonemic (or underlying) form is added in the phonetic form (e.g., the insertion of a vowel into a consonant cluster in the word *athlete* /æθlit/ → [æθəlit].
- **Instrument** 도구역: A thing used for an action. For example, in the sentence *Robin ate the Cheerios with a spoon*, *a spoon* is the instrument.
- **Interdental** 치간음: Term used to refer to sounds produced by positioning the tip of the tongue between the upper and lower teeth.
- **Intonation** 억양: Commonly refers to the pattern of pitch movements across a stretch of speech such as a sentence. The meaning of a sentence can depend in part on the intonation contour of the sentence.
- **Intransitive verbs** 자동사: Verbs that take only subject noun phrases and no object noun phrases (e.g., *fall, die, exist*).
- **Introduce** 절을 이끌다: e.g. 'If' or 'whether' introduces a clause.
- **Inversion** 도치: 대개 Subject-Auxiliary inversion(movement of an auxiliary verb to sentence-initial position)을 말한다.

J

- **Jargon** 전문용어: specialized vocabulary associated with a trade or profession, sport, game, etc.

L

- **Labiodental** 순치음: Term used to refer to sounds produced by making contact between the lower lip and the upper teeth.
- **Larynx** 후두: Cartilage and muscle located at the top of the trachea and containing the vocal folds; commonly referred to as the voicebox.
- **Lax vowels** 이완모음: Vowel sounds that have a less-peripheral position in the vowel space; vowel that involves small changes from the mid-central position of the tongue.
- **Lengthening** 연장: 음운론에서 Vowel Lengthening(모음의 장음화)에서 언급된다.
- **Lexeme** 어휘소: Abstract lexical unit underlying the different grammatical realizations of a word in the mental lexicon.
- **Lexical** 어휘의, 어휘적인: Lexical category(어휘범주: e.g., 명사, 동사, etc.)와 Lexical word(내용어 =content word: e.g., 명사, 동사, 형용사, 부사)등에서 사용되며 대개 Function(al)과 상대되는 개념이다
- **Lexical ambiguity** 어휘적 중의성: A situation in which a lexical item has two or more meanings (e.g., *pen* meaning 'writing instrument' or 'place where pigs live').
- **Lexical categories** 어휘 범주: Classes of words grouped together based on their morphological and syntactic properties. These classes are traditionally known as parts of speech.
- **Lexicon** 머릿속 사전(mental dictionary): Mental listing of the words in a language, including information about their meaning, grammatical function, pronunciation, etc.
- **Light syllable** 경음절: Rhyme(운)이 강세가 없는 약모음으로만 구성되어 있거나 약모음+단자음으로 구성되어 있는 경우의 음절을 경음절이라고 한다. Heavy syllable과 상대되는 개념이다. Weak syllable이라고도 한다.
- **Linear order** 선형적 어순: Sequence of words in sentence
- **Linguistic context** 언어적 문맥: The preceding and following utterances surrounding a given discourse.
- **Linking verbs** 계사: Verbs that indicate a relationship of identity between the subject and the predicate of the verb, or of a quality possessed by the subject and found in the predicate (e.g., *be, smell, look, seem; The pudding looks delicious*).
- **Liquids** 유음: Consonant sounds produced by an obstruction of airflow that is less narrow than that of stops or fricatives, but more narrow than that of glides.
- **Locution** 발화행위: The linguistic form of a speech act.
- **Low (Vowels)** 저모음: An articulation where the tongue is held at the relatively low (i.e., neither high nor mid) area of the oral cavity, as with [æ] and [a].
- **Lowering** 하강: A type of sound change (either diachronic of synchronic) in which a high or mid

sound (usually a vowel) becomes a lower sound.

M

- **Main verb** 본동사: verb that occurs under V and is the head of a VP.
- **Matrix clause** 주절: clause within which a subordinate clause is embedded.
- **Manner of articulation** 조음방식: Term used to refer to how the airstream is modified by the articulators in the vocal tract to produce a sound.
- **Maxim** 격률: 대화시 지켜야 할 원칙, 즉 cooperative principle을 말한다.
- **Metathesis** 음위전환: Switching of the order of two sounds, each taking the place of the other.
- **Mid (vowels)** 중설모음: An articulation where the tongue is held at the relatively middle (i.e. neither high nor low) area of the oral cavity, as with [ɛ] and [ɔ].
- **Minimal pair** 최소 변별쌍: Two words that differ only by a single sound in the same position and have different meanings (e.g., *pin* and *bin*).
- **Modifier** 수식어: That element of a linguistic structure (e.g., a compound, or a phrase) that describes and specifies the head.
- **Monophthong** 단음: A simple vowel sound.
- **Monophthongization** 단음화: Vowel change from a complex vowel sound to a simple vowel sound; vowel change from a diphthong to a monophthong.
- **Mood** 법: A category realized by inflecting the verb or by modifying it by means of auxiliaries; usually indicating the speaker's attitude toward the information being conveyed. Indicative and subjunctive are types of mood.
- **Morpheme-internal change** 모음 변이: A type of word formation process wherein a word changes internally to indicate grammatical information (e.g., some English plurals: *mouse-mice; goose-geese* and past tense: *give-gave*, etc.).
- **Morphemes** 형태소: Smallest linguistic unit that can have a meaning or grammatical function.
- **Morphology** 형태론: The study of the construction of words out of morphemes.
- **Mutual entailment** 상호함의: A logical relationship between two propositions such that each entails the other; only true if both propositions are true (e.g., *couch* and *sofa* represent mutual entailments; if something is a couch, then it is also a sofa, and vice versa). Also known as complete synonymy.

N

- **Nasals** 비음: Sounds produced by making a complete obstruction of the airflow in the oral cavity and by lowering the velum to allow air to pass through the nasal cavity.
- **Nasalized** 비음화된: = having nasal feature
- **Natural class** 자연집단: Group of sounds in a language that satisfy a given description to the

exclusion of other sounds in that language (e.g., *nasal* identifies the natural class of sounds produced with a nasal airflow: [n, ŋ, m] in English.

- **Narrowing** 축소, 협소(=Specialization): change in word's meanings over time to more specific meanings.
- **Negated modals** 부정 서법조동사: Negated modals are usually in contracted form like *can't, won't*, etc.
- **Negation** 부정문 or 부정어(not)
- **Nominal** 명사의(명사적인), 명사류: Unit intermediate between the NP and the noun. 예를 들어 the guy who fainted에서 nominal은 guy who fainted이다.
- **Nominative case** 주격: case typically assigned to subject noun phrases.
- **Neurolinguistics** 신경언어학: The study of the brain and how it functions in the production, perception, and acquisition of language.
- **Neutralization (of phonemic contrast)** 중화: Phonological phenomenon in which two different phonemes have the same realization in a particular context. For example, in German the phonemes /d/ and /t/ both have an allophone [t], which surfaces in word-final position. The contrast between /d/ and /t/ is thus neutralised in this position.
- **Non-finite clause** 비정형절 or 비시제절: Finite clause(시제절)와 상대되는 개념
⇒ Non-finite clause는 Catenative complement가 된다.
- **Non-finite verb** 비정형동사: = 준동사(to부정사, 동명사, 분사)
- **Nucleus** 핵: = Vowel that is the minimum unit of the rhyme. 대개 음절의 핵(모음과 같이 음절을 이루는데 필수적인 요소)을 의미한다.
- **Number** 수: A grammatical category of the noun and the verb. English distinguishes two numbers, singular and plural.

O

- **Object** 목적어: The position occupied by a noun phrase in English typically immediately after the verb in the sentence. For example, in *Terry ate an apple, an apple* is the object of the sentence.
- **Obligatory rule** 의무적 규칙: Rule that applies in the speech of speakers of a language or dialect, regardless of style or rate of speech.
- **Obstruent** 저해음: A natural class of sounds produced with an obstruction of the airflow in the oral cavity while the nasal cavity is closed off. Includes oral stops, fricatives, and affricates.
- **Onset** 초성: consonant(s) at the beginning of a syllable.
- **Optional rules** 수의적 규칙: Phonological, morphological, or syntactic rules that may or may not apply in an individual's speech.
- **Open class** 개방어: category of words that accepts new members. e.g. nouns, verbs, adjectives, adverb, etc ⇒ Closed class와 상대적인 개념.
- **Open question** 개방의문문: 대개 의문사로 질문하는 의문문을 말한다. Question with a open set of answers. e.g. what do you want? ⇒ closed question과 상대적인 개념.

- **Open syllable** 개방 음절: 모음(nucleus)으로 끝나는 음절 ⇒ closed syllable과 대립적인 개념.
- **Oral stops** 구강 폐쇄음: Sounds produced by completely obstructing the airstream in the oral cavity and then quickly releasing the constriction to allow the air to escape.
- **Orthography** 철자법
- **Overgeneralization** 과잉 일반화: A term used in the study of child language acquisition. It expresses a relationship between child and adult with respect to the contexts for the application of rules. It is a process in which children extend the application of linguistic rules to contexts beyond those in the adult language. For example, the plural of *man* becomes *mans.*

P

- **Palatal** 경구개음: This refers to sounds made with the tongue approximating the hard part of the roof of the mouth (i.e., the hard palatal).
- **Palatalization** 구개음화: A process wherein a sound takes on a palatal place of articulation, usually in assimilation to high or mid front vowels like [i] or [e].
- **Parallelism** 병렬구조: Constraint on coordinating like categories.
- **Parameters** 매개변이: Any linguistically universal statements that allow a specified degree of variation across languages.
- **Pause** 휴지: = 쉼을 주면서 읽기
- **Passive** 수동태: A form of the verb in which the grammatical subject is the semantic object of the action of the verb (e.g., *The test was given yesterday* is a passive sentence).
- **Passivize** 수동태로 만들다(수동화시키다): passivized sentence(수동문)
- **Patient** 피동역: The entity that is acted upon in a sentence. For example, in the sentence *Robin ate the Cheerios with a spoon* the noun phrase *Cheerios* is the patient.
- **Pejoration** 악화: 시간이 지남에 따라 단어의 의미가 부정적으로 나빠지는 현상. amelioration (양화)과 대립되는 개념이다.
- **Performance** 언어수행: The observable use of language. The actualization of one's linguistic competence. Utterance of native speakers.
- **Performative verbs** 수행동사: Verbs that can be used to perform the act they name (e.g., in the sentence *I promise not to lie*, the verb *promise* is performative because it performs the action of promising).
- **Perlocution** 발화효과행위: The effect of a speech act on the hearer.
- **Person** 인칭: A grammatical category of the verb. We distinguish three persons in English, the first (i.e. the speaker), the second (i.e. the hearer), and the third (i.e. the entity talked about).
- **Pharynx** 인두: The part of the oral tract above the larynx but behind the uvula
- **Phoneme** 음소: A class of speech sounds identified by a native speaker as the same sound; a mental entity (or category) related to various allophones by phonological rules: '/t/ → $/t^h/$____ stressed vowel,' where /t/ is the phoneme and $[t^h]$ is an allophone of /t/.
- **Phonetics** 음성학: The study of speech sounds; how they are produced in the vocal tract

(articulatory phonetics), their physical properties (acoustic phonetics), and how they are perceived (auditory phonetics).

- **Phonemic representation** 음소적 표현형: 음소들이 기술되어 있는 표현형이며 음운규칙이 적용되기 전의 표현형(form or sound)으로 Phonetic representation과 상대되는 개념이다.
- **Phonemic transcription** 음소적 전사: written recording of sounds using the distinctive phonemes of a language. Phonetic transcription와 상대되는 개념이다.
- **Phonetic representation** 음성적 표현형: 음소들의 이음들(allophones or variants)이 기술되어 있는 표현형이며 음운규칙이 적용된 후의 표현형(form or sound)이다.
- **Phonetic transcription** 음성적 전사: written recording of sounds using allophones of phonemes of a language.
- **Phonology** 음운론: The study of the sound system of a language; how the particular sounds contrast in each language to form an integrated system for encoding information and how such systems differ from one language to another.
- **Phonotactic constraints** 음소 배열 제약: Restrictions on possible combinations of sounds (e.g., [pk] is not a possible English initial consonant cluster).
- **Phrasal category** 구범주: Lexical category와 구별해야 하며 예를 들어 명사구(noun phrase), 동사구(verb phrase) 등이 있다.
- **Phrasal structure rule** 구 구조 규칙: Rule that shows the possible (i.e., grammatical) relationships between phrasal categories and the words or phrasal categories they dominate (e.g., 'NP → Det N' says that the phrasal category noun phrase is composed of a determiner and a noun).
- **Place of articulation** 조음위치: Place in the vocal tract where the constriction for the production of a speech sound is made by the articulators (e.g., alveolar, where the tip of the tongue touches or approaches the alveolar ridge).
- **Plosive** 파열음: Alternative term for oral stops.
- **Portmanteau** 혼합어(Blend): ⇒ Blend 참조
- **Pragmatic ambiguity** 화용적 중의성: More than one interpretation is possible given the context in which a word or a sentence is uttered.
- **Pragmatic competence** 화용적 능력: Pragmatic competence refers to the ability to use a language in contextually appropriate ways. ⇒ 상황이나 문맥(context)을 파악하여 언어를 이해하는 능력
- **Predicate** 술어 or 술부
- **Prefix** 접두사: Affixes that attach to the beginning of a stem.
- **Preposing** 전치: Movement(이동)의 일종으로 '문두로 이동시키기'
- **Preposition** 전치사: A grammatical function word that precedes the phrase with which it is associated in order to give information about grammatical relations.
- **Prepositional phrase** 전치사구: Syntactic phrase that has a preposition as its head (e.g., *into the mountains*).
- **Prescriptive grammar** 규범문법: set of grammatical rules prescribed by a language authority. ⇒ Descriptive grammar 참조

- **Presupposition** 전제: The semantic aspect of sentences like "Is Santa asleep right now?". Either answer (Yes or No) would seem to imply that Santa exists even though we know that he doesn't exist.
- **Primary** 제1의: 제1강세(가장 강한 강세)를 의미할 때 Primary stress라고 한다.
- **Productive** 생산적인: Characteristic of a morpheme such that it is used to form new words.
- **Productivity** 생산성: The ability to produce and understand an infinite number of linguistic terms that have never been expressed before and that may express novel idea.
- **Pronominalization** 대명사화: The substitution of a syntactic string by a pronoun. Also used as a test for constituency.
- **Pronouns** 대명사: A closed lexical class of words that may stand in for a noun phrase of=r refer to some noun previously mentioned or assumed in the discourse (e.g., I, she, us).
- **Proper nouns** 고유명사: Names of individual persons, places, companies, etc.
- **Protoform** 원형, 재구형: A reconstructed earlier form of a word
- **Pseudo-cleft construction** 유사분열문: Cleft construction 참조
- **Psycholinguistics** 심리언어학: The study of the interrelationship of language and the brain (i.e., cognitive structures) which encompasses the acquisition of language.

R

- **Raising** 인상: 대개 통사론과 학교문법에서 seem 혹은 be likely같은 동사들(raising predicate)이 취하는 구조에서 언급되는 용어로서 John seems to go there에서 John은 to부정사절(non-finite clause)의 주어위치에서(즉 seem와 to 사이의 위치에서) 문두, 즉 주절의 주어위치로 인상(raising)된 것이다. 그리고 다음과 같이 쓰이기도 한다. A description of a type of sound change in which the vowel sounds become higher.
- **Replacement** 대치 or 교체: 통사론에서 '대명사 혹은 대용표현(do so와 같은 pro-form)으로 대치(replacement = substitution)한다'에서 사용되는 어휘.
- **Recipient** 수령자역, 소유자역: In a sentence, the individual that comes into possession of something (either something physical or something abstract) is the recipient. For example, in the sentence *Pat caught a fish, Pat* is the recipient.
- **Reconstructed forms** 재구형: Hypothetical word forms recreated through the comparative method.
- **Recursion** 귀환성: Property of languages allowing for the repeated application of a rule, yielding infinitely lone sentences or an infinite number of sentences (e.g., the sentence *I saw the dog that bit the cat that bit the mouse that bit the cheese...*).
- **Reduction** 감축: 'Semantic reduction'에서처럼 의미의 역사적(영어사적) 변천에서는 Narrowing을 의미하며(Narrowing 참조), 음운론에서는 vowel reduction(Schwa rule: compete가 competition이 되면 competition의 e음이 schwa로 약화된다)이 있다.
- **Referent** 지시체: The entity (idea, object, etc.) to which a word or linguistic expressing relates. The referent of the word *table* is the actual table existing in the physical world.

- **Register** 어투 or 사용역(=Style): manner of speaking or writing style adopted for a particular audience.
- **Relational opposites** 관계적 반의어: Pairs of words that are opposites because they represent a symmetrical relationship (e.g., *doctor-patient, student-teacher*).
- **Released** 공기가 방출되는 (과정의): stop(파열음; 폐쇄음)을 발음할 때, 입속에서의 공기의 막힘이 파열된 후 공기가 방출된다.
- **Role** 역할: The function that something (physical or abstract alike) has in a relationship expressed by a sentence.
- **Root** 어근: 접사가 전혀 붙지 않는 더 이상 분해될 수 없는 형태
- **Rhyme** (Rime) 운: Vowel and any consonants following it at the end of the syllable. 음절을 구성하는 요소인 nucleus(핵)와 coda(종성, 말음)를 합쳐서 Rhyme이라고 한다.

S

- **Schwa** 약모음 ə
- **Segment** 분절음(음소): 자음들과 모음들을 통칭.
- **Semantic** 의미(론)적인: semantic feature(Feature 참조)와 semantic role(의미역⇒Thematic role 참조) 등에서 등장하는 어휘.
- **Semantics** 의미론: The study of meaning in language.
- **Sense relation** 의미 관계: Relation between words that share crucial aspects of their meanings (e.g., synonymy, hyponymy, antonymy, complementarity, converseness).
- **Sibilant** 치찰음: [+coronal, +strident]자질을 가진 음들. 치찰음은 명사의 복수형 어미의 발음인 /s, z, iz/를 결정하게 해주는 환경에서 중요한 역할을 하는 음들이다. /s, z, ʃʒ, ʧ, ʤ/
- **Situational knowledge** 화맥적 지식: The interlocuters' knowledge about the situational context of an utterance, which can be used to arrive at the pragmatic meaning of an utterance.
- **Social context** 사회적 문맥: Context that involves the social relationship among speakers and hearers.
- **Sociolinguistics** 사회 언어학: The study of the interrelationships of language and social structure, of linguistic variation, and of attitudes toward language.
- **Sonorant** 공명음: Sounds (usually voiced) produced with a relatively open passage of air flow. Nasals, liquids, glides, and vowels are all sonorants.
- **Source** 근원역: The source is where the thing starts out, that is, the former owner. For example, in the sentence *Terry gave a book to Pat, Terry* is the source.
- **Specialization** 특수화: Narrowing 참조
- **Speech act** 화행: utterance intended to convey communication. 선언, 약속, 사과, 질문, 요청, 명령, 경고 등의 화행이 있다.
- **Stative adjectives** 상태 형용사: Adjectives demoting more or less permanent qualities (e.g., blue, plastic, tall).
- **Stem** 어간: 흔히 inflectional affix의 기저형태를 stem이라고 하고 derivational affix와 구별된다.

- **Strong syllable** 강음절: Heavy syllable과 동일한 개념이라고 보자. ⇒ Heavy syllable 참조
- **Stop** 폐쇄: Manner of articulation which involves a complete closure in the oral cavity, followed by a release. The term is mostly used to refer to oral stops, but may also occur in reference to nasal stops, in which the air escapes through the nose. Oral stops are alternatively termed 'plosives'.
- **Stress** 강세: Property of syllables; the increased duration and loudness of a syllable compared to other syllables in the same word.
- **Structure** 구조: The sequential and hierarchical organization of linguistic units.
- **Structural ambiguity** 구조적 중의성: A characteristic of phrases that have more than one possible constituent structure and therefore more than one semantic interpretation (e.g., *Kim likes chocolate pie and cake* means either that Kim likes chocolate pie and chocolate cake or that Kim likes chocolate pie and any type of cake).
- **Subject** 주어: The position occupied by a noun phrase immediately before the verb in English. For example, in the sentence *Terry ate an apple, Terry* is the subject.
- **Subject-verb agreement** 주어-동사 일치: A syntactic rule of English according to which subject and verb need to share the same person and number features.
- **Subcategorize** ~를 하위범주로 삼는다: e.g. The verb subcategorizes for(=is subcategorized for) one direct Object NP.
- **Subjunctive clause** 가정법적 절: One of the three major constructions headed by a plain form verb (the others are imperatives and infinitivals). e.g. It is vital <u>that I be kept informed</u>.
- **Subordinate clause** 종속절: clause that is contained in another constituent. Finite Subordinate clause와 Non-Finite Subordinate clause가 있다.
- **Substitution** 대치(Replacement): process by which we replace a phrase with a pronoun(or other pro-form) ⇒ Replacement 참조
- **Suffixes** 접미사: Affixes attached to the end of a stem.
- **Supra-segmental feature** 초분절음소 자질: Phonetic (and phonological) features of words and sounds that can range over several segments such as tone, length, and stress. ⇒ 초분절음(자질)이란 분절음(segment)이 아닌 강세(stress), 억양(intonation)등을 통칭하여 말한다. 의미에 영향을 끼치므로 음성학적으로 매우 중요하다.
- **Surface representation(Surface structure)** 표층형 혹은 표면형(표층구조): form(e.g. sound, word, clause) in its derivation after phonological, morphological, or syntactic rules have applied. ⇒ Deep structure 참조
- **Syllabic consonant** 음절성 자음: A consonant that is a syllable nucleus and takes on the function of the vowel in that particular syllable.
- **Syllable** 음절: Unit of phonological organization. Based on general and language- specific principles of syllabification, sequences of sounds are grouped into syllables.
- **Syllable nucleus** 음절의 핵: The core element of the syllable, carrying stress, length, and pitch information (tone). It usually consists of a vowel sound or syllabic consonant
- **Synonyms** 동의어: Two or more words with the same referent or semantic interpretation (e.g., *sofa* and *couch* both refer to the same class of real-world objects).

- **Syntactic** 통사와 관련된: 문장성분의 결합과 관련된
- **Synthetic languages** 합성적 언어: Languages in which affixes are attached to other morphemes, so that a word may be made up of several meaningful elements.

T

- **Tag question** (tag) 부가의문문
- **Tense vowels** 긴장모음: Vowels whose positions are farther from the mid-central position of the vowel space. They are usually located at the outer edges (peripherals) of the vowel space (e.g., [i], [e], [o], and [u] are the tense vowels in English).
- **Theme** 대상역: In a sentence, a thing that simply has a property that is being referred to or undergoes a movement or a change. For example, in the sentence *Robin slept, Robin* is the theme.
- **Thematic** 의미적인: ⇒ '의미론적인(semantic)' 혹은 '통사론과 의미론에서 언급되는 의미역(thematic role)에 관련된'
- **Thematic roles** 의미역: semantic roles, including agent, patient, source, goal, etc., that the verb assigns to its argument.
- **Tone** 톤: = variation in pitch that makes a difference in the meaning of words. 억양(intonation)과 거의 동일한 의미로 사용된다.
- **Transfer** 전이: The process of carrying over features from one language into another in language contact or second language acquisition situations.
- **Transformation** 변형: An operation that takes a sequence of objects (words, phrases, etc.) and outputs them in a different sequence. A transformation shows the relationship between two levels of a derivation.
- **Transitive verbs** 타동사: Verbs that take a noun phrase direct object (e.g., in the sentence *Robin eats pretzels, eat* is a transitive verb that takes the direct object *pretzels*).
- **Truth condition** 진리조건: The facts that must be true in order for a statement to be interpreted as true (e.g., *George W. Bush is the president* is a true statement only if there is a person named Geoege W. Bush and he is the president).

U

- **Ungrammatical** 비문법적인: In the study of sentence structure, ungrammatical refers to sentences that are impossible because the words are in the wrong order with respect to one another. In other words, strings of words do not conform to the rules of that language.
- **Unaspirated** 무기음의: 'aspirated'(기음의)와 반대말 ⇒ Aspirated 참조
- **Underlying representation(form, structure)** 기저형 ⇒ Deep structure와 동일한 표현이며 Surface representation(Surface structure)과는 상대적인 개념이다.
- **Uninflected** 굴절접사가 붙지 않는 or (동사의) 원형인: uninflected form(verb)는 kick와 old과 같

은 동사와 형용사의 원형(원급)이다. e.g., kick-kicks-kicked, old-older-oldest.

- **Unreleased** 공기가 방출되지 않는: 'released'(공기가 방출되는)와 반대말
- **Utterance** 발화: Unit of analysis in pragmatics that refers to what the speaker says at a given point in time at a given location with a given intention.
- **Uvula** 목젖: It is located at the very back of the roof of the mouth-the thing that hangs down in your throat.

V

- **Variation** 변이: 억양(intonation=variation in pitch across an utterance)도 일종의 '변이'이며 변이에는 다양한 종류들이 있다. Regional Lexical variation(영국영어어휘와 미국영어어휘의 차이 혹은 변이), Regional Phonological variation(영국영어발음과 미국영어발음의 차이 혹은 변이), Morphological variation, Syntactic variation 등이 있고, 음운론에서는 Free variation(자유 변이 혹은 자유 교체)이 있다.
- **Velar** 연구개음: Sounds produced when the back of the tongue is raised toward the velum as the place of articulation.
- **Velarized** 연구개음화: The term describes a secondary articulation of a speech sound that is produced with the tongue body moving towards the velum. For example, the [l] in the English word *eel* [il] is velarized.
- **Velum** 연구개: Soft part of the roof of the mouth behind the hard palate. When the velum is raised, the passage between the pharynx and the nasal cavity is closed. When it is lowered, air escapes from the nose and a nasal sound is produced.
- **Verb** 동사: A word-class of English. Verbs head verb phrases and take person, number and tense inflections.
- **Verb phrase** 동사구: Syntactic phrase that has a verb as its head.
- **Vocal fold** 성대: Folds of muscle in the larynx.
- **Vocal tract** 성도: The entire air passage above the larynx, consisting of the pharynx, oral cavity, and nasal cavity.
- **Voicing** 유성(성대울림): = vibration of the vocal folds.
- **Vowel** 모음: Type of speech sound in which the airstream is modulated, and not obstructed.
- **Vowel alternation** 모음 변이: The systematic variant realization of a vowel depending on phonological or morphological factors.

W

- **Wh-pronoun** 의문 대명사: A pronoun that is used to introduce a question (e.g., who, why, where). In English most of these pronouns (but not all of them, cf. how) are written with initial ⟨wh⟩, hence the name for this class of pronouns.

- **Word class** 품사: A category according to which words can be grouped syntactically. Criteria for classification involve chiefly syntactic distribution and morphological make-up.
- **Word formation** 어형성: Process The combination of morphemes according to rules of the language in question to make new words or forms of words.
- **World knowledge** 세상 지식: The interlocutors' knowledge about the world and the socio-cultural aspects of the society they belong to, which can be used to arrive at the pragmatic meaning of an utterance.
- **Weak syllable** 약음절: Strong syllable과 상대적인 개념이다.
- **Wh-movement** Wh-이동: = movement rule in which an interrogative phrase is moved to sentence-initial position.
- **Word-initial** 어두의
- **Word-finally** 어말의

Z

- **Zero form** 영 형태: A linguistic form whose realization is zero(covert or invisible).

References

Aarts, Bas. 2002. *English Syntax and Argumentation.* Palgrave Macmillan.

Algeo, John and Pyles, Thomas. 2005. *The Origins and Development of the English Language.* fifth edition. Thomson Wadsworth.

Carr, Philip. 1993. *Phonology.* Palgrave Macmillan.

Carr, Philip. 2000. *English Phonetics and Phonology.* Oxford: Blackwell.

Celce-Murcia. 1997. *The Grammar Book.* Heinle & Heinle.

Chomsky, Noam. 1965. *Aspects of the Theory of Syntax.* Cambridge. The MIT Press.

Chomsky, Noam. 1981. *Lectures on Government and Binding,* Dordrecht. Foris Publications.

Chomsky, Noam and Halle, Morris. 1968. *The Sound Pattern of English.* MIT Press.

Crystal, David. *A Dictionary of Linguistics And Phonetics.* Blackwell.

Curzan, Anne and Adams, Michael. 2006. *How English Works.* Longman.

Fromkin, V. and R. Rodman. 2007. *An Introduction to Language.* 8th edition, New York. Harcourt Brace College Publishers.

Grice, Paul H. 1975. *The Logic of Grammar.* Encino, CA. Dickenson Pub. Co.

Haegeman, L. 1991. *Introduction to Descriptive Linguistics,* New York. Holt, Reinhart and Winston.

Hudson, Grover. 2000. *Essential Inroductory Linguistics.* Blackwell.

Katamba, Francis. 1989. *An Introduction to Phonology.* Longman.

Katamba, Francis. 1993. *Morphology.* Machillan Press.

Kearns, Kate. 2000. *Semantics.* Machillan Press.

Ladefoged, Peter. 1993. *A Course in Phonetics.* Harcourt.

Levinson, Stephen C. 1983. *Pragmatics.* Cambridge. Cambridge Univ. Press.

Palmer, F.R. 1976. *Semantics.* Cambridge Univ. Press.

Parker, Frank and Riley, Kathryn. 2005. *Linguistics for non-linguists.* Longman.

Radford, A. 1981. *Transformational syntax.* Cambridge. Cambridge Univ. Press.

Radford, A. 1988. *Transformational Grammar:* Cambridge Univ. Press.

Wardhaugh, Ronald. 2003. *Understanding English Grammar,* second edition. Blackwell.

William, Bright. 1976. *Variation and Change in Language.* CA. Stanford University Press.

Winkler, Elizabeth G. 2007. *Understanding Language.* Continuum Intl Pub Group.

강명윤. 1998. 『촘스키언어학사전』. 한신문화사.

강범모. 2005. 『언어, 풀어 쓴 언어학개론』. 한국문화사.

김영석. 2000. 『영어형태론』. 한국문화사.

김진우. 1992. 『언어』. 탑출판사.

김형엽. 2008. 『언어의 산책』. 경진문화사.

신인철. 2004. 『영어통사론』. 한신문화사.

신인철. 2004. 『영어학개론』. 한국문화사.

이익환 외. 1999. 『현대 영어학 개관』. 한신문화사.

전상범. 1985. 『영어음성학』. 을유문화사.

전상범. 2004. 『음운론』. 서울대학교출판부.

정태구. 2002. 『논항구조와 영어통사론』. 한국문화사.

홍성심 외. 2004. 『개정 영어학개론』. 한국문화사.